高职高专"十三五"建筑及工程管理类专业系列规划教材

工程经济 （第二版）

主　编　王成平　戈　伟

副主编　王菁苋　张　艳

西安交通大学出版社
XI'AN JIAOTONG UNIVERSITY PRESS

内 容 提 要

　　本书系统、全面地介绍了工程经济的基本原理、基本方法及其在工程项目决策中的应用。全书共11章，内容包括：概论，现金流量与资金时间价值，工程经济评价方法，工程项目风险与不确定性分析，工程项目可行性研究，工程项目财务评价，建设项目国民经济评价与社会评价，设备更新的经济分析，价值工程，工程项目后评价，Excel在工程经济学中的应用。书后附有复利系数表，以便在学习时查阅和使用。

　　本书根据高职高专工程造价和建筑工程管理及相关专业的教学特点，力求做到理论与实践相结合，突出应用型教学，注重强调实际操作技能的培养和训练。全书在编写内容上反映了我国工程经济分析方面新的思想、新的要求与规范；在结构设计上每章有大量例题、思考练习题，便于学生学习和巩固所学知识。

　　本书可作为高职高专院校建筑工程类专业建筑工程技术经济学课程教材，也可以供建筑工程技术人员、工程管理人员和经济管理人员参考使用。

第二版前言
Second Edition Preface

工程经济学研究各种工程技术方案的经济效益,研究各种技术在使用过程中如何以最小的投入获得预期产出,用最低的寿命周期成本实现产品、作业以及服务的必要功能。工程经济学是工程与经济的交叉学科,以工程项目为主体,以技术——经济系统为核心,研究如何有效利用资源,提高经济效益的学科。我国对工程经济学的研究和应用起步于20世纪70年代后期。现在,在项目投资决策分析、项目评估和管理中,工程经济学的原理和方法已经得到广泛的应用。很多高校也将工程经济学设为必修课程。

工程经济是高职高专院校土建类专业的主要专业基础课。本书根据全国高职高专教育土建类专业教学指导委员会制定的教育标准和培养方案,以适应社会需求为目标,以培养技术能力为主线,在内容选择上充分考虑土建类专业的深度和广度,以"必需、够用"为度,以讲清概念、强调应用为重点,深入浅出,注重实用。通过本书学习,希望学生掌握工程经济分析的基本原理和方法,具备应用工程经济进行分析实际问题的能力;也希望从事工程经济项目的读者能够运用工程经济的分析方法来分析和评价工程中涉及的经济问题,为工程项目投资决策提供科学依据。

本书第一版出版以来,受到了广大高校教师的欢迎,经过多年的使用,已重印多次。第二版根据教学需要,修订了一些数据,订正了个别疏漏与错误,特别增加了"Excel在工程经济学中的应用"一章新的内容,以便提高学生的课程实践能力。

本书第二版共十一章,分别介绍了工程经济概论、现金流量与资金时间价值、工程经济评价方法、工程项目风险与不确定性分析、工程项目可行性研究、工程项目财务评价、建设项目国民经济评价与社会评价、设备更新经济分析、价值工程、工程项目后评价、Excel在工程经济学中的应用等内容。为方便学习,在每章前设置【本章学习要点】,提示学习重点,点明教学要求,对老师的教学和学生的学习起到引导作用;在每章后设置【思考与练习】,以便学生课后思考和复习。书后附有复利系数表,以便在学习时查阅和使用。

　　本书由西安职业技术学院王成平、中铁咸阳管理干部学院戈伟两位老师任主编,由中铁咸阳管理干部学院王菁苋老师、西安职业技术学院张艳老师任副主编,西安铁路职业技术学院谭小蓉、咸阳职业技术学院赵迪和杨凌职业技术学院王敏参与编写。本书的编写分工是:谭小蓉编写第一章、第二章;王成平编写第二章、第三章;戈伟编写第四章、第八章、第十章;赵迪编写第五章、第七章;王菁苋编写第六章、第九章;王敏编写第四章、第八章;张艳编写第十一章。全书由王成平统稿。

　　本书在编写过程中,参阅了国内同行的大量文献资料,多所高职院校老师提出了很多宝贵意见,在此向他们表示衷心的感谢! 由于作者的水平有限,编写时间仓促,书中难免存在疏漏和不妥之处,敬请广大读者指正。

编　者

2015 年 5 月

目 录
Contents

第1章　概论

本章学习要点

1. 了解工程经济的产生与发展；
2. 理解工程经济学的研究对象和任务；
3. 掌握工程经济学的研究步骤和方法。

1.1　工程经济的产生与发展

19世纪以前,科学技术的发展速度缓慢,对社会经济发展的推动作用不很显著。1800年以后,随着科学技术的迅猛发展,以蒸汽机为代表的新技术的兴起与推广改变了世界,20世纪初科学管理问世,人们对技术效率与经济效益研究的重视,使工业发达国家迎来了经济的繁荣。工程经济学于20世纪30年代产生于美国,是在研究投资发展大型项目时如何规避风险的背景下产生的,它产生的基础是管理学科的不断发展。

工程经济学的产生至今有100多年,其标志是1887年,美国的土木工程师亚瑟姆·惠灵顿出版的著作《铁路布局的经济理论》(《The Economic Theory of the Location of Railways》)。他首次将成本分析方法应用于铁路的最佳长度和路线的曲率选择问题,并提出了工程利息的概念,开创了工程领域中的经济评价工作。在其著作中,他将工程经济学描述为"一门少花钱多办事的艺术"。他被称作是经济评价的先驱、贫民工程师。1920年,O. B. 哥德曼研究了工程结构的投资问题,并在著作《财务工程》(《Financial Engineering》)中提出了用复利法来分析各个方案的比较值,并说:"有一种奇怪而遗憾的现象,就是许多作者在他们的工程学书籍中,没有或很少考虑成本问题。实际上,工程师的最基本的责任,是分析成本,以达到真正的经济性,即赢得最大可能数量的货币,获得最佳财务效率。"到了1930年,E. L. 格兰特教授出版了《工程经济学原理》(《Principles of Engineering Economy》)教科书,从而奠定了经典工程经济学的基础。该书历经半个世纪,到1982年已再版6次,是一本公认的学科代表著作。在《工程经济学原理》一书中,作者指出了古典工程经济学的局限性,以复利计算为基础,讨论了判别因子和短期投资评价的重要性,以及长期资本投资的一般比较。格兰特教授的许多贡献获得社会承认,被称为工程经济学之父。工程经济学家迪安在凯思斯经济理论的基础上,分析了市场供求状况对企业有限投资分配的影响,1951年出版了《投资预算》,阐述了动态经济评价法以及合理分配资金的一些方法及其在工程经济中的应用。布西1978年出版了《工业投资项目的经济分析》,全面系统地总结了工程项目的资金筹集、经济评价、优化决策以及项目的风险和不确定性分析等。里格斯1982年出版了《工程经济学》,系统地阐述了货币的时间价值、时间的货币价值、货币理论、经济决策和风险以及不确定性等工程经济学的内容,把工程经济学的学科水平向前推进了一大步。近代工程经济学的发展侧重于用概率统计进行风险性、不确定性等新方法研究以及非经济因素的研究。

我国对工程经济学的研究和应用历经坎坷,起步于20世纪70年代后期。主要可分为三个阶段:1950—1965年,开始创立阶段;1966—1976年,全面破坏阶段;1977年至今,重建发展阶段。随着改革开放,传统的计划经济不讲核算、不讲效益的观点被逐渐放弃,在工程项目的成本核算中,开始出现折现现金流量的概念。1984年,交通部组织编制了《运输船舶技术经济论证名词术语》的部颁标准(GB13—85),其中已经出现了工程经济学的若干基本概念。现在,在项目投资决策分析、项目评估和管理中,已经广泛地应用工程经济学的原理和方法。

1.2 工程经济学的研究对象和任务

▶ 1.2.1 工程经济学的研究对象

1. 工程经济学的研究对象

工程经济学从技术的可行性和经济的合理性出发,运用经济理论和定量分析方法,研究工程技术投资和经济效益的关系,例如各种技术在使用过程中,如何以最小的投入取得最大的产出;如何用最低的寿命周期成本实现产品、作业或服务的必要功能。工程经济学不研究工程技术原理与应用本身,也不研究影响经济效果的各种因素自身,而是研究这些因素对工程项目产生的影响,研究工程项目的经济效果,具体内容包括了对工程项目的资金筹集、经济评价、优化决策以及风险和不确定性分析等。

2. 几个术语

(1)工程项目:指投入一定资源的计划、规划和方案等可以进行分析和评价的独立工程单位。

(2)工程技术:指人类利用和改造自然的手段,既包含劳动者的技能,又包括部分取代这些技能的物质手段。工程技术是包括劳动工具、劳动对象等一切劳动的物质手段和体现为工艺、方法、程序、信息、经验、技巧和管理能力的非物质手段。

(3)寿命周期成本:指从产品的研究、开发、设计开始,经过制造和长期使用,直至被废弃为止的整个产品寿命周期内所花费的全部费用。对产品的使用者来说,寿命周期成本体现为一次性支付的产品购置费与在整个产品使用期限内支付的经常性费用之和。

3. 工程经济学的特点

(1)综合性:工程经济学横跨自然科学和社会科学两大类。工程技术的经济问题往往是多目标、多因素的。因此工程经济学研究的内容涉及技术、经济、社会与生态等因素。

(2)实用性:工程经济学的研究对象来源于生产建设实际,其分析和研究成果直接用于建设与生产,并通过实践来验证分析结果的正确性。

（3）定量性：工程经济学以定量分析为主，对难以定量的因素，也要予以量化估计。用定量分析结果为定性分析提供科学依据。

（4）比较性：工程经济分析通过经济效果的比较，从许多可行的技术方案中选择最优方案或满意的可行方案。

（5）预测性：工程经济分析是对将要实现的技术政策、技术措施、技术方案进行事先的分析评价。

1.2.2　工程经济学的任务

工程经济学是经济学在工程建设方面应用的分支学科，从其发展的过程看，工程经济学的出现，主要为了在工程建设，特别是公共工程建设过程中选择最优方案，所以工程经济学是提供工程建设项目评选理论与方法的科学。为了形成方案与进行方案评选，必须进行不同技术可行方案的投资与效益分析、预测；投资与效益的可靠程度分析，要设定统一合适的标准，形成适用的评定指标，以判断方案的可行性；经过对比，选择出最优方案，或排定方案次序，为决策者提供依据。这些，都需要建立在一定的理论基础上，以使评选更具科学性。此外，还需要系统的方法，以正确反映项目目标与评选理论，使评选结果正确可靠。工程经济学就是提供这种理论与方法的科学。显然，这种理论与方法具有普遍意义，适用于工程建设前期、建设期及运行期的各个环节、阶段的方案评选。工程经济学是经济学的分支，不研究工程或项目的技术问题，但研究技术与经济关系；不研究工程、项目的具体实施，但研究应如何实施才是经济的。

1.3　工程经济学的研究步骤和方法

1.3.1　工程经济学的研究步骤

技术实践活动的目的就是运用科学知识、技术能力和物质手段形成能满足人们需要的经济系统。通常，一个完整的实践活动可以分成：调查研究、确定目标，寻找关键要素，建立方案，评价方案等几个阶段。

1. 调查研究，确定目标

技术经济分析活动的第一阶段就是通过调查，收集与技术实践活动有关的资料和信息，分析经济环境中的显在和潜在的需求，确立研究目标。

2. 寻找关键要素

关键要素就是实现目标的制约因素，只有找出了主要矛盾，确定了系统的各种关键要素，才有可能采取有效措施，为技术活动实现最终目标扫清障碍。

3. 建立方案

为达到已确定的目标，可采取各种不同的途径，提出多种可供选择的方案。例如，降低人工费可以采用新设备，也可以用简化操作的方法；新设备可降低产品的废品率，但同样的效果也可以通过质量控制方法取得。

在提出多个可供选择的方案时，什么都不做而维持现状的方案也是需要考虑的备选方案之一。

4.评价方案

前面所提出和建立的方案往往在技术上是可行的,但是在收益一定时,只有费用最低的方案才能成为最佳方案,这就需要对备选方案进行经济效果评价。

评价方案,首先要使不同的方案具有可供比较的基础,因此,要根据评价的目标要求来建立方案评价的指标体系,将参与分析的各种因素定量化;其次,将方案的投入和产出转化为统一的用货币标示的收益和费用,最终通过评价方案的数学模型综合运用分析对比,从中选出最优方案。

▷1.3.2 工程经济学的研究方法

工程经济学是工程技术与经济核算相结合的边缘交叉学科,是自然科学、社会科学密切交融的综合科学,是一门与生产建设、经济发展有着直接联系的应用性学科。其研究方法主要包括:

(1)理论联系实际的方法;

(2)定量分析与定性分析相结合的方法;

(3)系统分析和平衡分析的方法;

(4)静态评价与动态评价相结合的方法;

(5)统计预测与不确定分析方法。

▷1.3.3 工程项目经济评价的基本原则

工程项目经济评价要遵守以下几个基本原则:

(1)技术与经济相结合的原则。

(2)定性分析与定量分析相结合的原则。

(3)财务分析与国民经济分析相结合的原则。

(4)可比性原则。可比性原则主要包括以下方面:①满足需要上的可比(产品品种可比、产量可比、质量可比);②消耗费用的可比;③时间的可比(分析期、货币的时间价值等);④价格的可比。

思考与练习

1. 工程经济学的研究对象和任务是什么?

2. 工程经济学研究步骤和方法是什么?

第 2 章　现金流量与资金时间价值

本章学习要点

1. 掌握现金流量的概念、构成和图示方法；
2. 掌握资金的时间价值及计算方法；
3. 能够正确运用上述理论和方法进行等值计算。

2.1　现金流量

➤ 2.1.1　现金流量的含义

一项工程的建设活动可以从物质形态和货币形态两个方面进行考察。从物质形态上看，工程建设表现为，通过对土地的开发，使用各种工具、设备、建筑材料，消耗一定的能源，最终生产出可供人类生产或生活入住的建筑空间。从货币形态上看，工程建设表现为投入一定量的资金，花费一定量的成本，投产后生产一定量的产品，通过销售产品，或者将工程项目出租或出售获得一定量的货币收入。对于有着经济效益的工程建设这样一个特定的经济系统而言，投入的资金，花费的成本和获取的收益，都可以看成是货币形式（包括货币和其他货币支付形式）体现的资金流出和流入。

在进行工程经济分析时，首先应确定项目评价的对象和范围，可把所考察的对象视为一个独立的系统，这个系统可以是一个建设项目、一个企业，也可以是一个地区、一个国家。按照确定的项目评价的对象和范围，根据项目性质和融资方式选取适宜的方法，然后通过研究和预测选取必要的基础数据进行成本费用估算、销售（营业）收入和相关税费估算，同时编制财务现金流量表，这些工作实质上是财务分析基础数据与参数的确定，在此基础上，才能进入财务分析实质性工作阶段。通过研究和预测确定或投入的资金、花费的成本、获取的收益，均可看成是以资金形式体现的该系统的资金流出或资金流入。这种在考察对象整个计算期各时点 t 上实际发生的资金流出或资金流入称为现金流量。其中流出系统的资金称为现金流出（cash output），用符号（CO）表示；流入系统的资金称为现金流入（cash input），用符号（CI）表示；现金流入与现金流出之差称之为净现金流量，用符号（CI－CO）表示。记录现金流入和流出的时间和金额的表格称为财务现金流量表。

➤ 2.1.2　现金流量的分类

现金流量按技术经济分析的范围和经济评价方法的不同分为财务现金流量和国民经济效益费用流量两类。

1. 财务现金流量

财务现金流量主要包括项目财务现金流量、资本金财务现金流量、投资各方财务现金流量。财务现金流量主要用于工程项目财务评价。

2. 国民经济效益费用流量

国民经济效益费用流量主要包括项目国民经济效益费用流量、国内投资国民经济效益费用流量、经济外汇流量。国民经济效益费用流量主要用于工程项目国民经济评价。

➤ 2.1.3　现金流量图

在项目的寿命期内,各种资金流入和流出的数额和发生的时间都不尽相同,为了正确地进行技术经济分析与计算,就需借助现金流量图。现金流量图是工程项目在寿命周期内现金流入和现金流出状况的图解,如图 2-1 所示。横轴是时间轴,自左向右表示时间的延续。横轴等分成若干间隔,每一间隔代表一个时间单位(通常是一年)。时间轴上的点称为时点。标注有时间序号的时点通常是该时间序号所表示的年份的年末,同时也是下一年的年初。如 0 代表第一年年初,1 代表第一年年末和第二年年初,依此类似。横轴上反映所考察的经济系统的寿命周期。

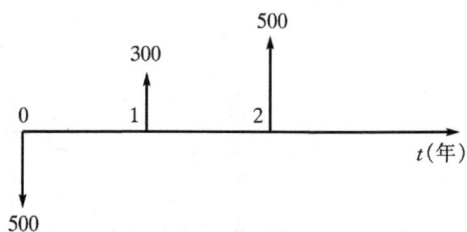

图 2-1　现金流量图

与横轴相连的垂直线,代表流入或流出系统的现金流量。箭头向上表示现金流入,箭头向下表示现金流出,垂直线的长短与现金流量绝对值的大小成比例。现金流量图上要注明每一笔现金流量的金额。

现金流量的性质是对特定的主体而言的。贷款人的流入就是借款人的流出,反之依然。通常现金流量的性质是从资金使用者的角度来确定的,一般假设投资发生在年初,销售收入、经营成本及残值回收等发生在年末。

2.2　资金时间价值

➤ 2.2.1　资金时间价值的含义

将资金投入使用后经过一段时间,资金便产生了增值,也就是说,由于资金在生产和流通环节中的作用,使投资者得到了收益或盈利。不同时间发生的等额资金在价值上的差别,就是资金的时间价值。同样道理,如果把资金存入银行,经过一段时间后也会产生增值,这就是我们通常所说的利息。客户按期得到的利息是银行将吸纳的款项投资于工程项目之中所获得的盈利的一部分,盈利的另一部分则是银行承担风险运作资金的收益。盈利和利息是资金的时间价值的两种表现形式,都是资金时间因素的体现,是衡量资金时间价值的绝对尺度。

在工程技术经济分析中,对资金时间价值的计算方法与银行利息的计算方法是相同的,银行利息就是资金时间价值的一种表现形式。在商品经济条件下,资金在投入生产与交换过程中产生了增值,给投资者带来利润,其实质是由于劳动者在生产与流通过程中创造了价值。从投资者的角度看,资金的时间价值表现为资金具有增值特性。从消费者的角度来看,资金的时间价值是对放弃现时消费带来的损失所做的必要补偿,这是因为资金用于投资后则不能再用于现时消费。个人储蓄和国家积累的目的也是如此。

资金时间价值是市场经济条件下的一个经济范畴,重视资金时间价值可以促使建设资金合理利用,使有限的资金发挥更大的作用。随着我国加入 WTO,市场将进一步开放,我国企业也要参与国际竞争,要用国际通行的项目管理模式与国际资本打交道。

总之,无论进行了什么样的经济活动,都必须认真考虑资金时间价值,千方百计缩短建设周期,加速资金周转,节省资金占用数量和时间,提高资金的经济效益。

2.2.2 资金时间价值的度量

衡量资金时间价值的尺度有两种:其一为绝对尺度,即利息、盈利或收益;其二为相对尺度,即利率、盈利率或收益率。

1. 利息

在借贷过程中,债务人支付给债权人超过原借贷款金额(原借贷款金额常称作本金)的部分,就是利息。其计算公式为:

$$利息 = 目前应付的总金额 - 本金 \qquad (2-1)$$

从本质上看,利息是由贷款产生的利润的一种再分配。在工程经济研究中,利息常被看作资金的一种机会成本,这是因为如果放弃资金的使用权利,相当于失去了获取收益的机会,也就相当于付出了一定的代价。所以,利息就成了投资分析平衡现在与未来的杠杆,投资这个概念本身就包含着现在和未来两个方面的含义。事实上,投资就是为了在未来获得更大收益而对目前的资金进行某种安排。很显然,未来收益应当超过现在的投资,正是这种预期的价值增长才能刺激人们从事投资。因此,在工程经济学中。利息是指占用资金所付出的代价或者是放弃现期消费所得的补偿。

2. 利率

利率就是单位时间内(如年、半年、季、月、周、日等)所得利息额与本金之比,通常用百分数表示。即:

$$利率 = \frac{单位时间内所得的利息额}{本金} \times 100\% \qquad (2-2)$$

式(2-2)中用于表示计算利息的时间单位称为计息周期,计息周期通常为年、半年、季、月、周或天。

【例 2-1】 某人现借得本金 2000 元,1 年后付息 180 元,则年利率是多少?

解: 　　　　年利率 = (180/2000) × 100% = 9%

利率是各国发展国民经济的重要杠杆之一,利率的高低由如下因素决定:

(1)利率的高低首先取决于社会平均利润率的高低,并随之变动。在通常情况下,平均利润率是利率的最高界限。因为如果利率高于利润率,借款者就会因无利可图而不去借款。

（2）在平均利润率不变的情况下，利率高低取决于金融市场上借贷资本的供求情况。借贷资本供过于求，利率便下降；反之，求过于供，利率便上升。

（3）借出资本要承担一定的风险，风险越大，利率也就越高。

（4）通货膨胀对利息的波动有直接影响。

（5）借出资本的期限长短对利率也有重大影响。贷款期限长，不可预见因素多，风险大，利率也就高；反之利率就低。

3. 利息和利率在技术经济活动中的作用

（1）利息和利率是以信用方式动员和筹集资金的动力。以信用方式筹集资金有一个特点就是自愿性，而自愿性的动力来源于利息和利率。

（2）利息促进企业加强经济核算，节约使用资金。

（3）利息和利率是国家管理经济的重要杠杆。国家在不同的时期制定不同的利息政策，对不同地区、不同部门和不同的产业以及不同的项目规定了不同的利率标准，就会对整个国民经济产生影响。

（4）利息和利率是金融企业经营发展的重要条件。

➤ 2.2.3 单利计算与复利计算

利息计算有单利和复利之分。当计息周期在一个以上时，就需要考虑"单利"与"复利"的问题。

1. 单利计算

单利是指在计算利息时，仅用最初本金来加以计算，而不计入在先前计息周期中所累积增加的利息，即通常所说的"利不生利"的计息方法。其计算式如下：

单利计息的计算公式为：

$$I_n = P \cdot n \cdot i \qquad (2-3)$$

式中：I_n —— n 个计息期的总利息；

P ——本金；

n ——计息期数；

i ——计息期单利利率。

n 个计息周期后的本利和为：

$$F_n = P + P \cdot n \cdot i = P(1 + i \cdot n) \qquad (2-4)$$

在利用式（2-3）计算本利和 F 时，要注意式中 n 和 i 反映的时期要一致。如 i 为年利率，则 n 应为计息的年数；若 i 为月利率，n 即应为计息的月数。

【**例 2-2**】 假如以单利方式借入 1000 元，年利率 8%，第四年年末偿还，计算各年利息和本利和。

解：计算过程和计算结果列于表 2-1。

由上例可见，单利的年利息额仅由本金所产生，不再加入本金产生利息，此即"利不生利"。这不符合客观的经济发展规律，没有反映资金随时都在"增值"的概念，也没有完全反映资金的时间价值。因此。在工程经济分析中单利使用较少，通常只适用于短期投资及不超过一年的短期贷款。

表 2-1 单利计算过程和计算结果

使用期	年初借款额累计	年末利息	年末本利和	年末偿还
1	1000	$1000\times8\%=80$	1080	0
2	1080	80	1160	0
3	1160	80	1240	0
4	1240	80	1320	1320

2.复利计算

复利是指在计算某一计息周期的利息时,其先前周期上所积累利息要计算利息,即通常所说的"利生利"、"利滚利"的计息方法。其表达式如下:

$$I_n = i \cdot F_{n-1} \tag{2-5}$$

式中:i——复利利率;

F_{n-1}——第 $n-1$ 期期末的复利本利和。

第 n 期期末复利本利和 F_n 的计算公式为:

$$F_n = P(1+i)^n \tag{2-6}$$

公式(2-6)的推导过程如表 2-2 所示。

表 2-2 采用复利法计算本例和的推导过程

计息期数	期初本金	期末利息	期末本利和
1	P	Pi	$F_1=P+Pi=P(1+i)$
2	$P(1+i)$	$P(1+i)i$	$F_2=P(1+i)+P(1+i)i=P(1+i)^2$
...	...	...	...
$n-1$	$P(1+i)^{n-2}$	$P(1+i)^{n-2}i$	$F_{n-1}=P(1+i)^{n-2}+P(1+i)^{n-2}i=P(1+i)^{n-1}$
n	$P(1+i)^{n-1}$	$P(1+i)^{n-1}i$	$F_n=P(1+i)^{n-1}+P(1+i)^{n-1}i=P(1+i)^n$

【例 2-3】 数据同例 2-2,按复利计算,则本利和是多少?

解:$F_n=P(1+i)^n=1000(1+8\%)^4=1360.489$(元)

从例 2-2 和例 2-3 可以看出,同一笔借款,在利率和计息周期均相同的情况下,用复利计算出的利息金额数比用单利计算出的利息金额数大。如本例,两者相差 40.49 元(1360.49-1320)。如果本金越大,利率越高,计息周期越多时,两者差距就越大。复利计息比较符合资金在社会再生产过程中运动的实际状况。在工程经济分析中,一般采用复利计算。

2.2.4 名义利率与实际利率

所谓名义利率,是指按年计息的利率,即计息周期为一年的利率。它是以一年为计息基础,等于每一计息周期的利率与每年的计息次数的乘积。例如按月计算利息,月利率为 1%,即"年利率为 12%,每月计息一次",年利率 12% 称为名义利率。

实际利率又称有效利率,是把各种不同计息的利率换算成以年为计息期的利率。

需要注意的是,在资金的等值计算公式中所使用的利率都是指实际利率。当然,如果计息期为一年,则名义利率就是实际年利率,因此可以说两者之间的差异主要取决于实际计息期与名义计息期的差异。

➤2.2.5　名义利率与实际利率的转化及应用

设名义利率为 r,一年中计息期数为 m,则每一计息期的利率为 r/m。若年初借款 P 元,一年后本利和为:

$$F = P(1+r/m)^m$$

其中,本金 P 的年利息 I 为

$$I = F - P = P(1+r/m)^m - P$$

根据利率定义知,利率等于利息与本金之比。当名义利率为 r 时,实际利率为:

$$i = \frac{I}{P} = \frac{F-P}{P} = \frac{P(1+r/m)^m - P}{P}$$

所以

$$i = (1+r/m)^m - 1 \qquad (2-7)$$

式中:i——实际利率;

r——名义利率;

m——名义利率所表明的计息周期内实际上复利计息的次数。

由式(2-7)可知,当 $m=1$ 时,实际利率 i 等于名义利率 r;当 $m>1$ 时,实际利率 i 大于名义利率 r,且 m 越大,两者的差异越大。

【例 2-4】　现有两家银行可以提供贷款,甲银行年利率为 17%,1 年计息一次;乙银行年利率为 16%,1 月计息一次,均为复利计算。问哪家银行的实际利率低?

解:甲银行的实际利率等于名义利率,为 17%;乙银行的年实际利率为:

$$i = (1+\frac{r}{m})^m - 1 = (1+\frac{0.16}{12})^{12} - 1 = 17.23\%$$

故甲银行的实际利率低于乙银行。

从上例可以看出,名义利率与实际利率存在下列关系:

(1)当实际计息周期为 1 年时,名义利率与实际利率相等;实际计息周期短于 1 年时,实际利率大于名义利率。

(2)名义利率不能完全反映资金的时间价值,实际利率才真实地反映了资金的时间价值。

(3)实际计息周期相对越短,实际利率与名义利率的差值就越大。

2.3　资金等值计算与应用

➤2.3.1　资金等值的含义

如果两个事物的作用效果相同,则称是等值的。在技术经济分析中,等值是一个很重要的概念,它是评价、比较不同时期资金使用效果的重要依据。

等值又叫等效值,它是指资金运动过程中,由于利息的存在,不同时刻的资金绝对值不等,但资金的实际价值是相等的。货币的等值包括三个因素:金额、金额发生的时间、利率。例如,当年利率为 5% 时,现在的 1000 元,等值于 1 年末的 1050 元,或 5 年末的 1276 元,或 10 年末的 1629 元,或 20 年末的 2653 元。

利用等值的概念,可以把在一个时点发生的资金金额换算成另一时点的等值金额,这一过程叫资金等值计算。把将来某一时点的资金金额换算成现在时点的等值金额称为"折现"或"贴现"。将来时点上的资金折现后的资金金额为"现值"。与现值等价的将来某时点的资金金额称为"终值"或"将来值"。需要说明的是,"现值"并非专指一笔资金"现在"的价值,它是一个相对的概念。一般地说,将 $t+k$ 个时点上发生的资金折现到第 t 个时点,所得的等值金额就是第 $t+k$ 个时点上资金金额在第 t 时点的现值。进行资金等值计算时使用的反映资金时间价值的参数叫折现率或贴现率。

1. 利率(折现率)i

在工程经济分析中,把根据未来的现金流量求现在的现金流量时所使用的利率称为折现率。本书中利率和折现率一般不加以区分,均用 i 来表示,并且 i 一般指年利率(年折现率)。

2. 计息次数 n

计息次数是指投资项目从开始投入资金(开始建设)到项目的寿命周期终结为止的整个期限,计算利息的次数,通常以"年"为单位。

3. 现值 P

现值表示资金发生在某一特定时间序列始点上的价值。在工程经济分析中,现值表示在现金流量图中 0 点的投资数额或投资项目的现金流量折算到 0 点时的价值。折现计算法是评价投资项目经济效果时经常采用的一种基本方法。

4. 终值 F

终值表示资金发生在某一特定时间序列终点上的价值。其含义是指期初投入或产出的资金转换为计算期末的期终值,即期末本利和的价值。

5. 年金 A

年金是指各年等额收入或支付的金额,通常以等额序列表示,即在某一特定时间序列期内,每隔相同时间收支的等额款项。

6. 等值

等值是指在特定利率条件下,在不同时点的两笔绝对值不相等的资金具有相同的价值。

▷ 2.3.2 等值计算的基本公式

·1. 一次支付终值复利公式

若现在投资 P 元,收益率为 i,到 n 期末本利和(终值)应为多少?

现金流量图如图 2-2 所示,其计算公式同式(2-6),即
$$F = P(1+i)^n$$

上式的推导过程很简单,故略。式中 $(1+i)^n$ 又称为一次支付终值复利系数。只要查附录的复利系数表,便可得到该复利系数的值(下同),一般用 $(F/P, i, n)$ 表示。即:
$$F = P(F/P, i, n) \tag{2-8}$$

【例 2-5】 现在把 500 元存入银行,银行年利率为 4%,计算 3 年后该笔资金的实际价值。

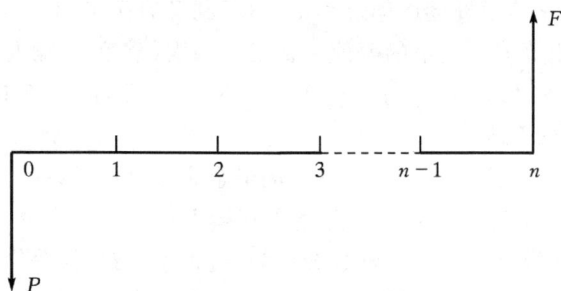

图 2-2　一次支付现金流量图

解：$F = P(F/P, i, n) = 500(F/P, 4\%, 3) = 500 \times 1.1249 = 562.45$（元）

2. 一次支付现值复利公式

若要求经过 n 期后的本利和为 F，收益率为 i，那么现在应投入资金 P 为多少？

现金流量图如图 2-2 所示，现值复利公式由式（2-6）有：

$$P = F(1+i)^{-n} \qquad\qquad (2-9)$$

式中 $(1+i)^{-n}$ 称为一次支付现值复利系数，用 $(P/F, i, n)$ 表示，故上式可写成：

$$P = F(P/F, i, n) \qquad\qquad (2-10)$$

【例 2-6】 某企业 6 年后需要一笔 500 万元的资金，以作为某项固定资产的更新款项，若已知年利率为 8%，问现在应存入银行多少钱？

解：$P = F(P/F, i, n) = F(P/F, 8\%, 6) = 500 \times 0.6302 = 315.10$（万元）

3. 等额支付序列终值复利公式

若每期期末等量投资额为 A，收益率为 i，经过 n 期后本利和为多少？

现金流量图如图 2-3 所示。

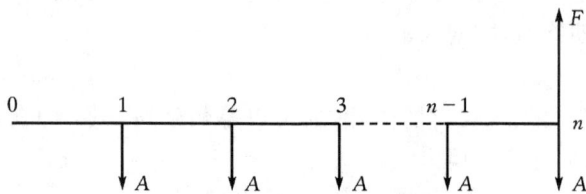

图 2-3　等额支付序列现金流量图（一）

公式推导如下：

把每期等额支付的 A 看做是 n 个一次支付的 P，用一次支付终值复利公式分别求 F，然后相加，有：

$$F = A(1+i)^{n-1} + A(1+i)^{n-2} + \cdots + A(1+i) + A$$

上式两端同乘以 $(1+i)$ 得：

$$F(1+i) = A(1+i)^n + A(1+i)^{n-1} + \cdots + A(1+i)^2 + A(1+i)$$

两式相减，得：

$$F(1+i) - F = A(1+i)^n - A$$

$$F = A\frac{(1+i)^n - 1}{i} \qquad\qquad (2-11)$$

式中 $\dfrac{(1+i)^n-1}{i}$ 称为等额支付序列终值复利系数,用 $(F/A,i,n)$ 表示,上式可写成:

$$F = A(F/A,i,n) \tag{2-12}$$

【例 2-7】 某大型工程项目每年末投资 2 亿元,5 年建成,年利率为 7%,求 5 年末的实际累计总投资额。

解: $F=A(F/A,i,n)=2(F/A,7\%,5)=11.5$(亿元)

4. 等额支付序列投资回收公式

若现在投资 P 元,收益率为 i,想在 n 期后收回全部投资,每年应等额回收的资金 A 为多少?

现金流量图如图 2-4 所示。

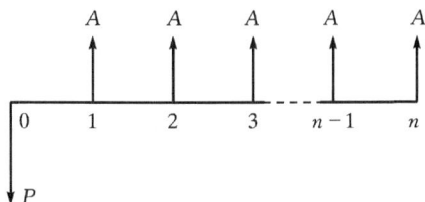

图 2-4 等额支付序列现金流量图(二)

公式推导如下:

将式(2-6)代入式(2-11)

$$F = P(1+i)^n = A\frac{(1+i)^n-1}{i}$$

$$A = P\frac{i(1+i)^n}{(1+i)^n-1} \tag{2-13}$$

式中 $\dfrac{i(1+i)^n}{(1+i)^n-1}$ 称为等额支付序列投资回收复利系数,用 $(A/P,i,n)$ 表示,上式可写成:

$$A = P(A/P,i,n) \tag{2-14}$$

【例 2-8】 某项目投资 100 万元,计划在 8 年内全部收回投资,若已知年利率为 8%,问该项目每年平均净收益至少应达到多少?

解: $A=P(A/P,i,n)=100(A/P,8\%,8)=100\times0.174=17.4$(万元)

5. 等额支付序列偿债基金公式

若在第 n 期期末要获得收益值为 F,收益率为 i,那么每期期末应等额投入资金 A 为多少?

现金流量图仍如图 2-3 所示,公式推导如下:

由式(2-11)得:

$$A = F\frac{i}{(1+i)^n-1} \tag{2-15}$$

式中 $\dfrac{i}{(1+i)^n-1}$ 称为等额支付序列偿债基金复利系数,用 $(A/F,i,n)$ 表示,上式可写成:

$$A = F(A/F,i,n) \tag{2-16}$$

【例 2-9】 某企业 5 年后需要一笔 50 万元的资金用于固定资产的更新改造,如果年利率为 5%，问从现在开始该企业每年应存入银行多少钱？

解：$A = F(A/F, i, n) = 50(A/F, 5\%, 5) = 50 \times 0.1810 = 9.05$（万元）

6.等额支付序列现值复利公式

若在 n 期内每期期末欲取得收益为 A，收益率为 i，那么现在必须投入的资金 P 为多少？现金流量图仍如图 2-4 所示，公式推导如下：

由式(2-13)得：

$$P = A\frac{(1+i)^n - 1}{i(1+i)^n} \tag{2-17}$$

式中 $\frac{(1+i)^n - 1}{i(1+i)^n}$ 称为等额支付序列现值复利系数，用 $(P/A, i, n)$ 表示，上式可写成：

$$P = A(P/A, i, n) \tag{2-18}$$

【例 2-10】 设立一项基金，计划从现在开始的 10 年内，每年年末从基金中提取 50 万元，若已知年利率为 10%，问现在应存入基金多少钱？

解：$P = A(P/A, i, n) = 50(P/A, 10\%, 10) = 50 \times 6.1446 = 307.23$（万元）

7.均匀梯度支付序列复利公式

图 2-5 为一均匀梯度支付序列现金流量图，试求其现值和终值为多少？

图 2-5(a)为一等差递增系列现金流量图，可简化为两个支付系列。一个是等额系列，如图 2-5(b)，年金是 A_1；另一个是由 G 组成的等额递增支付系列，如图 2-5(c)。图 2-5(b)支付系列用等额支付系列现金流量的有关公式计算，问题的关键是图 2-5(c)支付系列该如何计算。

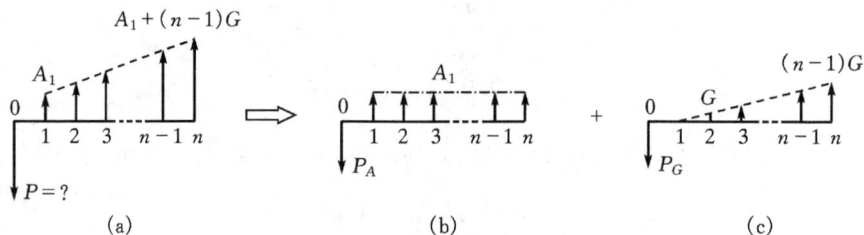

图 2-5　均匀梯度支付序列现金流量图

$$P = P_A + P_G$$

$$P_A = A_1(P/A, i, n)$$

$$P_G = G\left[\frac{1}{(1+i)^2} + \frac{2}{(1+i)^3} + \cdots + \frac{n-1}{(1+i)^n}\right] \quad \text{①式}$$

①式两边同乘 $(1+i)$，得：

$$P_G(1+i) = G\left[\frac{1}{(1+i)} + \frac{2}{(1+i)^2} + \cdots + \frac{n-1}{(1+i)^{n-1}}\right] \quad \text{②式}$$

②式-①式，得：

$$P_G \cdot i = G\left[\frac{1}{(1+i)} + \frac{1}{(1+i)^2} + \cdots + \frac{1}{(1+i)^{n-1}} - \frac{n-1}{(1+i)^n}\right]$$

$$= G\left[\frac{1}{(1+i)} + \frac{1}{(1+i)^2} + \cdots + \frac{1}{(1+i)^{n-1}} + \frac{1}{(1+i)^n}\right] - \frac{G \cdot n}{(1+i)^n}$$

$$= G\left[\frac{(1+i)^n - 1}{i \cdot (1+i)^n}\right] - \frac{G \cdot n}{(1+i)^n}$$

$$P_G = G \cdot \left\{\frac{1}{i}\left[\frac{(1+i)^n - 1}{i \cdot (1+i)^n} - \frac{n}{(1+i)^n}\right]\right\} \tag{2-19}$$

式中 $\frac{1}{i}\left[\frac{(1+i)^n-1}{i(1+i)^n} - \frac{n}{(1+i)^n}\right]$ 称为等差系列现值系数,用 $(P/G,i,n)$ 表示。则式(2-19)可写成:

$$P_G = G(P/G,i,n) \tag{2-20}$$

等差系列现值系数 $(P/G,i,n)$ 可从相关附表中查得。

故 $\quad P = A_1(P/A,i,n) + G(P/G,i,n)$

$$A = A_1 + A_G \tag{2-21}$$

$$A_G = P_G \cdot (A/P,i,n)$$

$$= \frac{G}{i}\left[\frac{(1+i)^n - 1}{i \cdot (1+i)^n} - \frac{n}{(1+i)^n}\right] \cdot \left[\frac{i(1+i)^n}{(1+i)^n - 1}\right]$$

$$= G \cdot \left[\frac{1}{i} - \frac{n}{(1+i)^n - 1}\right] \tag{2-22}$$

式中 $\frac{1}{i} - \frac{n}{(1+i)^n-1}$ 称为等差年金换算系数,用 $(A/G,i,n)$ 表示。则式(2-22)可写成

$$A_G = G(A/G,i,n) \tag{2-23}$$

等差年金换算系数 $(A/G,i,n)$ 可从相关附表中查得。

故 $\quad A = A_1 + G(A/G,i,n) \tag{2-24}$

若计算原等差系列现金流量的现值 P 和终值 F,则按式(2-25)和式(2-26)进行。

$$P = P_A \pm P_G = A_1(P/A,i,n) \pm G(P/G,i,n) \tag{2-25}$$

$$F = F_A \pm F_G = A_1(F/A,i,n) \pm G(P/G,i,n)(F/P,i,n) \tag{2-26}$$

$$A = A_1 \pm A_G = A_1 \pm G(A/G,i,n) \tag{2-27}$$

"减号"表示等差递减系列现金流量。

【例 2-11】 若某人第一年支付一笔 10000 元的保险金,之后 9 年内每年少支付 1000 元,年利率为 8%。若 10 年内采用等额支付的形式,则等额支付款为多少时等价于原保险计划?

解: 根据公式(2-27)并查相关附表求得

$$A = 10000 - 1000(A/G,8\%,10)$$
$$= 10000 - 1000 \times 3.8713$$
$$= 6128.7(元)$$

8. 公式应用中应注意的问题

(1)方案的初始投资,假定发生在方案的寿命期初,即"零点"处;方案的经常性支出假定发生在计息期末。

(2) P 是在计算期初开始发生(零时点), F 在当前以后第 n 年年末发生, A 是在考察期间各年年末发生。

(3)利用公式进行资金的等值计算时,要充分利用现金流量图。现金流量图不仅可以清

晰、准确地反映现金收支情况,而且有助于准确确定计息期数,使计算不致发生错误。

(4)在进行等值计算时,如果现金流动期与计息期不同时,就需注意实际利率与名义利率的换算。

(5)利用公式进行计算时,要注意现金流量计算公式是否与等值计算公式中的现金流量计算公式相一致。如果一致,可直接利用公式进行计算;否则,应先对现金流量进行调整,然后再进行计算。

【例 2 - 12】 项目采用分期付款的方式,连续 5 年每年年末偿还银行借款 150 万元,如果银行借款年利率为 8%,按季计息,问截止到第 5 年末,该项目累计还款的本利和是多少?

解:该项目还款的现金流量图如图 2 - 6 所示。

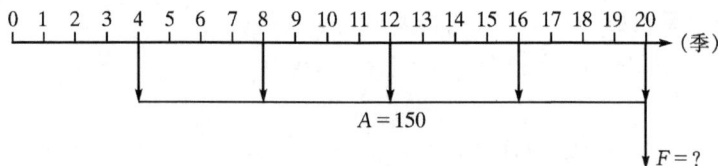

图 2 - 6 按季计息年度支付的现金流量图(单位:万元)

首先求出现金流动期的实际年利率。根据公式(2 - 7),有:

$$i = (1 + \frac{r}{m})^m - 1 = (1 + \frac{8\%}{4})^4 - 1 = 8.24\%$$

这样,原问题就转化为年利率为 8.24%,年金为 150 万元,期限为 5 年,求终值的问题。

$$F = A(F/A, i, n) = A\frac{(1+i)^n - 1}{i} = 150 \times \frac{(1 + 8.24\%)^5 - 1}{8.24\%} = 884.21(万元)$$

即该项目累计还款的本利和是 884.21 万元。

【例 2 - 13】 某企业 5 年内每年初需要投入资金 100 万元用于技术改造,企业准备存入一笔钱以设立一项基金,提供每年技改所需的资金。如果已知年利率为 6%,问企业应该存入基金多少钱?

解:现金流量图如图 2 - 7 所示。

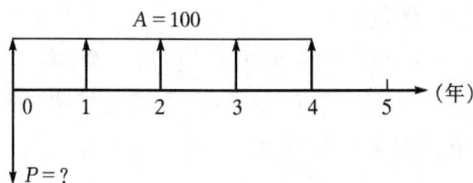

图 2 - 7 预付年金的等值变换(单位:万元)

调整后的现金流量情况如图 2 - 8 所示。

由图 2 - 8 可知,这是一个已知 A, i, n,求 P 的问题。根据年金现值公式(2 - 18),有:

$$P = A(P/A, i, n) = 100 \times (1 + 6\%)(P/A, 6\%, 5) = 446.51 (万元)$$

即企业现在应该存入基金 446.51 万元。

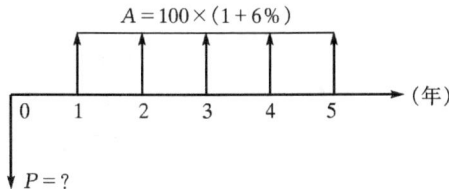

图 2-8　调整后的现金流量图(单位:万元)

▶ 2.3.3　等值计算

1.计息周期等于支付周期

【例 2-14】　年利率为 12%,每半年计息一次,从现在起,连续 3 年,每半年作 100 万元的等额支付,问与其等值的现值为多少?

解:每计息期的利率

$$i = \frac{12\%}{2} = 6\%$$

$$n = 3 \times 2 = 6$$

$$P = A(P/A, i, n) = 100 \times (P/A, 6\%, 6) = 100 \times 4.9173 = 491.73(\text{万元})$$

2.计息周期小于支付周期

【例 2-15】　年利率为 10%,每半年计息 1 次,从现在起连续 3 年的等额年末支付为 500 万元,与其等值的第 0 年的现值是多少?

解:方法一:先求出支付期的有效利率,支付期为 1 年,则有效年利率为

$$i = (1 + r/m)^m - 1 = (1 + \frac{10\%}{2})^2 - 1 = 10.25\%$$

则

$$P = A \frac{(1+i)^n - 1}{i(1+i)^n} = 500 \times \frac{(1 + 10.25\%)^3 - 1}{10.25\%(1 + 10.25\%)^3} = 1237.97(\text{万元})$$

方法二:取一个循环周期,使这个周期的年末支付变成等值的计息期末的等额支付序列,从而使计息期和支付期完全相同,则可将有效利率直接代入公式计算,如图 2-9 所示。

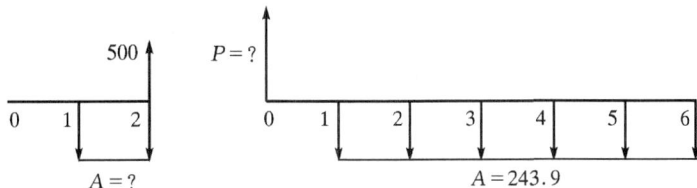

图 2-9　将支付周期调整为计息周期的现金流量图

在年末存款 500 万元的等效方式是在每半年末存入

$$A = 500 \times (A/F, i, n) = 500 \times (A/F, \frac{10\%}{2}, 2) = 500 \times 0.4878 = 243.9 \text{ (万元)}$$

则　　$$P = A(P/A, i, n) = 243.9 \times (P/A, 5\%, 6) = 243.9 \times 5.0757 = 1237.97(\text{万元})$$

3.计息周期大于支付周期

由于计息期内有不同时刻的支付,通常规定存款必须满一个计息周期时才计利息,即在计息周期内存入的款项在该期不计算利息,要在下一期才计算利息。因此,原财务活动的现金流量图应按以下原则进行整理:相对于投资方来说,计息期的存款放在期末,计息期的提款放在期初,计息期分界点处的支付保持不变。

【例 2 - 16】 某项目现金流量图如图 2 - 10 所示,年利率为 12％,每季度计息 1 次,问年末终值 F 为多少?

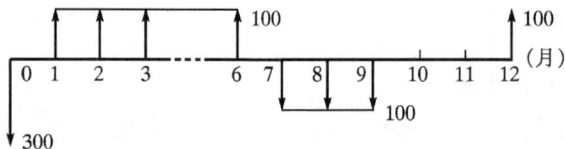

图 2 - 10 某项目的现金流量图

解:按上述原则进行调整,得到等值的现金流量图如图 2 - 11 所示。

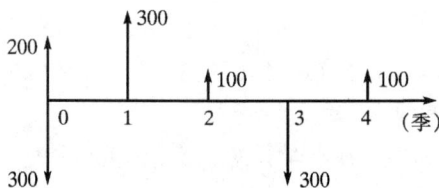

图 2 - 11 某项目调整后的现金流量图

根据调整过的现金流量图求得终值:

$$F = (-300 + 200) \times (1 + \frac{12\%}{3})^4 + 300 \times (1 + \frac{12\%}{3})^3 + 100 \times (1 + \frac{12\%}{3})^2$$

$$- 300 \times (1 + \frac{12\%}{3}) + 100$$

$$= 116.63(万元)$$

思考与练习

一、思考题

1.何为资金的时间价值? 有何意义?

2.何为现金流量及现金流量图? 现金流量如何计算?

3.什么是利息、利率? 单利计算和复利计算有何区别?

4.什么是名义利率和实际利率? 二者有何关系?

5.何为资金等值? 常用资金等值换算公式有哪些?

二、练习题

1.向银行借款 100 元,期限为 10 年。试分别用 8％单利和 8％复利计算这笔借款第 10 年末的本利和。

2.某人在银行存款 1000 元,1 年后可得本利和 1120 元。问这笔存款的利息为多少? 利率又是多少?

3.年利率为 10%,存款 1000 元,存期 3 年。3 年末的本利和为多少?

4.年利率为 5%,5 年末积累金额为 5000 元。期初应一次存入多少?

5.年利率为 6%,每年年末借款 500 元,连续借款 10 年。等额支付的年金终值和现值各为多少?

6.年利率为 5%,借款 1000 元,计划借款后的第一年年末开始偿还,每年年末偿还一次,分 20 年还清。相当于等额支付为多少?

7.年利率为 8%,每年年末支付一次,连续支付 10 年,10 年末积累金额为 10000 元。相当于等额支付为多少?

8.年利率为 12%,每季度计息一次,每季度初借款 1000 元,连续借款 5 年。等额支付的年金终值和现值各为多少?

9.设第一年年末存款 4000 元,以后 9 年每年递增存款 100 元,年利率 8%,求等值的年末等额支付 A 为多少?

10.若年利率为 12%,每半年计息一次,每年年末存款 100 元,5 年后可获本利和为多少?

11.建设银行贷款给某投资者。年利率为 5%,第一年初贷给 3000 万元,第二年初贷给 2000 万元,该投资者第三年年末开始用盈利偿还贷款,按协议至第 10 年末还清。问该投资者每年末应等额还多少万元?

12.有一支付系列,第三年末支付 500 元,以后 12 年每年年末支付 200 元。设年利率为 10%,试画出此支付系列的现金流量图,并计算:(1)第一年年初的现值;(2)第 15 年年末的终值;(3)第 10 年年末的时值。

13.某家庭预计在今后 10 年内的月收入为 16000 元,如果其中的 30% 可用于支付住房抵押贷款的月还款额,年贷款利率为 12%,问该家庭有偿还能力的最大抵押贷款额是多少?

第3章 工程经济评价方法

本章学习要点

1. 掌握静态评价指标的计算、判断标准；
2. 掌握动态评价指标的计算、判断标准；
3. 掌握工程项目方案类型与评价方法。

3.1 概述

在工程经济研究中,投资方案评价是在拟定的工程项目方案、投资估算和融资方案的基础上,对工程项目方案计算期内各种有关技术经济因素和方案投入与产出的有关财务、经济资料数据进行调查、分析、预测,对工程项目方案的经济效果进行计算、评价,以便为投资决策提供可靠的选择依据。

评价工程项目方案经济效果的好坏,一方面取决于基础数据的完整性和可靠性,另一方面则取决于选取评价指标体系的合理性。工程经济评价指标是工程经济分析的衡量依据,工程经济评价方法是分析和衡量工程技术方案的手段。在工程项目评价中,按计算评价指标时是否考虑资金的时间价值,将评价指标分为静态评价指标和动态评价指标。静态评价指标是不考虑时间价值的评价指标,主要用于数据不完备和精确度要求较低的项目初选阶段。考虑时间价值的评价指标是动态评价指标,主要用于项目最后决策的可行性研究阶段。如图 3-1 所示。

➤ 3.1.1 计算期确定

在计算经济评价指标时,方案计算期的确定是否合理,有时候会直接影响项目的评价结果。如果计算期确定得太长,使项目增加了盈利时间,有些经济上本不可行的项目则可能被选中实施;如果计算期确定得太短,一些经济上本可行的项目则未被选中实施,可能会错过一些具有更大盈利机会的方案。工程项目计算期包括拟建项目的建设期和运营期(生产期)两个阶段。

1. 建设期

工程项目建设期是指项目从开始施工到全部建成投产所需要的时间。建设期的主要工作

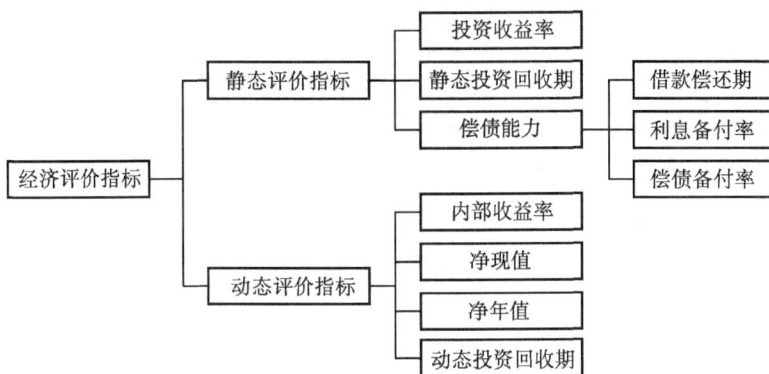

图 3-1 项目经济评价指标体系

有:建设计划安排、签订建设合同、筹集资金、工程前期准备、组织施工、检查工程进度等。建设期的长短与投资项目的规模大小、行业性质、建设方式等有关,应综合考虑加以确定。在建设期内,一般只有投资,没有或者只有很少产出,因此建设期太长,会增加项目的投资成本。项目的建设投产标志着项目开始产生投资收益,建设期越长,获得收益就越迟,从而影响到项目预期的投资效果。因此,在确保建设项目工程建设质量的前提下,项目建设期应尽可能缩短。

2. 运营期

运营期也称为生产期,一般分为投产期和达产期两个阶段,投产期是指项目投入生产,但生产能力尚未完全达到设计能力时的过渡阶段,达产期是指生产运营达到设计预期水平后的时间。

运营期一般应根据项目主要设施和设备的经济寿命或折旧年限、产品寿命期、主要技术寿命期等多种因素综合确定。除某些采掘工业受资源储备量限制而需合理确定开采年限外,一般工业项目的生产期可按固定资产综合折旧寿命计,一般项目 15 年左右,其项目生产期可延长至 25 年,甚至 30 年以上,需要根据行业的特点来具体确定。

项目计算期的长短取决于项目本身的特性,因此无法对项目计算期做统一规定。项目的计算不宜定得太长,一方面按折现法计算,将后期的收益金额折现为现值的数值相对较小,很难对评价结论产生有决定性影响;另一方面由于时间越长,经济情况发生变化的可能性会变大,从而使计算误差变大。

3.1.2 基准收益率

1. 基准收益率的涵义

在工程经济学中,"利率"概念,其更广泛的涵义是指投资收益率。通常,在选择投资机会或决定工程方案取舍之前,投资者首先要确定一个最低盈利目标,即选择特定的投资机会或投资方案必须达到的预期收益率,称为基准投资收益率(简称基准收益率,通常用 i_c 表示)。在国外一些文献中,基准收益率被称为"最小诱人投资收益率(MARR,minimum attractive rate of return)",这一名称更明了地表达了基准收益率的概念,即对该投资者而言,能够吸引他的特定投资机会或方案的可接受的最小投资收益率。由于基准收益率是计算净现值等经济评价指标的重要参数,因此又常被称为基准折现率或基准贴现率。

利用基准收益率来选择确定项目,实际上是用它来作为一个衡量标准,这个标准收益率水平的高低对方案的选择有很大影响。如果它定得太高,可能会使许多经济效益好的方案不被采纳;如果它定得太低,则可能接受一些经济效益并不好的方案。因此,基准收益率是投资方案和工程方案的经济评价和比较的前提条件,是计算经济评价指标和评价方案优劣的基础,它的高低会直接影响经济评价的结果,改变方案比较的优劣顺序。

2.基准收益率的确定要考虑的因素

通常,在确定基准收益率时应考虑以下的一些因素。

(1)资金成本。

资金成本是指为取得资金的使用权而向资金提供者支付的费用,主要包括筹资费和资金的使用费。筹资费是指在筹集资金过程中发生的各项费用,资金的使用费是指因使用资金而向资金提供者支付的报酬。如债务资金的资金成本,包括支付给债权人的利息、金融机构的手续费等;股东权益投资的资金成本包括向股东支付的股息和金融机构的代理费等。投资所获盈利必须能够补偿资金成本,然后才会有利可图,因此投资盈利率最低限度不应小于资金成本率,即资金成本是确定基准收益率的基本因素。

(2)投资的机会成本。

投资的机会成本指投资者将有限的资金用于该方案而失去的其他投资机会所能获得的最大收益。机会成本的表现形式是多种多样的。货币形式表现的机会成本,如销售收入、利润等;由于利率大小决定货币的价格,采用不同的利率也表示货币的机会成本。机会成本是在方案外部形成的,不能反映在该方案财务上,必须通过工程经济分析人员的分析比较,才能确定项目的机会成本。

显然,基准收益率应不低于单位资金成本和单位投资的机会成本,这样才能使资金得到最有效的利用。用下式表达:

$$i_c \geqslant i_1 = \max\{单位资金成本,单位投资机会成本\} \qquad (3-1)$$

(3)风险报酬。

投资风险是指实际收益对投资者预期收益的背离(投资收益的不确定性),风险可能给投资者带来超出预期的收益,也可能给投资者带来超出预期的损失。在一个完备的市场中,收益与风险成正比,要获得高的投资收益就意味着要承担大的风险。从投资者角度来看,投资者承担风险,就要获得相应的补偿,这就是风险报酬。通常把政府的债券投资看作是无风险投资。此外,不论何种投资,认为都是存在风险的。对于存在风险的投资方案,投资者自然要求获得高于一般利润率的报酬,所以通常要确定更高的基准投资收益率。

一般来说,从客观上看,资金密集项目的风险高于劳动密集的;资金专用性强的风险高于资金通用性强的;以降低生产成本为目的的风险低于以扩大产量、扩大市场份额为目的的;从主观上看,资金雄厚的投资主体的风险低于资金拮据者。

(4)通货膨胀。

通货膨胀是指由于货币的发行量超过商品的流通所需要的货币量而引起的货币贬值和物价上涨的现象。通货膨胀使货币贬值,投资者的实际报酬下降。因此,投资者在通货膨胀情况下,必然要求提高收益水平以补偿其因通货膨胀造成的购买力的损失。基准收益率与采用的价格体系如果考虑了通货膨胀因素,则基准收益率中应计入通货膨胀率,否则不考虑通货膨胀因素。在实际工作中,通常采用后一种做法。

通货膨胀以通货膨胀率来表示，通货膨胀率主要表现为物价指数的变化，即通货膨胀率约等于物价指数变化率。一般每年的通货膨胀率是不同的，为了便于计算，常取一段时间的平均通货膨胀率，即在所研究的时期内，通货膨胀率可以视为固定的。

综合以上分析，投资者自行测定的基准收益率可确定如下：

(1)若项目现金流量是按当年价格预测估算的，则应以年通货膨胀率 i_3 修正 i_c 值。即：

$$i_c = (1+i_1)(1+i_2)(1+i_3) - 1 \approx i_1 + i_2 + i_3 \tag{3-2}$$

式中：i_2 为风险报酬率。

(2)若项目的现金流量是按基年不变价格预测估算的，预测结果已排除通货膨胀因素的影响，就不再重复考虑用通货膨胀的影响去修正 i_c 值。即：

$$i_c = (1+i_1)(1+i_2) - 1 \approx i_1 + i_2 \tag{3-3}$$

上述近似处理的条件是：i_1，i_2，i_3 都为小数。

尽管基准收益率是极其重要的一个评价参数，但其确定是比较困难的。不同的行业有不同基准收益率，同一行业内的不同企业的收益率也有很大差别，甚至在一个企业内部不同的部门和不同的经营活动所确定的收益率也不相同。也许正是因为其重要性，人们在确定基准收益率时比较慎重且显得困难。

3. 基准收益率选用的原则

(1)政府投资项目的评价必须采用国家行政主管部门发布的行业基准收益率。一般情况下，项目产出物或服务属于非市场定价的项目，其基准收益率的确定与项目产出物或服务的定价密切相关，是政府投资所要求的收益水平上限，但不是对参与非市场定价项目的其他投资者的收益率要求。参与非市场定价项目的其他投资者的财务收益率，通过参加政府招标或与政府部门协商确定。

(2)企业投资者等其他各类建设项目的评价中所采用的行业基准收益率，既可使用由投资者自行测定的项目最低可接受收益率，也可选用国家或行业主管部门发布的行业基准收益率。根据投资人意图和项目的具体情况，项目最低可接受收益率的取值可高于、等于或低于行业基准收益率。

3.2 工程项目经济评价指标

3.2.1 投资收益率

投资收益率是指投资方案达到设计生产能力后一个正常生产年份的年净收益总额与方案投资总额的比率。它表明投资方案在正常生产年份中，单位投资每年所创造的年净收益额。对生产期内各年的净收益额变化幅度较大的方案，可计算运营期年平均净收益额与投资总额的比率。

1. 计算公式

$$R = \frac{A}{I} \times 100\% \tag{3-4}$$

式中：R——投资收益率；

A——方案年净收益额或年平均净收益额；

I——方案投资额。

2.评价标准

将计算出的投资收益率 R 与所确定的基准投资收益率 R_c 进行比较：

(1)若 $R \geqslant R_c$，则方案在经济上可以考虑接受；

(2)若 $R < R_c$，则方案在经济上是不可行的。

3.应用指标

根据分析目的的不同，投资收益率可分为：总投资收益率 ROI 和资本金净利润率 ROE。

(1)总投资收益率 ROI，标示总投资的盈利水平，系指项目达到设计能力后正常年份的年息税前利润或运营期内年平均息税前利润 $EBIT$ 与项目总投资 TI 的比率。总投资收益应按下式计算：

$$ROI = \frac{EBIT}{TI} \times 100\% \qquad (3-5)$$

式中：$EBIT$——项目正常年份的年息税前利润或运营期内年平均息税前利润；

TI——项目总投资。

总投资收益率高于同行业的收益率参考值，表明用总投资收益率表示的盈利能力满足要求。

(2)项目资本金净利润率 ROE，表示项目资本金的盈利水平，系指项目达到设计能力后正常年份的年净利润或运营期内年平均利润 NP 与项目资本金 EC 的比率。项目资本金净利润率应按下式计算：

$$ROE = \frac{NP}{EC} \times 100\% \qquad (3-6)$$

式中：NP——项目正常年份的年净利润或运营期内年平均净利润；

EC——项目资本金。

项目资本金净利润率高于同行业的净利润率参考值，表明用项目资本金净利润率表示的盈利能力满足要求。

【例3-1】 已知某拟建项目资本金和利润如表3-1所示。计算该项目的总投资利润率和资本金利润率。

表3-1 某拟建项目资金投入和利润表　　　　　　　　　单位：万元

序号	项目 \ 年份	1	2	3	4	5	6	7~10
1	建设投资							
1.1	自有资金	1000	300					
1.2	贷款本金		2000					
1.3	贷款利息(年利率为6%，投产后前4年等本偿还，利息照付)		60	123.6	92.7	61.8	30.9	
2	流动资金							
2.1	自有资金部分			300				

续表 3－1

序号	年份 项目	1	2	3	4	5	6	7～10
2.2	贷款			100	400			
2.3	贷款利息(年利率为 4%)			4	20	20	20	20
3	所得税前利润			－50	550	590	620	650
4	所得税后利润(税率为 33%)			－50	385	395.3	415.4	435.5

解：(1)计算总投资收益率 ROI。

①项目总投资＝建设投资＋建设期贷款利息＋全部流动资金

$$＝1000＋300＋2000＋60＋300＋100＋400$$

$$＝4160(万元)$$

②年平均息税前利润＝[(123.6＋92.7＋61.8＋30.9＋4＋20×7)

$$＋(－50＋550＋590＋620＋650×4)]÷8$$

$$＝595.4(万元)$$

故：总投资收益率＝$\dfrac{595.4}{4160}×100\%＝14.3\%$

(2)计算资本金净利润率 ROE。

①项目资本金＝1000＋300＋300＝1600(万元)

②年平均净利润＝(－50＋385＋395.3＋415.4＋435.5×4)÷8＝360.96(万元)

③资本金净利润率＝$\dfrac{360.96}{1600}×100\%＝22.56\%$

▷ 3.2.2 投资回收期

投资回收期又称返本期,也称投资返本年限,是反映项目或方案投资回收速度的重要指标。它是指通过项目的净收益来回收总投资所需的时间。通常以"年"表示。投资回收期是反映技术方案投资回收速度的重要指标。投资回收期一般从投资开始年算起,如果从投产年算起时,应予说明。

根据是否考虑资金的时间价值,投资回收期分为静态投资回收期和动态投资回收期。

1.静态投资回收期

(1)静态投资回收期的概念。

静态投资回收期 P_t 是指不考虑资金的时间价值,以项目净收益来回收项目全部投资所需要的时间。

根据定义,可以得知,静态投资回收期 P_t 的计算公式如下:

$$\sum_{t=0}^{P_t}(CI-CO)_t = 0 \tag{3-7}$$

式中：CI——现金流入;

CO——现金流出;

$(CI-CO)_t$——第 t 年的净现金流量。

（2）计算公式。

静态投资回收期可借助项目投资现金流量表，根据净现金流量计算，其具体计算可以分两种情况：

①若技术方案生产期内每年净收益（即净现金流量）均相同时，则从投资开始年算起的投资回收期为：

$$P_t = \frac{I}{A} \qquad\qquad (3-8)$$

式中：I——总投资；

A——每年的净收益。

【例 3 - 2】 某项目的净现金流量如表 3 - 2 所示，求该技术方案的静态投资回收期。

表 3 - 2 某项目的净现金流量   单位：万元

年限	0	1	2	3	4	5	6
净现金流量	−120	30	30	30	30	30	30

解：依题可知方案投入运行后的年净收益是等额的，方案的全部投资为 120 万元，则根据公式从投资年开始算起的静态投资回收期为：

$$P_t = \frac{I}{A} = \frac{120}{30} = 4（年）$$

②若技术方案生产期内每年净收益（即净现金流量）不相同时，则采用财务现金流量表累计其净现金流量来求 P_t，计算公式如下：

$$P_t = [累计净现金流量开始出现正值的年份] - 1 + \frac{上年累计净现金流量的绝对值}{当年净现金流量}$$

$$(3-9)$$

【例 3 - 3】 某投资方案的净现金流量如表 3 - 3 所示，求该技术方案的静态投资回收期。若该行业类似规模项目的从投资时算起的投资回收期一般为 6 年，请问这个项目可行不可行？

表 3 - 3 某投资方案累计净现金流量计算表   单位：万元

计算期	0	1	2	3	4	5	6	7
净现金流量	−100	−40	50	40	40	40	50	40
累计现金流量	−100	−140	−90	−50	−10	30	80	120

解：累计净现金流量计算结果如表 3 - 3 所示。根据公式（3 - 9）有：

$$P_t = [累计净现金流量开始出现正值的年份] - 1 + \frac{上年累计净现金流量的绝对值}{当年净现金流量}$$

$$= 5 - 1 + \frac{|-10|}{40}$$

$$= 4.25（年）$$

由于 4.25 年小于 6 年，该投资方案可行。

（3）判定准则。

采用静态投资回收期指标对单方案进行经济评价时，应将计算出的静态投资回收期与根据同类项目的历史数据和投资者意愿确定的基准投资回收期 P_c 作比较,若 $P_t \leqslant P_c$ 时,表明技术方案可以考虑接受;若 $P_t > P_c$,则方案是不可行的。

2. 动态投资回收期

(1)动态投资回收期的概念。

动态投资回收期 P_t^* 是指考虑资金的时间价值,在给定的基准收益率(i_c)下,用项目各年净收益的现值来回收全部投资的现值所需要的时间。动态投资回收期一般从投资开始年算起,若从项目投产开始年计算,应予以特别注明。

根据定义,可以得知动态投资回收期 P_t^* 的计算公式如下:

$$\sum_{t=0}^{P_t^*} (CI - CO)_t (1+i)^{-t} = 0 \tag{3-10}$$

(2)计算公式。

在实际计算中,由于各年净现金流量常常不是等额的,因此,采用的计算方法仍然是与求静态投资回收期相似的通过现金流量表求解。其计算公式为:

$$P_t^* = [累计净现金流量开始出现正值的年份] - 1 + \frac{上年累计净现金流量的绝对值}{当年净现金流量现值}$$

$$\tag{3-11}$$

(3)判定准则。

采用动态回收期法计算出来的动态投资回收期仍需要和基准投资回收期进行比较,其评判标准和静态投资回收期基本相同。即对单项目方案进行评价时,若 $P_t^* \leqslant P_c$ 时,表明技术方案可以考虑接受;若 $P_t^* > P_c$,则方案是不可行的,应予拒绝。

【例 3 - 4】 某项目有关数据如表 3 - 4 所示,基准收益率 $i_c = 10\%$。试计算动态投资回收期。

表 3 - 4　某项目累计净现金流量计算表　　　　　　　单位:万元

计算期	0	1	2	3	4	5	6	7
净现金流量	-100	-40	50	40	40	40	50	40
净现金流量现值	-100	-36.36	41.33	30.05	27.52	25.20	28.23	20.53
累计净现金流量现值	-100	-136.36	-95.03	-64.98	-37.46	-12.26	15.97	36.50

$$P_t^* = 6 - 1 + \frac{|-12.26|}{28.23} = 5.43(年)$$

▷ 3.2.3　净现值

1. 净现值指标及其评价准则

净现值(NPV)是将项目整个计算期内各年的净现金流量,按某个给定的折现率,折算到计算期期初(第零年)的现值代数和。净现值是反映投资方案在计算期内的获利能力的动态价值指标。净现值的计算公式为:

$$NPV = \sum_{t=0}^{n} (CI - CO)_t (1+i)^{-t} \tag{3-12}$$

式中:CI——现金流入;

CO——现金流出；

$(CI-CO)_t$——第 t 年的净现金流量；

i——基准收益率 i_c（一般情况）；

n——方案的计算期。

2. 判定准则

当给定的折现率 $i=i_c$，如果 $NPV(i_c)=0$，表明项目达到了行业基准收益率标准，而不是表示该项目投资盈亏平衡。当 $NPV(i_c)>0$，表明该项目的投资方案除了实现预定的行业收益率，还有超额的收益。当 $NPV(i_c)<0$，表明该项目不能达到行业基准收益率水平，但不能确定项目是否亏损。因此，净现值法的评判准则是：

$NPV>0$，该方案在经济上可行，即项目的盈利能力超过其投资收益期望水平，因此可以考虑接受该方案；

$NPV=0$，说明该项目的盈利能力达到了所期望的最低财务盈利水平，可以考虑接受该项目；

$NPV<0$，该方案在经济上不可行，可以考虑不接受该方案。

多方案选择时，如果不考虑投资额限制时，净现值越大的方案越优。

【例 3-5】 一个寿命期为 5 年的项目，要求收益率必须达到 12%。现有两种方案可供选择，方案 A 的投资为 900 万元，方案 B 的投资为 1450 万元，两方案每年可带来的净收入见表 3-5 所示，试计算两种方案的净现值。

表 3-5　方案的净现金流量表　　　　　　　　单位：万元

年份	0	1	2	3	4	5
方案 A	-900	340	340	340	340	340
方案 B	-1450	400	400	400	400	400

解：按 12% 的折现率对表 3-5 中各年的净现金流量进行折现求和，得：

$$NPV_A = -900 + 340(P/A,12\%,5) = 325.63 \text{ 万元}$$

$$NPV_B = -1450 + 400(P/A,12\%,5) = -8.08 \text{ 万元}$$

方案 A 大于零，方案可行，方案 B 小于零，方案不可行，因此优选方案 A。

3. 净现值率

净现值率（$NPVR$）是在净现值的基础上发展起来的，可以作为净现值的一种补充。净现值率是项目净现值与项目全部投资现值之比。经济含义是单位投资现值所能带来的净现值，是一个考察项目单位投资盈利能力的指标。由于净现值不直接考察项目投资额的大小，所以为考察投资的利用效率，常用净现值率作为净现值的辅助评价指标。净现值率 $NPVR$ 计算公式如下：

$$NPVR = \frac{NPV}{I_p} \qquad (3-13)$$

$$I_p = \sum_{t=0}^{k} I_t(P/F,i_c,t) \qquad (3-14)$$

式中：I_p——投入资金现值；

I_t——第 t 年投资额；

K ——投资年数。

应用 $NPVR$ 评价方案时，对于独立方案，应使 $NPVR \geq 0$，方案才能接受；对于多方案评价，如果 $NPVR < 0$ 的方案先行淘汰，在剩余的方案中，应将 $NPVR$ 与投资额、净现值结合选择方案。而且在评价时应注意以下几点：

(1)计算投资现值与财务净现值的研究期应一致，即净现值的计算期是 n 期，则投资现值也是计算期为 n 期的投资；

(2)计算投资现值与净现值的折现率应一致。

3.2.4　财务内部收益率

1.内部收益率的涵义和计算公式

内部收益率 IRR 是工程项目经济评价指标中一个重要的动态经济评价指标，是指能使工程项目方案在计算期内净现金流量现值累计为零时(也即收益现值等于成本现值)的折现率。由于该指标所反映的是工程项目投资所能达到的收益率水平，其大小完全取决于方案本身，因而称为内部收益率。其计算公式为：

$$\sum_{t=0}^{n} (CI - CO)_t (1 + IRR)^{-t} = 0 \qquad (3-15)$$

式中：IRR——内部收益率。

应用 IRR 对项目进行经济评价的判别准则：设基准收益率为 i_c，若 $IRR \geq i_c$，则项目在经济效果上可以接受；若 $IRR < i_c$，则项目在经济效果上不可接受。

2.内部收益率的计算方法

根据公式，求解内部收益率是解以 IRR 为未知数的多项高次方程。当各年的净现金流量不相等，并且计算期较长时，计算 IRR 是比较繁琐的。一般来说，求解 IRR，有人工试算法和利用计算机编程求解两种方法。

对于计算期不长、生产期内年净收益变化不大的技术方案，在利用复利系数表的情况下，可以采用人工试算法。人工试算法的一般解法如下：

根据公式 3-15，可画出净现值随折现率变化的示意图，如图 3-2 所示。

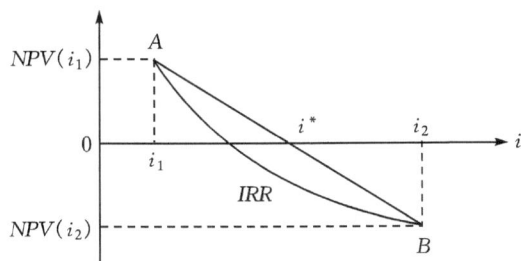

图 3-2　净现值曲线及内插法求 IRR 的示意图

从图 3-2 可以看出，IRR 在 i_1 与 i_2 之间，用 i^* 近似代替 IRR，当 i_1 与 i_2 的距离控制在一定范围内，可以达到要求的精度。具体计算步骤如下：

(1)设初始折现率值为 i_1，一般可以先取行业的基准收益率 i_c 作为 i_1，并计算对应的净现

值 $NPV(i_1)$。

(2)若 $NPV(i_1) \neq 0$，则根据 $NPV(i_1)$ 是否大于零，再设 i_2。若 $NPV(i_1) > 0$，则设 $i_2 > i_1$。若 $NPV(i_1) < 0$，则设 $i_2 < i_1$，i_2 与 i_1 的差距取决于 $NPV(i_1)$ 绝对值的大小，较大的绝对值可以取较大的差距；反之，取较小的差距。同理，计算对应的 $NPV(i_2)$。

(3)重复步骤(2)，直到出现 $NPV(i_1) > 0$，$NPV(i_2) < 0$，用线性内插法求得 IRR 的近似值(应当指出，用线性内插法计算的误差与估计选用的两个折现率的差额的大小有直接的关系。为了控制误差，试算用的两个折现率之差一般以 2% 为宜，最大不应大于 5%)。即：

$$IRR \approx i^* + \frac{NPV(i_1)}{NPV(i_1) + |NPV(i_2)|}(i_2 - i_1) \qquad (3-16)$$

式中：i^*——近似的内部收益率；

i_1——试算用的较低折现率；

i_2——试算用的较高折现率；

$NPV(i_1)$——用较低折现率计算的净现值(应为正值)；

$NPV(i_2)$——用较高折现率计算的净现值(应为负值)。

式 3-16 可利用图 3-2 证明如下。

在图 3-2 中，当 $i_2 - i_1$ 足够小时，可以将曲线段 AB 近似看成直线段 AB，直线段 AB 与横坐标的交点处的折现率 i^* 即为 IRR 的近似值。因为三角形 Ai_1i^* 相似于三角形 Bi_2i^*，故有：

$$\frac{NPV(i_1)}{NPV(i_2)} = \frac{i^* - i_1}{i_2 - i^*}$$

从上式中解得：

$$i^* \approx i_1 + \frac{NPV(i_1)}{NPV(i_1) + |NPV(i_2)|}(i_2 - i_1)$$

【例 3-6】 已知某方案第零年投资 2000 元，第一年收益为 300 元，第二、第三、第四年均获收益 500 元，第五年收益为 1200 元，试计算该方案的内部收益率。

解：据内部收益率计算公式，该方案的净现值表达式为：

$NPV = -2000 + 300(P/F, i, 1) + 500(P/A, i, 3)(P/F, i, 1) + 1200(P/F, i, 5)$

第一次试算，取 $i_1 = 12\%$ 代入上式得：

$NPV(i_1) = 21(元)$，大于零。

第二次试算，取 $i_2 = 14\%$ 代入上式得：

$NPV(i_2) = -91(元)$，小于零。

内部收益率应在 12% 和 14% 之间，代入公式可得：

$$IRR \approx i^* + \frac{NPV(i_1)}{NPV(i_1) + |NPV(i_2)|}(i_2 - i_1)$$

$$= 12\% + \frac{21}{21 + 91} \times (14\% - 12\%)$$

$$= 12.4\%$$

采用线性内插法计算 IRR 只适用于具有常规现金流量的投资方案。而对于具有非常规现金流量的方案，由于其内部收益率的存在可能性不是唯一的，因此线性内插法不太合适。

➤ 3.2.5 净年值

1.净年值概念

净年值（NAV）也常称净年金，是指按给定的基准折现率，通过等值换算将方案计算期内各个不同时点的净现金流量分摊到计算期内各年的等额年值。按照其定义，计算公式为：

$$NAV = \left[\sum_{t=0}^{n} (CI-CO)_t (1+i)^{-t} \right] (A/P, i, n) \tag{3-17}$$

求一个项目的净年值，可以先求该项目的净现值（NPV）或净终值（NFV），然后乘以资金回收系数进行等值变换求解，即依据资金的等值计算公式有：

$$NAV = NPV(A/P, i, n) \tag{3-18}$$

或

$$NAV = NFV(A/F, i, n) \tag{3-19}$$

2.判定准则

用净现值 NPV 和净年值 NAV 对一个项目进行评价，结论是一致的。因为：当 $NPV>0$ 时，$NAV>0$；当 $NPV<0$ 时，$NAV<0$。故净年值与净现值在项目评价的结论上总是一致的。因此，就项目的评价结论而言，净年值与净现值是等效评价指标。净现值给出的信息是项目在整个寿命期内获取的超出最低期望盈利的超额收益的现值，净年值给出的信息是项目在整个寿命期内每年等额的超额收益。由于信息的含义不同，而且由于在某些决策结构形式下，采用净年值比采用净现值更为简便和易于计算，故净年值指标在经济效果评价指标体系中占有相当重要的地位。

【例 3-7】 已知 A、B 两种设备均能满足使用要求，A 设备的市场价为 150 万元，使用寿命为 4 年，每年可带来收入 50 万元；B 设备的市场价为 240 万元，使用寿命为 6 年，每年可带来收入 60 万元，试在基准折现率为 10% 的条件下选择经济上有利的方案。

解：$NAV_A = 50 - 150(A/P, 10\%, 4) = 2.7$（万元）

$NAV_B = 60 - 240(A/P, 10\%, 6) = 4.9$（万元）

因为 $NAV_B > NAV_A$，该选择设备 B 在经济上更为合理。因此，在基准折现率为 10% 的条件下，选择设备 B 在经济上是有利的。

无论采用净现值、净年值，对该方案的经济评价结论是一致的。但在实践中，人们多习惯于使用净现值指标。净年值指标则常用在具有不同计算期的技术方案经济比较中。

➤ 3.2.6 偿债能力指标

1.借款偿还期

借款偿还期是指根据国家财税规定及投资项目的具体财务条件，以可作为偿还贷款的项目收益来偿还项目投资借款本金和利息所需要的时间。借款偿还期的计算式为：

$$I_d = \sum_{t=0}^{P_d} (B + D + R_o - B_r)_t \tag{3-20}$$

式中：P_d——借款偿还期；

I_d——投资借款本金和利息之和；

B——第 t 年可用于还款的利润；

D——第 t 年可用于还款的折旧和摊销费；

R_0——第 t 年可用于还款的其他收益；

B_r——第 t 年企业留利。

借款偿还期可通过借款还本付息计算表推算，以年表示。其具体推算公式如下：

P_d＝（借款偿还开始出现盈余年份－1）＋盈余当年应偿借款额/盈余当年可用于还款余额

$$(3-21)$$

借款偿还期满足贷款机构的要求期限时，即认为项目是有借款偿债能力的。借款偿还期指标适用于不预先给定借款偿还期限，且按最大偿还能力计算还本付息项目；不适用于那些预先给定借款偿还期的项目。

2. 利息备付率

利息备付率也称已获利息倍数，指项目在借款偿还期内各年可用于支付利息的息税前利润与当期应付利息的比值。利息备付率的计算公式：

$$IRC = \frac{EBIT}{PI} \qquad (3-22)$$

式中：IRC——利息备付率；

$EBIT$——息税前利润；

PI——计入总成本费用的应付利息。

息税前利润＝利润总额＋计入总成本费用的利息费用

当期应付利息是指计入总成本费用的全部利息。

利息备付率表示使用项目利润偿付利息的保证倍率。利息备付率分年计算。利息备付率越高，表明利息偿付的保障程度越高。对于正常经营的项目，利息备付率应当大于1。参考国际经验和国内行业的具体情况，根据我国企业历史数据统计分析，一般情况下，利息备付率不宜低于2，并满足债权人要求。

3. 偿债备付率

偿债备付率指项目在借款偿还期内，各年可用于还本付息的资金与当期应还本付息金额的比值。偿债备付率的计算公式：

$$DSCR = \frac{EBITDA - T_{AX}}{PD} \qquad (3-23)$$

式中：$DSCR$——偿债备付率；

$EBITDA$——息税前利润加折旧和摊销；

T_{AX}——企业所得税；

$EBITDA - T_{AX}$——可用于还本付息资金；

PD——应还本付息的金额。

偿债备付率应分年计算，它表示可用于还本付息的资金偿还借款本息的保证倍率。偿债备付率高，表明可用于还本付息的资金保障程度高。正常情况下偿债备付率不应低于1.3，并满足债权人的要求。

3.3 工程项目方案类型与评价方法

3.3.1 评价方案类型

投资主体所面临的方案选择往往并不是单独一个项目,而是一个项目群,其追求的不是单一方案的局部最优,而是项目群的整体最优。因此,投资主体在进行项目群选择时,除考虑每个方案的经济性之外,还必须分析各方案之间的相互关系。按照多方案之间的经济关系,可以将多方案分为互斥型方案、独立型方案、层混型方案三种类型。

1. 互斥型方案

互斥型方案是指各个方案之间存在着互不相容、互相排斥的关系,在进行比选时,在各个方案中只能选择一个,其余的均必须放弃,不能同时存在。例如,要建一座桥,假设可供选择的设计为使用钢材或使用混凝土,这就是互斥型投资,因为仅有一种备选方案将被采纳,修建中采用两种方案是毫无意义的。

2. 独立型方案

独立型方案是指各个方案的现金流量是独立的,不具有相关性。其中任一方案的采用与否与其自己的可行性有关,而与其他方案是否采用没有关系。独立型方案的特点是方案之间具有相容性,只要条件允许,就可以任意选择项目群中的有利项目。这些项目可以共存,而且投资、经营成本与收益具有可加性。

3. 层混型方案

层混型方案是指在一组方案中,方案之间有些具有互斥关系,有些具有独立关系。层混型方案的特点是项目群内项目有 2 个层次,高层次是一组独立型项目,每个独立型项目又由若干互斥型方案实现。例如,某企业拟上 2 个独立的项目,A 项目扩大生产能力,B 项目改善运输状况。为扩大生产能力,可以采用方案 A_1,A_2,A_3;改善运输状况的方案可采用 B_1,B_2,B_3,B_4。这样,从企业角度来看,就有所谓的层混型投资项目群。

在方案选择前搞清这些方案属于何种类型是至关重要的,因为方案类型不同,其选择、判断的尺度不同,进而选择的结果也不同。

3.3.2 互斥型方案的比选

在工程技术经济评价中,常用的是互斥型方案的比选。方案的互斥性,要求我们在若干方案中只能选择一个方案实施。在方案互斥的条件下,经济效果评价包括两部分内容:一是考察各个方案自身的经济效果,即进行绝对效果检验;二是考察哪个方案最优,即相对效果检验。两种检验的目的和作用不同,通常缺一不可。

1. 计算期相同的情况

计算期相同的互斥型方案,通常将方案的计算期设定为共同的分析期,这样在利用资金等值原理进行经济效果评价时,方案之间在时间上才具有可比性。在进行计算期相同方案的比选时若采用价值性指标(如净现值、净年值、费用现值、费用年值),则选用价值指标最大者为相对最优方案;若采用比率性指标(如内部收益率),则需要考察不同方案之间追加投资的经济效益。

(1)净现值法。

对互斥方案评价,首先分别计算各个方案的净现值,去除 $NPV<0$ 的方案,即进行方案的

绝对效果检验;然后对所有 $NPV \geqslant 0$ 的方案比较其净现值,选择净现值大于或等于零且为最大的方案为最佳方案。

很容易证明,按方案净现值的大小直接进行比较,与进行相对效果检验,即按增量投资净现值的比较有完全一致的结论。

$$NPV = \sum_{t=0}^{n} (CI - CO)_t (1+i_c)^{-t} = \sum_{t=0}^{n} A_t (P/A, i_c, n)$$

$$NPV(2-1) = \sum_{t=0}^{n} (A_2 - A_1)_t (P/A, i_c, t)$$

$$= \sum_{t=0}^{n} A_{2t}(P/A, i_c, t) - \sum_{t=0}^{n} A_{1t}(P/A, i_c, t)$$

$$= NPV(2) - NPV(1)$$

当目标是净现值最大时,如果 $NPV(2) \geqslant NPV(1)$,则 $NPV(2-1)$ 一定是正的。由此可见,两者结论是一致的。但直接用净现值的大小进行比较更为方便。

【例3-8】 方案 A、B 是互斥方案,其各年的现金流量如表 3-6 所示,当基准收益率为 10% 时,试进行方案选择(方案寿命均为 10 年)。

表 3-6　互斥方案 A、B 现金流量　　　　　　　单位:万元

方案	初始投资	年净收益
A	500	90
B	300	56

解:分别计算方案 A、B 的净现值和净年值

$$NPV_A = -500 + 90(P/A, 10\%, 10) = 53.014(万元)$$
$$NPV_B = -300 + 56(P/A, 10\%, 10) = 44.098(万元)$$

因为 $NPV_A > NPV_B$,而且均大于零,所以 A 方案为优。

(2)费用现值法。

在工程经济分析中,对方案所产生效益或效果相同(或基本相同),但效果无法或很难用货币直接计量的互斥方案进行比较时,常用费用现值 PC 进行评价。为此,首先计算每个被选方案的费用现值 PC,然后进行对比,以费用现值较低的方案为最优。

【例3-9】 某工厂需购买一台设备,现市场上有两种不同型号、功能相同的设备可供选择,经济数据如表 3-7 所示。若基准收益率为 15%,试对两设备的经济性进行比较。

表 3-7　两种设备的经济数据　　　　　　　单位:元

设备	价格	年运转费用		第六年末残值
		前三年	后三年	
A	1000	500	600	400
B	750	600	600	0

解:用费用现值进行比较

$$PC_A = 1000 + 500(P/A,15\%,3) + 600(P/A,15\%,3)(P/F,15\%,3) - 400(P/F,15\%,6)$$
$$= 2869.36$$

$$PC_B = 750 + 600(P/A,15\%,6)$$
$$= 3020.55(元)$$

经上面的分析计算，由于设备 A 的费用现值小于设备 B 的费用现值，所以，设备 A 优于设备 B。

（3）差额投资内部收益率法。

差额投资内部收益率，又称增量投资内部收益率，也叫追加投资内部收益率，它是指相比较的两个方案各年净现金流量差额的现值之和等于零时的折现率。其表达式为：

$$\sum_{t=0}^{n}\left[(CI-CO)_{大}-(CI-CO)_{小}\right](1+\Delta IRR)^{-t}=0 \qquad (3-24)$$

式中：$(CI-CO)_{大}$——投资大的方案的财务净现金流量；

$\qquad (CI-CO)_{小}$——投资小的方案的财务净现金流量；

$\qquad \Delta IRR$——差额投资内部收益率。

计算差额投资内部收益率 ΔIRR，与设定的基准收益率 (i_c) 进行对比，当差额投资内部收益率大于或等于设定的基准收益率时，以投资大的方案为优，反之，投资小的方案为优。在进行多方案比较时，应先按投资大小，从小到大排序，再依次就相邻方案两两比较，从中选出最优方案。

采用差额内部收益率对多方案进行评价和比较时，其前提是每个方案是可行的，或者至少排在前面、投资少的方案是可行的。

2．计算期不同的情况

以上所讨论的都是对比方案的寿命期相同的情形。然而，现实中很多方案的寿命期往往是不同的。这时必须对寿命计算期作出某种假定，使寿命期不等的互斥方案能在一个共同的计算期基础上进行比较，以保证得到合理的结论。由于方案的计算期不等，其比较基础不同，无法直接进行比较。因此，寿命不等的互斥方案的经济效果的比选，关键在于使其比较的基础相一致。通常可以采用净年值法和最小公倍数法进行方案比较。

（1）净年值（NAV）法。

用净年值进行寿命不等的互斥方案经济效果评价，实际上隐含着这样一种假定：各备选方案在其寿命结束时均可按原方案重复实施或以与原方案经济效果水平相同的方案继续。净年值是以"年"为时间单位比较各方案的经济效果，一个方案无论重复实施多少次，其净年值是不变的，从而使寿命不等的互斥方案间具有可比性。故净年值更适用于评价具有不同计算期的互斥方案的经济效果。对各备选方案净现金流量的净年值（NAV）进行比较，以 $NAV \geqslant 0$ 且 NAV 最大者为最优方案。

在对寿命不等的互斥方案进行比选时，净年值是最为简便的方法，它比内部收益率 IRR 在方案评价时更为简便。同时，用等值年金，可不考虑计算期的不同，故它也较净现值 NPV 简便，当参加比选的方案数目众多时，尤其是这样。

【例 3-10】 互斥方案 A、B 具有相同的产出，方案 A 寿命期 $n_1=10$ 年，方案 B 寿命期 $n_2=15$ 年。两方案的费用现金流如表 3-8 所示，基准收益率为 10%，试进行方案选择。

表 3-8　方案 A、B 的费用现金流量　　　　　　单位:万元

方案	第 0 年投资	第一年投资	2—10 年费用	11—15 年费用
A	100	100	60	—
B	100	140	40	40

解: $AC_A = [100 + 100(P/F,10\%,1) + 60(P/A,10\%,9)(P/F,10\%,1)](A/P,10\%,10)$

$\qquad = 82.2(万元)$

$\qquad AC_B = [100 + 140(P/F,10\%,1) + 40(P/A,10\%,14)(P/F,10\%,1)](A/P,10\%,15)$

$\qquad = 65.1(万元)$

由于 $AC_A > AV_B$，B 方案优于 A 方案，应选择 B 方案。

(2)最小公倍数法。

最小公倍数法(又称方案重复法),是以各备选方案计算期的最小公倍数作为方案比选的共同计算期,并假设各个方案均在这样一个共同的计算期内重复进行,即各备选方案在其计算期结束后,均可按与其原方案计算期内完全相同的现金流量系列周而复始地循环下去直到共同的计算期。在此基础上计算出各个方案的净现值(费用现值),以净现值最大(费用现值最小)的方案为最佳方案。

【例 3-11】　A、B 两个互斥方案各年的现金流量如表 3-9 所示,基准收益率=10%,试比选方案。

表 3-9　寿命不等的互斥方案的数据表　　　　　　单位:万元

方案	初始投资	年净现金流量	残值	寿命(年)
A	10	3	1.5	6
B	15	4	2	9

解: 以方案 A 与方案 B 的最小公倍数 18 为计算期,A 方案重复实施 3 次,B 方案重复实施 2 次。可计算各方案在计算期 18 年内的净现值为:

$NPV_A = -10[1 + (P/F,10\%,6) + (P/F,10\%,12)] + 3(P/A,10\%,18)$

$\qquad + 1.5[(P/F,10\%,6) + (P/F,10\%,12) + (P/F,10\%,18)]$

$\qquad = 7.37(万元)$

$NPV_B = -15[1 + (P/F,10\%,9)] + 4(P/A,10\%,18) + 2[(P/F,10\%,9)$

$\qquad + (P/F,10\%,18)]$

$\qquad = 12.65(万元)$

由于 $NPV_B > NPV_A > 0$，B 方案优于 A 方案,应选择 B 方案。

▶ 3.3.3　独立方案的经济效果评价

下面用一个实例说明独立方案的选择。

某银行甲现有资金 200 万元,有 A、B、C 三个单位各要求贷款 100 万元,贷款的利率分别为 10%、20%、30%,贷款的期限为一年。该银行如不将此款贷给 A、B、C,则其他贷款的利率最高可达 8%。该银行可以从中选择一个单位,亦可选择两个单位作为贷款对象,当然也可以

谁都不借,因而 A、B、C 三个方案对该银行来说是个独立方案的选择问题。因贷款利率最小者(10％)大于银行的其他运用机会的利率(8％),因而对银行来说,A、B、C 三方案都是有利的方案。但银行仅有 200 万元的资金,无法满足三者的要求,因而该银行经理想从其他银行借款以满足三者要求并获得最大利息。

现在假如另有一家银行乙同意按年利率 25％借给甲银行 100 万元。如果甲银行经理认为:"乙银行利率 25％虽然很高,但从 C 单位可以得到更高的利息(利率为 30％),如果将从乙银行贷款的 100 万元借给 C,自有资金 200 万元分别借给 A 和 B,一定会得到更多的利息。"那么,该经理的想法正确吗?

初听起来甲银行经理的意见似乎有一定道理,但是,进行种种组合以后就会发现有更为有利的出借方法:就是将现有资金 200 万元借给 B 和 C,既不向乙银行借款,也不借给 A,此时可获得的利息额为最大。试比较两方案的利息额:

甲银行经理的方案　　10＋20＋30－25＝35(万元)

改进方案　　　　　　20＋30＝50(万元)

可见后者较前者有利得多。

在一组独立方案比较选择的过程中,可决定选择其中任意一个或多个方案,甚至全部方案,也可能一个方案也不选。独立方案这一特点决定了独立方案的现金流量及其效果具有可加性。

1. 无资源限制的独立方案评价

如果独立方案之间共享的资源(通常为资金)足够多(没有限制),则任何一个方案只要是可行的(经济上可接受的),就可采纳并实施。

独立方案的采用与否,只取决于方案自身的经济性,即只需检验它们是否能够通过净现值、净年值或内部收益率指标的评价标准。因此,多个独立方案与单一方案的评价方法是相同的。

用经济效果评价标准(如 $NPV \geqslant 0$,$NAV \geqslant 0$,$IRR \geqslant i_c$)检验方案自身的经济性,凡通过绝对效果检验的方案,就认为它在经济效果上是可以接受的,否则就应予以拒绝。

对于独立方案而言,经济上是否可行的判别依据是其绝对经济效果指标是否达到一定的检验标准。所以,不论采用净现值、净年值和内部收益率(无资金限制时)当中哪种评价指标,评价结论都是一样的。

【例 3－12】　两个独立方案 A、B 的现金流量如表 3－10 所示,方案寿命期均为 10 年,基准收益率为 10％,试对其经济效果进行评价。

表 3－10　方案 A、B 的净现金流量　　　　　　　　　　单位:万元

方案	初始投资	年净收益
A	500	100
B	500	70

解: A、B 方案为独立方案,可首先计算方案自身的绝对效果指标:净现值、净年值或内部收益率,然后根据各指标的判别准则进行绝对效果检验并决定取舍。

(1)用净现值指标评价:

$$NPV_A = -500 + 100(P/A, 10\%, 10) = 114.4(万元)$$
$$NPV_B = -500 + 70(P/A, 10\%, 10) = -69.92(万元)$$

由于$NPV_A > 0$，$NPV_B < 0$，A方案可行，B方案不可行。

（2）用净年值指标评价：

$$NAV_A = -500(A/P, 10\%, 10) + 100 = 18.625(万元)$$
$$NAV_B = -500(A/P, 10\%, 10) + 70 = -11.375(万元)$$

由于$NAV_A > 0$，$NAV_B < 0$，A方案可行，B方案不可行。

（3）用内部收益率指标评价：

$$-500 + 100(P/A, IRR_A, 10) = 0$$
$$-500 + 70(P/A, IRR_B, 10) = 0$$

求得：$IRR_A = 15\% > 10\%$，$IRR_B = 6.65\% < 10\%$，A方案可行，B方案不可行。

2.有资源限制的独立方案评价

如果独立方案之间共享的资源是有限的，不能满足所有方案的需要，则在这种不超出资源限额的条件下，独立方案的选择可用方案组合法。

方案组合法的原理是：列出独立方案所有可能的组合，每个组合形成一个组合方案（其现金流量为被组合方案现金流量的叠加），由于是所有可能的组合，则最终的选择只可能是其中一种组合方案，因此所有可能的组合方案形成互斥关系可按互斥方案的比较方法确定最优的组合方案，最优的组合方案即为独立方案的最佳选择。具体步骤如下：

（1）列出独立方案的所有可能组合，形成若干个新的组合方案（其中包括0方案，其投资为0，收益也为0），则所有可能组合方案（包括0方案）形成互斥组合方案（m个独立方案则有2^m个组合方案）；

（2）每个组合方案的现金流量为被组合的各独立方案的现金流量的叠加；

（3）将所有的组合方案按初始投资额从小到大的顺序排列；

（4）排除总投资额超过投资资金限额的组合方案；

（5）对所剩的所有组合方案按互斥方案的比较方法确定最优的组合方案；

（6）最优组合方案所包含的独立方案即为该组独立方案的最佳选择。

【例3-13】 有3个独立的方案A,B,C，寿命期皆为10年，现金流量如表3-11所示。基准收益率为8%，投资资金限额为12000万元。要求选择最优方案。

表3-11 三个方案数据   单位：万元

方案	初始投资	年净收益	寿命
A	4000	600	10
B	6000	900	10
C	7000	1200	10

解：（1）列出所有可能的组合方案。以1代表方案被接受，以0代表方案被拒绝，则所有可能的组合方案（包括0方案）组成过程见表3-12。

表 3 - 12　方案组合及组合方案数据　　　　　单位:万元

序号	方案组合			组合方案	初始投资	年净收益	寿命(年)	净现值
	A	B	C					
1	0	0	0	0	0	0	10	0
2	1	0	0	A	4000	600	10	26
3	0	1	0	B	6000	900	10	39
4	0	0	1	C	7000	1200	10	1052
5	1	1	0	A+B	10000	1500	10	65
6	1	0	1	A+C	11000	1800	10	1078
7	0	1	1	B+C	13000	2100	10	1091
8	1	1	1	A+B+C	17000	2700	10	1117

(2)对每个组合方案内的各独立方案的现金流量进行叠加,作为组合方案的现金流量,并按叠加的投资额从小到大的顺序对组合方案进行排列,排除投资额超过资金限制的组合方案$(A+B+C)$和$(B+C)$(见表 3 - 12 中的"初始投资"一列)。

(3)按组合方案的现金流量计算各组合方案的净现值(见表 3 - 12 中的净现值一列)。

(4)$(A+C)$方案净现值最大,所以以$(A+C)$为最优组合方案,故最优的选择应是 A 和 C。

➤ 3.3.4　层混型方案的评价选优

在实际工作中经常会遇到层混型方案的选择,层混型方案的选择与独立型方案的选择一样,可以分为资金无约束和资金有约束两类。如果资金无约束,只要从各独立项目中选择互斥型方案中净现值(或净年值)最大的方案加以组合即可。当资金有约束时,选择方法比较复杂,一般使用层混型方案群的互斥组合法。

【例 3 - 14】　某企业 4 个相互独立的投资方案,资金预算限额是 6000 万元,基准折现率为10%,各方案数据见表 3 - 13,问应该如何决策?

表 3 - 13　某地独立投资方案有关数据　　　　　单位:万元

方案	初始投资	净现值	净现值指数	净现值指数排序
A	2100	180	0.085714	1
B	2400	200	0.083333	2
C	1800	120	0.066667	4
D	2000	150	0.075	3

解:从表 3 - 13 中可见,如果按照净现值指数排序法,则中选方案为 A、B 方案。但若按互斥方案组合法,则不一定如此。

首先,找出全部可能的互斥组合方案,共有 $2^4 - 1 = 15$ 个方案,将它们的有关数据列入表3 - 14 中。

表 3-14　互斥组合方案的评价结果　　　　　　　　单位:万元

组合方案	A	B	C	D	初始投资	净现值	投资限额约束
1	*				2100	180	√
2		*			2400	200	√
3			*		1800	120	√
4				*	2000	150	√
5	*				4500	380	√
6	*		*		3900	300	√
7	*			*	4100	330	√
8		*	*		4200	320	√
9		*		*	4400	350	√
10			*	*	3800	270	√
11	*	*	*		6300	500	×
12	*	*		*	6500	530	×
13	*		*	*	5900	450	√
14		*	*	*	6200	470	×
15	*	*	*	*	8300	650	×

从表 3-14 可见,第 11,12,14,15 号组合方案的投资总额超过了 6000 万元资金约束,应予淘汰。在剩下的 11 个组合方案中,第 13 号组合方案的净现值最大,为最优方案。即最后应选择方案 A、C、D,其投资总额为 5900 万元,净现值为 450 万元。可见这个结果与净现值指数排序法的结果不一致,互斥组合方案法得出的选择才是正确决策。

思考与练习

一、思考题

1. 什么是净现值、费用现值和净现值率? 如何计算? 它们的评判标准各是什么?

2. 什么是净现值函数和净现值曲线?

3. 最小公倍数法和研究期法是如何处理寿命期不同方案之间的现值比较的?

4. 什么是净年值、费用年值? 如何计算? 它们的评判标准各是什么?

5. 为什么年值法和现值法评价结论是一致的?

6. 什么是内部收益率、差额内部收益率? 如何计算? 它们的评判标准各是什么?

7. 为何要用差额内部收益率进行多方案的评价? 它的评价结论和净现值法一致吗?

8. 内部收益率的经济意义是什么? 有哪些特殊的情况?

9. 什么是静态和动态投资回收期? 什么是静态和动态差额投资回收期? 如何计算? 其评判标准各是什么?

10. 技术方案根据性质可以分为几类?

11. 如何进行独立型方案的选择? 又如何进行互斥型方案的选择?

12. 影响基准收益率的因素主要有哪些?

二、练习题

1.某设备初期投资为 10 万元,投资效果持续时间(寿命)为 8 年,净收益发生于每年末且数值相等。基准收益率为 10% 时,年净收益为多少合适?寿命期为 12 年、15 年时又应为多少?

2.某债券现在购买 10 万元,则 6 年后可得 15 万元。

(1)如果将购买债券看作是按复利在银行存款,那么相当于银行存款的利率是多少?

(2)假设该债券的基准收益率为 10%,那么这项投资的净收益是多少?

3.某项目投资 1000 万元之后,每期末的净收益将增加(见表 3-15)。该设备使用期为 5 年,假如基准收益率为 10%,分别求该项目投资所产生的净收益的净现值、净年值。

表 3-15　某项目每期末的净收益　　　单位:万元

年度	净收益
1	170
2	200
3	250
4	280
5	200

4.某方案初始投资额为 500 万元,每年年末的净收益为 150 万元,方案的寿命期为 15 年。假设基准收益率为 10%。

(1)求该投资所产生的净收益的现值和年值。

(2)该投资的内部收益率为多少?

(3)用每年的净收益将初期投资额全部回收的年数是几年?分别按静态方法和动态方法进行计算。

5.某开发区拟定一个 15 年规划,分三期建成,开始投资 60000 万元,5 年后再投资 50000 万元,10 年后再投资 40000 万元。每年的维护费为:前 5 年每年 1500 万元,次 5 年每年 2500 万元,最后 5 年每年 3500 万元,15 年末的残值为 8000 万元,试用 6% 的基准收益率计算该规划的费用现值和费用年值。

6.某投资方案初始投资为 1200 万元,年销售收入为 1000 万元,寿命为 8 年,残值为 10 万元,年经营费用为 50 万元。试求该投资方案的内部收益率。

7.已知方案 A、B、C 的有关资料如表 3-16 所示,基准收益率为 15%,试分别用净现值法与内部收益率法对这三个方案选优。

表 3-16　三个方案的数据资料　　　单位:万元

方案	初始方案	年收入	年支出	经济寿命
A	3000	1800	800	5 年
B	3650	2200	1000	5 年
C	4500	2600	1200	5 年

8.互斥方案 A、B、C 的净现金流量如表 3-17 所示,其寿命期均为 5 年,试评价选择(基准收益率为 12%)。

表 3-17　三个互斥方案的净现金流量　　　　　　　　　单位:万元

方案	初始投资	1	2	3	4	5
A	1000	400	400	400	500	500
B	320	100	200	200	300	360
C	200	80	80	100	120	120

9.表 3-18 所示 A、B、C、D 四个方案的净现金流量,试判断说明各方案的内部收益率有无解? 有几个? 它们是否为其方案的内部收益率?

表 3-18　四个方案的净现金流量　　　　　　　　　　单位:万元

年	A	B	C	D
0	−500	−200	−2000	−200
1	250	−100	−100	94
2	200	−100	−100	−144
3	150	100	−100	72
4	100	300	−100	100
5	50	600	200	0

10.某工程项目有三种可供选择的投资方案,每个方案的已知数据如表 3-19 所示,若基准折现率为 15%,用差额内部收益率法选出最优方案。

表 3-19　三个投资方案数据　　　　　　　　　　　　单位:万元

方案	初始投资	年净收益	寿命期
A	2000	500	10
B	1000	240	10
C	1600	380	10

11.已知:A、B 方案的计算期分别为 10 年和 15 年,它们的净现金流量情况见表 3-20,基准折现率为 10%。要求分别用最小公倍数法和年值法比较这两个项目。

表 3-20　方案 A、B 各年的净现金流量　　　　　　　单位:万元

年份	1	2	3	4—10	11—14	15
A	−1400	−1400	1000	1000		
B	−3000	−3400	1600	1800	1800	2800

12.某企业现有若干互斥方案,有关资料如表 3-21 所示。其方案寿命期均为 7 年,试问:
(1)当折现率为 10% 时,资金无限制,哪个方案最佳?

（2）折现率在什么范围时，B方案最优，且可行？

表 3-21　某企业的三个互斥方案　　　　　　　　　　单位：万元

方案	初始投资	年净收益
A	1000	250
B	1500	450
C	2500	690

13. 有两种可供选择的设备购买方案 A 与方案 B，它们是互斥方案，均能满足同样的工作要求，其有关资料如表 3-22 所示，基准收益率为 15%，评价和选择最优方案。

表 3-22　设备购买方案　　　　　　　　　　　　单位：万元

方案	初始投资	年经营费用	净残值	寿命期
A	600	400	100	6
B	800	320	0	10

14. 有四个独立方案，其数据如表 3-23 所示，若预算资金为 300 万元，各方案寿命均为 8 年，基准收益率为 10%，应选择哪些方案？

表 3-23　四个独立方案的数据　　　　　　　　　　单位：万元

方案	初始投资	年净收益
A	150	50
B	140	40
C	130	35
D	170	55

15. 有 6 个方案的数据如表 3-24 所示，设定资金限额为 600 万元，基准收益率为 10%，寿命为 5 年。现已知 A_1、A_2 互斥，B_1、B_2 互斥，C_1、C_2 互斥；B_1、B_2 从属于 A_1，C_1 从属于 A_2，C_2 从属于 B_1，试选择最优的投资组合方案。

表 3-24　六个方案的数据　　　　　　　　　　　　单位：万元

方案	初始投资	年净收益
A_1	240	80
A_2	320	100
B_1	180	60
B_2	140	50
C_1	160	60
C_2	140	40

第4章　工程项目风险与不确定性分析

本章学习要点

1. 了解不确定性分析的不确定性和风险的原因和相关计算方法；
2. 掌握不确定性分析中盈亏平衡分析的基本原理；
3. 掌握不确定性分析中敏感性分析的计算方法。

4.1　工程项目风险与不确定性概述

▶ 4.1.1　风险与不确定性的概念

从理论上讲,风险是指由于随机原因引起的项目总体的实际价值对预期价值之间的差异。风险是与出现不利结果的概率相关联的,出现不利结果的概率(可能性)越大,风险也就越大。而不确定性是指以下两方面。

(1)对项目有关的因素或未来的情况缺乏足够的情报而无法做出正确的估计。

(2)没有全面考虑所有因素而造成的预期价值与实际价值之间的差异。

所以,从理论上可以区分风险与不确定性,但从项目经济评价角度来看,试图将它们绝对分开没有多大意义,实际上也无必要。

▶ 4.1.2　产生不确定性与风险的原因

产生不确定性与风险的原因主要有主观和客观两个方面。

1. 不确定性与风险产生的主观原因

(1)信息的不完全性与不充分性。

(2)人的有限理性等。

2. 不确定性与风险产生的客观原因

(1)市场供求变化的影响。

(2)技术变化的影响。

(3)经济环境变化的影响。

(4)社会、政策、法律、文化等方面的影响。

(5)自然条件和资源方面的影响等。

▷ 4.1.3　风险和不确定性分析的内容

美国经济学家奈特认为风险是"可测定的不确定性",而"不可测定的不确定性"才是真正意义上的不确定性。工程项目风险分析就是分析工程项目在其环境中的寿命期内自然存在导致经济损失的变化,而工程项目不确定性分析就是对项目风险大小的分析,即分析工程项目在其存在的时空内自然存在的导致经济损失之变化的可能性及其变化程度。

风险与不确定性管理成为工程项目管理的一个重要内容。风险与不确定性分析是项目风险管理的前提与基础。通过分析方案各个技术经济变量(不确定性因素)的变化对投资方案经济效益的影响(还应进一步研究外部条件变化如何影响这些变量),分析投资方案对各种不确定性因素变化的承受能力,进一步确认项目在财务和经济上的可靠性,这个过程称为风险与不确定性分析。这一步骤作为工程项目财务分析与国民经济分析的必要补充,有助于加强项目风险管理与控制,避免在变化面前束手无策。同时,在风险与不确定性分析基础上做出的决策,可在一定程度上避免决策失误导致的巨大损失,有助于决策的科学化。

工程经济分析人员应善于根据各项目的特点及客观情况变化的特点,抓住关键因素,正确判断,提高分析水平。

4.2　工程项目不确定性分析

工程经济分析中,不确定性分析的基本方法包括盈亏平衡分析、敏感性分析和概率分析。盈亏平衡分析只用于财务效益分析,敏感性分析和概率分析可同时用于财务效益分析和国民经济效益分析。

▷ 4.2.1　盈亏平衡分析

盈亏平衡分析是在完全竞争或垄断竞争的市场条件下,研究工程项目特别是工业项目产品生产成本、产销量与盈利的平衡关系的方法。对于每一个工程项目而言,随着产销量的变化,盈利与亏损之间一般至少有一个转折点,我们称这种转折点为盈亏平衡点。在盈亏平衡点上,销售收入与成本费用相等,既不亏损也不盈利。盈亏平衡分析就是要找出方案的盈亏平衡点。

对于盈亏平衡分析模型而言,按成本、销售收入和产量之间是否呈线性关系可分为线性盈亏平衡分析和非线性盈亏平衡分析。通常只要求线性盈亏平衡分析。

1.固定成本与变动成本

盈亏平衡分析的基本前提之一是将成本划分为固定成本和变动成本,并假定产销量一致,根据项目正常年份的产量、成本、售价和利润四者之间的函数关系,分析产销量对项目盈亏的影响。

根据成本总额对产量的依存关系,全部成本可以分成固定成本和变动成本两部分。

固定成本是不受产品产量及销售量影响的成本,即不随产品产量及销售量的增减发生变化的各项成本费用,如非生产人员工资、折旧费、无形资产及其他资产摊销费、办公费、管理费等。

变动成本是随产品产量及销售量的增减而成正比例变化的各项成本,如原材料、燃料、动力消耗、包装费和生产人员工资等。

长期借款利息应视为固定成本,短期利息如果用于购置流动资产,可能部分与产品产量、销售量相关,其利息可视为半可变半固定成本,为简化计算,也可视为固定成本。

在盈亏平衡分析中,分离固定成本和变动成本的常用方法有以下三种。

(1)费用分解法。

费用分解法就是按会计项目的费用属性进行归类分离的方法。

(2)高低点法。

高低点法就是取历史资料中产量最高和最低两个时期的成本数据为样本,求出单位变动成本后,推算出固定成本和变动成本的方法,即

$$C_v = \frac{C_{max} - C_{min}}{Q_{max} - Q_{min}} \qquad (4-1)$$

式中:C_v—— 单位产品变动成本;

C_{max}—— 最高产量时期的成本额;

C_{min}—— 最低产量时期的成本额;

Q_{max}—— 最高产量;

Q_{min}—— 最低产量。

求出单位变动成本 C_v 后,便可得到:

$$V = C_v Q \qquad (4-2)$$
$$F = C - V \qquad (4-3)$$

式中:V—— 变动成本;

F—— 固定成本;

C—— 成本总额;

Q—— 产品销售量(产量)。

(3)回归分析法。

回归分析法就是采用一元线性回归方程 $C = F + C_v Q$(即 $y = a + bx$)来描述成本与产量之间的线性关系的方法。根据回归分析法的基本原理,采用最小二乘法,系数即可求得。

由于回归分析考虑了统计期各年的所有数据,因此比高低点法更合理、更准确。因此在成本分离方面应用较普遍。

2. 线性盈亏平衡分析的基本公式

年销售收入方程:

$$R = PQ \qquad (4-4)$$

年总成本费用方程:

$$C = F + C_v Q \qquad (4-5)$$

年利润方程:

$$E = R - C = (P - C_v)Q - F \qquad (4-6)$$

在盈亏平衡点处,利润为零,即

$$R = C$$

$$PQ = F + C_v Q$$

则盈亏平衡点产量

$$Q^* = F/(P - C_v) \qquad\qquad (4-7)$$

式中：Q—— 产量；

R—— 销售收入；

C—— 生产成本总额；

E—— 企业的利润；

F—— 固定成本；

C_v—— 单位产品可变成本；

P—— 产品价格；

Q^*—— 企业盈亏平衡时的产量，即保本时的产量。

以上分析如图 4-1 所示。

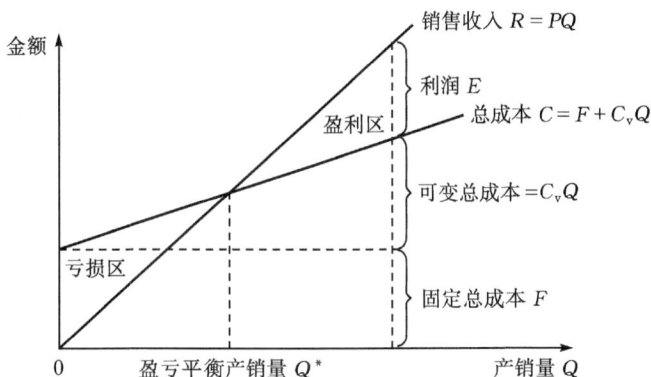

图 4-1　线性盈亏平衡分析

【例 4-1】　某企业生产某种产品，每件产品的售价为 50 元，单位可变成本为 28 元，年固定成本为 66 000 元，求：①企业的最低产量，②企业产品产量为 5 000 件时的利润，③企业年利润达到 60 000 元时的产量。

解：

(1) 求盈亏平衡点的产量 Q^*：

由公式(4-7)得，

$$Q^* = F/(P - C_v) = 66000/(50 - 28) = 3000(件)$$

所以，该工厂的最低产量为 3000 件。

(2)若产品产量为 5000 件，年利润为：

$$E = (P - C_v)Q - F = (50 - 28) \times 5000 - 66000 = 44000(元)$$

即当产量达到 5000 件时，每年可获利 44000 元。

(3)若预期利润达到 60000 元时，则产量应为：

$$Q = (E + F)/(P - C_v) = (60000 + 66000)/(50 - 28) = 5727(件)$$

即当产量达到 5727 件时，企业每年可获利 60000 元。

3. 多方案比较时的优劣盈亏平衡分析

盈亏平衡分析不仅可以在独立方案中使用，也可以在两个以上方案的优劣比较和分析中使用。多方案盈亏平衡分析是盈亏平衡分析方法的延伸，它是将同时影响各方案经济效果指标的共有的不确定因素作为自变量，将各方案的经济效果指标作为因变量，建立各方案经济效果指标与不确定因素之间的函数关系。即如果两个或两个以上的方案，其成本都是同一函数的变量时，便可以找到该变量的某一数值，使两个对比方案的成本相同，该变量的这一特定值，叫做方案的优劣平衡点。

设一组互斥方案，其成本函数决定于同一个共同变量 x，以共同的变量建立每个方案的成本费用函数方程为：

$$C_i = f_i(x) + a_i \qquad (i=1,2,3,\cdots,n)$$

式中：C_i——i 方案的成本费用；

n——方案数；

a_i——常量。

由于各方案的经济效果函数的斜率不同，所以各函数曲线必然会发生交叉，即在不确定因素的不同取值区间内，各方案的经济效果指标高低的排序不同，由此来确定方案的取舍。

即令 $C_i = C_{i+1}$，求出交叉点——优劣平衡点 x_0，并根据不同的区域判断方案的优劣。以上分析如图 4-2 所示。

当变量 $x > x_0$ 时，选择方案 2；当变量 $x < x_0$ 时，选择方案 1。当变量 $x = x_0$ 时，两个方案的经济效果相当。

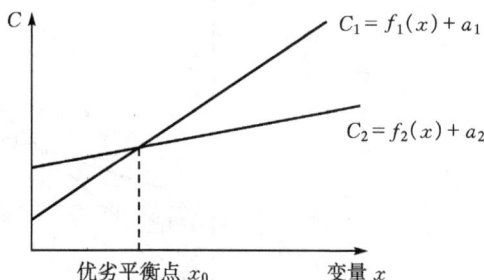

图 4-2 多方案比较的盈亏平衡分析

【例 4-2】 某施工队承接一挖土工程，可以采用两个施工方案：一个是人工挖土，单价为 10 元/立方米；另一个是机械挖土，单价为 8 元/立方米，但需机械的购置费是 20000 元，试问这两个方案的适用情况如何？（要求绘图说明）

解： 设两个方案共同应该完成的挖土工程量为 Q，则人工挖土成本为：$C_1 = 10Q$；机械挖土成本为：$C_2 = 8Q + 20000$，如图 4-3 所示。

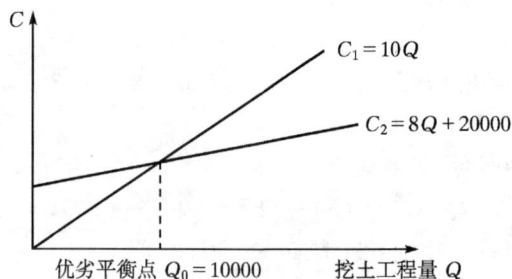

图 4-3 例 4-2 的盈亏平衡分析

令 $C_1 = C_2$，得 $Q_0 = 10000 \ \text{m}^3$（立方米），故当 $Q > 10000 \ \text{m}^3$ 时，采用机械挖土合算；当 $Q < 10000 \ \text{m}^3$ 时，采用人工挖土合算。

盈亏平衡点反映了项目对市场变化的适应能力和抗风险能力。从图4-1中可以看到,盈亏平衡点越低,达到此点的盈亏平衡产销量就越少,项目投产后的盈利的可能性越大,适应市场变化的能力越强,抗风险能力也越强。

盈亏平衡分析虽然能够从市场适应性方面说明项目风险的大小,但并不能揭示产生项目风险的根源。因此,还需采用其他一些方法来帮助达到这个目标。

▷ 4.2.2　敏感性分析

1. 敏感性分析的内容

投资项目评价中的敏感性分析,就是在确定性分析的基础上,通过进一步分析、预测项目主要不确定因素的变化对项目评价指标(如财务内部收益率、财务净现值等)的影响,从中找出敏感因素,确定评价指标对该因素的敏感程度和项目对其变化的承受能力。

敏感性分析有单因素敏感性分析和多因素敏感性分析两种。

单因素敏感性分析是对单一不确定因素变化的影响进行分析,即假设各个不确定性因素之间相互独立,每次只考察一个因素,其他因素保持不变,以分析这个可变因素对经济评价指标的影响程度和敏感程度。单因素敏感性分析是敏感性分析的基本方法。

多因素敏感性分析是假设两个或两个以上互相独立的不确定因素同时变化时,分析这些变化的因素对经济评价指标的影响程度和敏感程度。

2. 单因素敏感性分析的一般步骤

单因素敏感性分析的一般步骤如下:

(1)确定敏感性分析的指标,如净现值、内部收益率等。

分析指标的确定,一般是根据项目的特点、不同的研究阶段、实际需求情况和指标的重要程度来选择,与进行分析的目标和任务有关。

由于敏感性分析是在确定性经济分析的基础上进行的,一般而言,敏感性分析的指标应与确定性经济评价指标一致,不应超出确定性经济评价指标范围而另立新的分析指标。

(2)选取影响项目指标的不确定性因素。如投资额、建设工期、产品销售单价、生产成本等,并设定他们的变化范围。

影响项目经济评价指标的不确定性因素很多,但事实上没有必要对所有的不确定因素都进行敏感性分析,而只需选择一些主要的影响因素。选择需要分析的不确定性因素时主要考虑以下两条原则:

第一,预计这些因素在其可能变动的范围内对经济评价指标的影响较大;

第二,对在确定性经济分析中采用该因素的数据的准确性把握不大。

(3)分析每个不确定性因素的波动程度及其对分析指标可能带来的增减变化情况。

首先,对所选定的不确定性因素,应根据实际情况设定这些因素的变动幅度,其他因素固定不变。因素的变化可以按照一定的变化幅度(如±5%、±10%、±20%等)改变它的数值。

其次,计算不确定性因素每次变动对经济评价指标的影响。

对每一因素的每一变动,均重复以上计算,然后,把因素变动及相应指标变动结果用表表示。

(4)找出敏感因素。敏感性分析的目的在于寻求敏感因素,可以通过计算敏感度系数和临界点来判断。

① 敏感度系数,表示项目评价指标对不确定因素的敏感程度。计算公式为:

$$S_{AF} = \frac{\Delta A / A}{\Delta F / F} \tag{4-8}$$

式中:S_{AF}——敏感度系数;

$\Delta F / F$——不确定性因素 F 的变化率(%);

$\Delta A / A$——不确定性因素 F 发生 $\triangle F$ 变化时,评价指标 A 的相应变化率(%)。

计算敏感度系数判别敏感因素的方法是一种相对测定法,即根据不同因素相对变化对经济指标影响的大小,可以得到各个因素的敏感性程度排序。

$S_{AF} > 0$,表示评价指标与不确定性因素同方向变化;$S_{AF} < 0$,表示评价指标与不确定性因素反方向变化。

$|S_{AF}|$ 越大,表明评价指标 A 对于不确定性因素 F 越敏感;反之,则越不敏感。据此可以找出哪些因素是最关键的因素。

② 临界点,是指项目允许不确定因素向不利方向变化的极限值。超过极限,项目的效益指标将不可行。例如当产品价格下降到某一值时,财务内部收益率将刚好等于基准收益率,此点称为产品价格下降的临界点。临界点可用临界点百分比或者临界值分别表示某一变量的变化达到一定的百分比或者一定数值时,项目的效益指标将从可行转变为不可行。临界点可用专用软件的财务函数计算,也可由敏感性分析图直接求得近似值。

(5)选择方案,并对选中方案进行综合方面分析,实施控制弥补措施。

如果进行敏感性分析的目的是对不同的投资项目或某一项目的不同方案进行选择,一般应选择敏感程度小、承受风险能力强、可靠性大的项目或方案。

【例 4-3】 某投资方案设计年生产能力为 10 万台,计划项目投产时总投资为 1200 万元,其中建设投资为 1150 万元,流动资金为 50 万元;预计产品价格为 39 元/台,销售税金及附加为销售收入的 10%,年经营成本为 140 万元;方案寿命期为 10 年,到期时预计固定资产余值为 50 万元,基准折现率为 10%,试就投资额、单位产品价格、经营成本等影响因素对该投资方案做敏感性分析。

解:所绘制的现金流量图如图 4-4 所示。

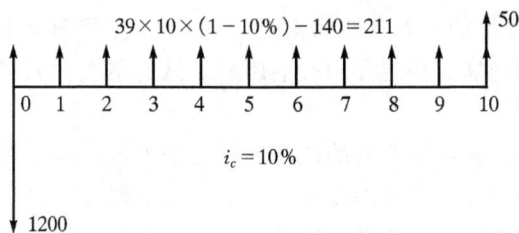

图 4-4 例 4-3 的现金流量图

选择财务净现值作为敏感性分析的对象,根据财务净现值的计算公式,可计算出项目在初始条件下的财务净现值。

$$FNPV_0 = -1200 + 211(P/A, 10\%, 10) + 50(P/F, 10\%, 10)$$

$$= -1200 + 211 \times 6.1446 + 50 \times 0.3855$$

$$= 115.79 \text{ 万元}$$

由于该项目确定性分析的结果 $FNPV_0 > 0$,初步评价该项目是可行的,在经济效果上可以接受。

下面来对项目进行敏感性分析。

取定三个因素:投资额、产品价格和经营成本,然后令其逐一在初始值的基础上按±10%、±20%的变化幅度变动。分别计算相对应的财务净现值的变化情况,得出结果如表4-1及图4-5所示。

表 4-1　单因素变化对财务净现值(FNPV)的影响　　　　单位:万元

项目 \ 变化幅度	-20%	-10%	0	10%	20%	平均+1%	平均-1%
投资额	355.79	235.79	115.79	-4.21	-124.21	-10.36%	10.36%
产品价格	-315.57	-99.89	115.79	331.46	547.14	18.63%	-18.63%
经营成本	287.83	201.81	115.79	29.76	-56.26	-7.43%	7.43%

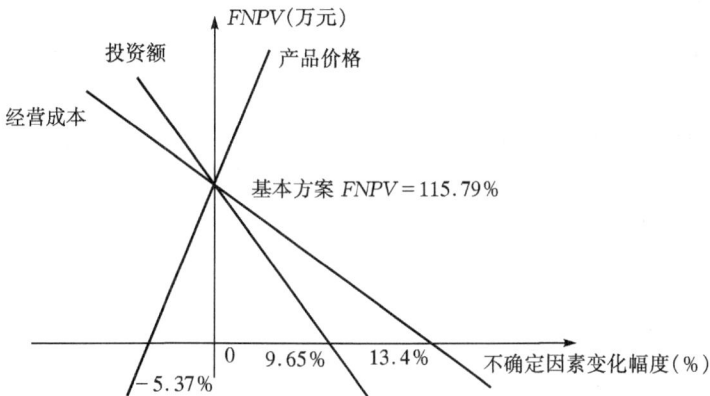

图 4-5　单因素敏感性分析图

由表4-1和图4-5可以看出,在各个变量因素变化率相同的情况下,产品价格每下降1%,财务净现值下降18.63%,且产品价格下降幅度超过5.37%时,财务净现值将由正变负,项目将由可行变为不可行;投资额每增加1%,财务净现值将下降10.36%,且当投资额增加幅度超过9.65%时,财务净现值将由正变负,项目将由可行变为不可行;经营成本每上升1%,财务净现值将下降7.43%,且当经营成本上升幅度超过13.46%时,财务净现值将由正变负,项目将由可行变为不可行。由此可见,按财务净现值对各因素的敏感程度所做的排序为:产品价格、投资额、经营成本,其中最敏感的因素是产品价格。因此,从方案决策的角度出发,应对产品价格进行进一步的测算,因为从项目风险的角度来讲,如果未来产品价格发生变化的可能性较大,则意味着这一项目的风险亦较大。

3.敏感性分析的局限性

敏感性分析是项目经济评价中经常用到的一种方法,是投资决策中的两个重要步骤,它在一定程度上对不确定因素的变动对项目投资效果的影响做了定量的描述,得到了维持投资方案在经济上可行所允许的不确定因素发生不利变动的最大幅度,但是敏感性分析在使用中也存在着一定的局限性,就是它不能说明不确定因素发生变动的情况的可能性是大还是小,也就是没有考虑不确定因素在未来发生变动的概率,而这种概率是与项目的风险大小密切相关的。因此对于此类问题,还要借助于概率分析等方法。

4.3　不确定性条件下的风险决策

工程项目投资决策是面对未来的,项目评价所采用的数据大部分来自估算和预测,因此,必然存在着风险。为了尽可能避免因风险带来投资决策错误,有必要进行风险分析。通过风险分析,可以识别项目中的风险因素,确定各风险因素间的内在联系,避免因忽视风险的存在而蒙受损失;通过风险分析,可以确定风险因素对项目建设与运营的程度;通过风险分析,还可以改善决策分析工作并将风险转化为机会。因此,不确定条件下的风险分析和决策对投资决策将起到积极的作用。

➢ 4.3.1　风险识别

风险识别就是认识项目所有可能引起损失的风险因素,并对其性质进行鉴别和分类的过程。

风险识别是风险管理的第一步,也是风险管理的基础。只有在正确识别出自身所面临的风险的基础上,人们才能够主动选择适当有效的方法进行处理。

1. 风险识别的一般步骤

风险识别的一般步骤如下:

(1)明确所要实现的目标;

(2)找出影响目标值的全部因素;

(3)分析各因素对目标的相对影响程度;

(4)根据各因素的不利发展,确定主要风险因素。

2. 风险识别的方法

风险识别是风险控制的前提,一般运用分解原则,将复杂的分解为简单的。目前常用的方法有:头脑风暴法(brainstorming)、德尔菲法(Delphi method)、情景分析法(scenarios analysis)、风险类别列举法、实地调查法等。

(1)头脑风暴法(brainstorming):它可以快速获取对未来信息的直观预测和识别方法。首先,会议主持人要激发专家的思维"灵感",调动专家的思维,形成一种激烈、紧迫的氛围。然后,通过信息交流和相互启发("思维共振"、"组合效应"),不断地获取、更新、组织各种信息。最后,整理结果。

(2)德尔菲法(Delphi method):又称专家调查法。首先,项目风险小组选定专家,并且与它们建立直接的函询联系。这里要保证三点:①专家的数量要适当;②务必确保与专家的联络通畅,这需要思想交流技能(communication skills);③专家的选择要保证适当的差异性。然后,项目风险小组收集专家的意见,加以整理后再匿名反馈给各位专家,再次征询意见。最后,反复经过四至五轮,当出现专家的意见趋向一致时,整理结果。

(3)情景分析法:它从研究问题的宏观环境入手,识别出关联的外部因素,模拟外部因素可能发生的多种交叉情景来分析和预测各种可能前景。

(4)风险类别列举法:对所有可能面临的风险进行归类。

(5)实地调查法:它是通过各种调查方式获得第一手风险资料的方法,例如观察、访谈、收集文件或通过使用照相机和录像等工具。

3.**工程项目主要风险**

工程项目的主要风险分为宏观风险和微观风险两类。

(1)宏观风险。宏观风险主要包括国际风险、政治政策风险、经济金融风险、法律风险和各种灾害风险等。

(2)微观风险。微观风险主要包括技术风险、市场风险、管理组织风险、投资风险、配套条件的风险因素及融资风险等。

➤ 4.3.2 风险评估

1.**风险等级的划分**

风险等级的划分既要考虑风险因素出现的可能性,又要考虑风险出现后对项目的影响程度。风险等级有多种表述方法,一般应选择矩阵列表法划分风险等级。

为适应现实生活中人们往往以单一指标描述事物的习惯,将风险的可能性与影响程度综合起来,用某种级别表示,综合风险等级见表 4－2。

表 4－2 综合风险等级表

综合风险等级		风险影响的程度			
		严重	较大	适度	低
风险的可能性	高	K	M	R	R
	较高	M	M	R	R
	适度	T	T	R	I
	低	T	T	R	I

其中:综合风险等级分为 K、M、T、R、I 五个等级。

K:表示项目风险很强,出现这类风险就要放弃项目;

M:表示项目风险强,需要修正拟议中的方案,改变设计或采取补偿措施等;

T:表示风险较强,设定某些指标的临界值,指标一旦达到临界值,就要变更设计或对负面影响采取补偿措施;

R:表示风险适度(较小),适当采取措施后不影响项目;

I:表示风险弱,可忽略。

2.**风险评估方法**

风险评估可以采用定量方法、定性方法或混合方法进行评估。本书将简略地介绍专家评估法、风险因素取值评定法和蒙特卡洛模拟法,着重介绍概率分析法。

(1)专家评估法。

专家评估法是以发函、开会或其他形式向专家进行调查,对项目风险因素及其风险程度进行评定,将多位专家的经验集中起来形成分析结论的一种方法。

(2)风险因素取值评定法。

这是一种专家定量评定方法,具体做法是:估计风险因素的最乐观、最悲观和最可能值,计算期望值,将期望值的平均值与可行性研究中所采用的数值相比较,求出两者的偏差值和偏差程度,以此来评判风险程度。显然,偏差值和偏差程度越大,风险程度越高。

(3)层次分析法(AHP)。

AHP是一种比较灵活、易于理解和操作的风险评价方法,用AHP进行风险分析一般有八个步骤。

第一步:通过工作分解结构(WBS),按工作性质把整个工作分解成易于管理的工作包,然后针对每一个工作包进行风险分析。

第二步:用专家评审法先对每一个工作包进行风险分类和识别,然后构建出该工作包的风险框架图。

第三步:构造因素和子因素的判断矩阵,请专家对因素层间各元素的相对重要性进行评判,求出各元素的权重值。

第四步:构造反映各个风险因素危害的严重程度的判断矩阵,风险的严重程度一般用高、中、低来定义,求出各子风险因素的相对危害程度值。

第五步:用计算机软件进行一致性检查。

第六步:把求出的各子因素相对危害程度值统一起来,求出该工作包风险所处的各等级的概率值的大小,由此可判断该工作包的风险程度。

第七步:分析评价组成项目的所有工作包,并将各工作包的风险程度统一起来,就可以得出项目总的风险水平。

第八步:根据分析评估结果,制定相应的对策并实行有效的管理。

(4)CIM法。

风险分析须进行概率分布叠加。CIM模型(controlled interval and memory models,控制区间和记忆模型)是进行概率分布叠加的有效方法之一,于1983年由Chapman和Cooper两人提出的。

CIM模型的特点是:用直方图表示变量的概率分布,用和代替概率函数的积分,并按串联或并联相应模型进行概率叠加。直方图具有相同宽度的区间,而CIM模型正是利用相等区间直方图进行叠加计算,使概率分布的叠加得以简化或普遍化。

CIM模型分为"串联响应模型"和"并联响应模型",按变量的物理关系分别进行变量概率分布的"串"或"并"联组合与叠加。它既能处理变量相互独立的情况,又能处理变量相关的问题,是现代风险分析方法中进行风险因素组合、量化评价的一种新的技术。

(5)概率分析法。

① 概率分析的概述。

概率分析是运用概率理论和数理统计原理,借助概率来研究预测不确定因素和风险因素对项目经济评价指标影响的一种定量分析技术。一般应用于大中型工程投资项目。

概率分析的一般做法是:首先预测风险因素发生各种变化的可能性,即概率。将风险因素作为自变量,预测其取值范围和概率分布,再将选定的经济评价指标作为因变量,测算评价指标随风险因素变动的相应取值范围和概率分析,计算评价指标的数学期望值和项目成功或失败的概率。

② 期望值分析法的步骤与公式。

步骤一:确定 1 个或 2 个不确定因素(如收益、成本等)。

步骤二:估算每个不确定因素可能出现的概率。这种估算需借助历史统计资料和评价人员的丰富经验与知识,以先验概率为依据进行估测和推算。

步骤三:按下列公式计算变量的期望值:

$$E(x) = \sum_{i=1}^{n} x_i p_i$$

式中:$E(x)$——表示变量 x 的期望值;

p_i——表示变量 x_i 所对应的概率值;

x_i——表示随机变量的各取值;

$E(x) = \sum_{i=1}^{n} x_i p_i$——表示以概率为权重计算的加权平均值。

步骤四:根据各变量因素的期望值,求项目经济评价指标的期望值,如:

$$E[NPV(i)] = \sum_{t=0}^{n} E_t(x)(1+i)^{-t}$$

式中:$E[NPV(i)]$——表示净现值期望值;

$E_t(x)$——表示第 t 年净现值期望值;

i——表示不包括风险的项目折现利率。

步骤五:根据期望值来判断项目的抗风险能力,如根据 $E[NPV(i)] \geq 0$ 或 $NPV \geq 0$ 的累计概率判断。

【例 4-4】 某项目需投资 20 万元,建设期 1 年。根据预测,项目生产期为 2 年,3 年,4 年和 5 年的概率分别为 0.2,0.2,0.5 和 0.1;生产期年收入(每年相同)为 5 万元、10 万元和 12.5 万元的概率分别为 0.3,0.5 和 0.2。若 $i_c = 10\%$,计算该项目的 $E(NPV)$ 和 $NPV > 0$ 的概率。

解:由决策树可计算出以下联合概率,NPV,加权 NPV,并最终计算出 $E(NPV)$。

表 4-3　NPV 期望值计算表

序号	联合概率	NPV(元)	加权 NPV
1	0.06	−102930	−6176
2	0.06	−68779	−4127
3	0.15	−37733	−5660
4	0.03	−9510	−285
5	0.10	−24042	−2404
6	0.10	44259	4426
7	0.25	106351	26588
8	0.05	162799	8140
9	0.04	15402	616
10	0.04	100779	4031
11	0.10	178394	17839
12	0.02	248953	4979
合计 1.00			$E(NPV) = 47967$

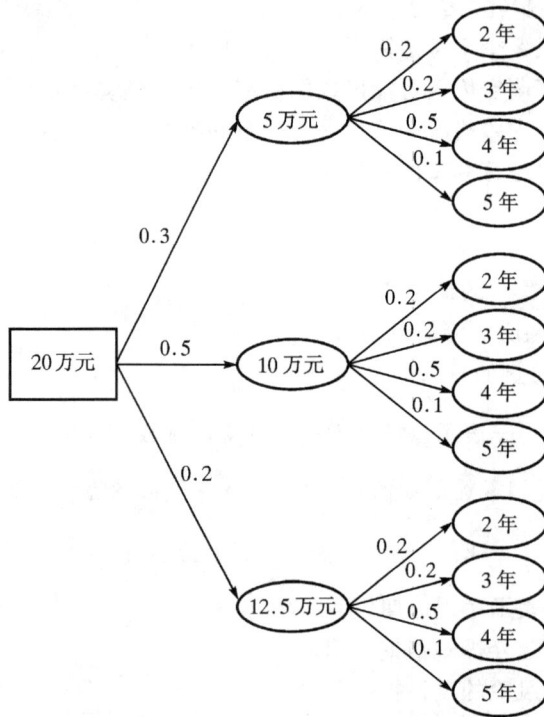

图 4-6 决策树表

　　根据表 4-3 数据,将 NPV 由小到大排序,变成表 4-4,可求出 NPV 的累计概率。根据表 4-4 可知,NPV<0 的累计概率在 0.40 和 0.44 之间,利用线性插值公式近似计算可求出 NPV 小于零的概率,如下:

表 4-4 NPV 累计概率表

NPV(元)	联合概率	累计概率
-102930	0.06	0.06
-68779	0.06	0.12
-37733	0.15	0.27
-24042	0.10	0.37
-9510	0.03	0.40
15402	0.04	0.44
44259	0.10	0.54
100779	0.04	0.58
106351	0.25	0.83
162799	0.05	0.88
178394	0.10	0.98
248953	0.02	1.00

$$P(NPV < 0) = 0.40 + (0.44 - 0.4)\frac{9510}{9510 + 15402} = 0.415$$

计算结果表明,该项目的 $E(NPV)$ 高达 4.7967 万元,但困难较大,因其 $NPV<0$ 的概率已高达 0.415。

(6)蒙特卡罗模拟法。

蒙特卡洛(Monte-Carol)法,又称统计实验法或随机模拟法。该法是一种通过对随机变量的统计实验、随机模拟求解数学、物理、工程技术问题近似解的数学方法,其特点是将数学方法用在计算机模拟实际概率过程,然后加以统计处理。此法最初是由 Von Neumanm 和 Ulam 用来模拟核反应堆中子的行为活动而首创的。

蒙特卡洛法的模拟步骤如下:

①确定输入变量及其概率分布(对于未来事件,通常用主观概率估计);

②通过模拟试验,独立地随机抽取各输入变量的值,并使所抽取的随机数值符合既定的概率分布;

③建立数学模型,按照研究目的的编制程序计算各输出变量;

④确定试验(模拟)次数以满足预定的精度要求,以逐渐积累的较大样本来模拟输出函数的概率分布。

蒙特卡洛法借助人对未来事件的主观概率估计及计算机速记模拟,解决难以用数学分析方法求解的动态系统复杂问题,有着极大的优势,已成为当今风险分析的主要工具之一。

▶ 4.3.3 风险防范

1. 风险回避

风险回避指的是彻底规避风险,即断绝风险的来源。

2. 风险控制

对于可控制的风险,我们可以提出降低风险发生可能性和减少风险损失程度的措施,并从技术和经济相结合的角度论证其可行性与合理性。

3. 风险转移

风险转移是通过契约方式在风险事故发生时将损失的一部分转移到项目以外的第三方身上。转移风险主要有四种方式:出售、发包、开脱责任合同、保险与担保。

思考与练习

一、思考题

1.如何理解风险和不确定性?

2.不确定性分析的常用方法有哪些?各自适用条件是什么?

3.如何利用盈亏平衡分析进行生产决策?影响盈亏平衡点的主要因素有哪些?

4.什么是方案的优劣平衡点?如何利用方案的优劣平衡点来判断方案的优劣?

5.敏感性分析法的一般程序是怎样的?如何选择敏感性分析指标?

6.风险识别的方法有哪些?

7.风险评估的方法有哪些?

8.层次分析法的八个基本步骤是什么?

二、练习题

1.某企业年固定成本为 300 万元,产品单价 150 元/台,单位产品可变成本 240 元,求盈亏平衡产量。

2.某企业生产某种产品,设计年产量为 8000 件,每件产品的出厂价格估算为 65 元,企业每年固定性开支为 70000 元,每件产品成本为 35 元,求:①企业的最大可能利润,②企业不亏不赢时的最低产量,③企业年利润为 50000 元时的产量。

3.现有一挖土工程,有两个挖土方案:一是人力挖土,单价为 3.5 元/立方米;另一个是机械挖土,单价为 1.5 元/立方米,但需机械购置费 10 万元。试问:

(1)在什么情况下(土方量为多少时),应采用人工挖土?

(2)若某预算土方量为 80000 立方米,原设计采用人工挖土方案。现由你按以上条件审核原预算,你有什么建议?

4.设某投资方案的初始投资为 3000 万元,年净收益 480 万元,寿命期 10 年,基准收益率 10%,期末残值 200 万元。试对主要参数初始投资、年收益率、寿命期和基准收益率单独变化时的净现值进行单因素敏感性分析。

5.已知某项目的初始投资额为 11000 元,项目寿命两年,其现金流量和概率分布见表 4-5。假设 $i_c = 10\%$,计算该项目的 $E(NPV)$ 和 $NPV > 0$ 的概率。

表 4-5 某项目现金流量和概率分布表

初始投资(元)	\multicolumn{7}{c}{−11000}
概率	\multicolumn{2}{c}{0.2}	\multicolumn{3}{c}{0.6}	\multicolumn{2}{c}{0.2}
第一年现金流量(元)	\multicolumn{2}{c}{6000}	\multicolumn{3}{c}{7000}	\multicolumn{2}{c}{8000}
概率	0.4	0.6	0.3	0.4	0.3	0.6	0.4
第二年现金流量(元)	5500	6500	7000	7500	8000	7500	8500

第5章　工程项目可行性研究

本章学习要点

1. 熟悉可行性研究的概念、我国可行性研究的发展过程、可行性研究的基本工作程序;
2. 了解工程项目可行性研究的作用;
3. 掌握可行性研究报告的编制依据及基本内容。

5.1　可行性研究概述

可行性研究是20世纪初随着社会生产技术和经济管理科学的发展而产生的。20世纪30年代,美国在开发田纳西河流域时开始试行可行性研究,并将此作为该流域开发规划的重要决策手段,使工程建设得以顺利进行,取得了明显的经济效益。经过几十年的发展、充实和完善,可行性研究已形成了一套具有完整的理论、工作程序和分析论证的科学方法,成为一种运用各种科学研究成果,实现建设项目最佳投资效益的研究方法。世界各国把可行性研究工作列入项目建设前期工作的一个极为重要的经济论证阶段。

▷ 5.1.1　可行性研究的概念

可行性研究(feasibility study)是指运用多种科学手段(包括技术科学、社会学、经济学及系统工程学等)对一个项目的建设必要性、技术可行性、经济合理性、实施可能性等方面进行综合研究,推荐最佳方案,以便有效地使用建设资金,取得最佳经济效果,减少和避免决策失误,最终让决策者判定拟建项目"行"还是"不行"。其基本任务是通过广泛的调查研究,综合论证一个建设项目中技术上是否先进、实用和可靠,在经济上是否合理,在财务上是否盈利,为投资决策提供科学的依据。

建设必要性是指建设项目对于国民和社会发展关系重大并有积极的促进作用。必要性是相对的概念,对国民经济贡献大的建设项目,其建设必要性是非常明显的。

技术可行性是指建设项目采用何种技术方案予以实施,有何技术难度,技术是否先进和可靠。技术可行性是可行性研究的关键。

经济合理性是可行性研究的核心。经济合理性是通过对项目的经济评价来反映的。经济评价从财务和国民经济评价两个方面进行,并以国民经济评价的结论决定项目的经济合理性及项目的取舍。

实施可行性是指项目实施所需客观条件的满足程度,如投资估算、资金来源、施工力量、材料供应、土地征用、运输条件等,都不同程度地影响项目实施的可行性。

综上所述,可行性研究是一项系统性、综合性很强的工作,是建设项目投资前期工作的重要组成部分。

▷ 5.1.2 我国可行性研究的发展

自 1979 年开始,我国在总结建国后经济建设经验和教训的基础上,引进了可行性研究,并将其用于工程项目建设前期的技术经济分析。1981 年,国家计委正式下文,明确规定:"把可行性研究作为建设前期工作中一个重要技术经济论证阶段,纳入基本建设程序。"1983 年,国家计委又下达了《关于建设项目进行可行性研究的试行管理办法》,重申"建设项目的决策和实施必须严格遵守国家规定的基本建设程序","可行性研究是建设前期工作的重要内容,是基本建设程序中的组成部分"。1987 年 9 月,由国家计委发布试行了《建设项目经济评价方法与参数》(以下简称《方法与参数》)第一版,填补了我国投资建设项目经济评价理论应用阶段的空白。1993 年 4 月,原国家计委、建设部联合审批发布《建设项目经济评价方法与参数》(第二版)。随后,建设部标准定额研究所组织和协调工业、交通、农业、水利等 20 多个行业部门制定了行业投资建设项目经济评价实施细则,并组织研究制定了各类投资建设项目的经济评价指标体系,测算发布了 150 个子行业财务参数。1997 年 9 月,建设部标准定额研究所对《方法与参数》第二版的试行情况进行了小规模的调查,调查了 26 个行业 56 家工程设计咨询单位(1993 年至 1996 年)共计 3053 个大中型投资建设项目,投资总额为 8452 亿元,采用《方法与参数》第二版进行了财务评价和国民经济评价。通过评审,其中:718 个项目修改了项目方案,占项目总数的 23.52%,投资额为 738 亿元,占调查项目投资总额的 8.73%。85 个项目取消了立项,占项目总数的 2.78%,投资额为 301 亿元,占调查项目投资总额的 3.56%。修改方案和取消立项的项目数占所调查项目的 26.3%,投资额占所调查项目投资总额的 12.29%。

自 1997 年开始到 2001 年,建设部标准定额研究所又组织专家到全国各地进行了实地调查。根据调查了解到,《方法与参数》第二版主要存在以下七个方面的问题。

(1)有些名词术语在改革后的新财会制度中已经废止,如特种基金、产品税等。1994 年以后,新税法规定使用不含税价格计算缴纳增值税,而第二版中没有明确价格是否含税,一般用户都采用含税价格计算,因此在项目的评价、评审中容易造成混淆。

(2)财务评价基本报表的一些科目与现行财税制度不相符。如基本报表 2"损益表"的设置与现行财务报表不符,相当于财务报表"损益表与利润分配表"的内容合一;辅助报表 7"无形资产与递延资产表"的内容太粗,有待细化等。

(3)有些评价指标已无显示意义,需要更新内容。影子价格等大部分参数已基本失效,一些关键性的国家级参数,如社会折现率、影子汇率等,未能随着市场变化和经济解雇调整及时测定与发布。

(4)面对投资多元化的新形势,项目资金筹措分析已经不能适应需要,第二版缺少项目融资方案选择内容。

(5)在市场经济条件下,无需要求所有项目都做国民经济评价。第二版中规定公民经济评价是建设项目评价的重要组成部分,是项目可行与否的重要依据,但是在一般项目中由于缺少可信服的效益(特别间接效益)计算依据,评价内容虚,说明不了问题,使国民经济评价流于形式;另外,国民经济评价影响因素的选择、参数选取也存在随意性问题。

(6)面对激烈的市场竞争和多变的项目环境,项目风险分析的内容和方法,在第二版中显得十分不足。

(7)项目是否可行的判定原则问题。在市场经济条件下,企业都要"自主经营,自负盈亏,自担风险",原来计划经济体制下投资建设项目可行的判定就当重新研究。另外,第二版对非工业项目的评价考虑不够,如城市建设公用设施、房地产、科教文化卫生、旅游项目等,以及改扩建项目评价方法需要改进等等问题。

2006 年 7 月 3 日,由国家发展改革委员会和建设部以及发改投资【2006】1325 号文印发了《建设项目经济评价方法与参数》(第三版),其内容较之 1993 年的第二版,在方法、参数方面都有较大的调整。

(1)方法部分:调整了经济效益分析与财务分析的侧重点,增设了财务效益与费用估算、资金来源与融资方案、费用效果分析、区域经济与宏观经济影响分析等章内容,对财务分析、经济费用效益分析、不确定性分析与风险分析、方案经济比选等内容也进行了调整和扩充,增加了公共项目财务分析和经济费用效益分析的内容,增加了经济风险分析内容,方案经济比选增加了不确定性因素和风险因素下的方案比选方法,简化了改扩建项目简介评价方法,增加了并购项目经济评价的基本要求,补充了电信、农业、林业、水利、教育、卫生、市政和房地产等行业经济评价的特点。

(2)参数部分:建立了建设项目经济评价参数体系,明确了评价参数的测算方法、测定选取的原则、动态适时调整的要求和使用条件,修改了部分财务评价参数和国民经济评价参数等。

▷ 5.1.3 可行性研究在整个项目周期中的位置

一个建设项目要经历投资前期、投资时期和生产时期三个阶段,这三个阶段称为项目的整个建设周期,其全过程如图 5-1 所示。建设项目的投资前期是项目的孕育阶段,对建设项目的整个生命周期,甚至对整个上层系统有决定性的影响。因此,投资前期阶段是整个项目建设的关键阶段。本阶段主要包括项目构想,项目预选、选定,项目准备、项目评估与决策四个工作阶段。这四个阶段的工作是投资前期的主要工作,是项目的重要时期。在这一时期,重中之重是进行建设项目可行性研究工作,它决定项目是否可行。因此,无论是工业发达国家还是发展中国家,都把可行性研究视为工程建设的首要环节。如果在项目实施中才发现工程费用过高,投资不足,或原材料不能保证等问题,将会给投资者造成巨大损失。投资者为了排除盲目性,减少风险,在竞争中取得最大利润,宁肯在投资前花费一定的代价,也要进行投资项目的可行性研究,以提高投资获利的可靠程度。

▷ 5.1.4 可行性研究的基本工作程序

可行性研究的基本工作程序大致可以概括为:委托、准备、调查与预测、方案研制与优化、编制报告、送审。

1.委托

可行性研究编制单位应与委托单位就项目可行性研究工作的范围、内容、重点、深度要求、完成时间、经费预算和质量要求交换意见,并签订委托协议,据以开展可行性研究各阶段工作。

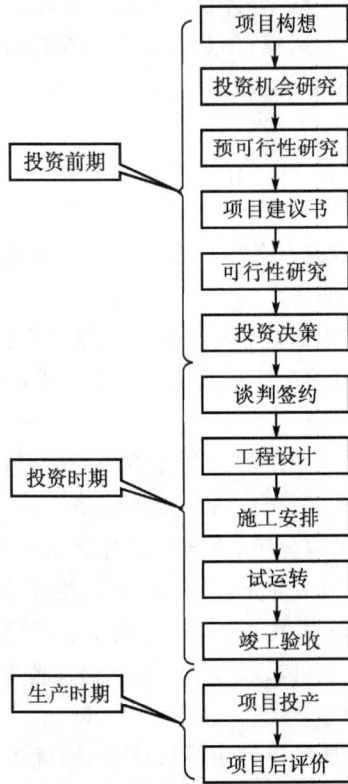

图 5-1　建设项目周期示意图

2. 准备

根据委托项目可行性研究的范围、内容、技术难度、工作量、时间要求等组建项目可行性研究工作小组。编制研究工作大纲,确定工作步骤,拟定实施进度,拟定研究报告章节目录和执笔分工、报告编写统一格式等。一般工业项目和交通运输项目可分为市场组、工艺技术组、设备组、工程组、总图运输及公用工程组、环保组、技术经济组等专业组。

3. 调查与预测

进行项目本地区及国内外市场调查,主要搜集项目建设、生产运营等各方面所必需的信息资料和数据。市场预测主要是利用市场调查所获得的信息资料,对项目产品未来市场供应和供需信息进行定性与定量分析。

4. 方案研制与优化

在调查研究、搜集资料的基础上,针对项目的建设规模、产品规格、场址、工艺、设备、总图、运输、原材料供应、工程量估算与投资估算、环境保护、公用工程和辅助工程、组织机构设置、实施进度等,提出备选方案,进行技术经济分析与评价、安排建设工期。进行方案论证必选优化后,提出推荐方案。

5. 编制报告

项目可行性研究各专业方案,经过技术经济论证和优化后,由各专业组分工编写。经项目负责人衔接协调综合汇总,提出可行性研究报告初稿。与委托单位交换意见,修改完善后,向委托方提交正式的可行性研究报告。

6.送审

将可行性研究报告送主管部门审批。

5.1.5 可行性研究的范围

可行性研究的范围主要包括以下方面：

(1)新建、改建和扩建的工业项目；

(2)大型民用建筑工程；

(3)科学技术试验研究项目；

(4)地区开发和资源综合利用项目；

(5)技术措施的应用和技术政策的制定。

5.1.6 可行性研究的评价

根据有关规定,可行性研究报告必须经有审批权的单位委托有资格的工程咨询单位进行评估论证。未经评估的建设项目,任何单位不得审批,不准组织建设。具体的项目评估部门有:投资银行、工程咨询公司或有关专家。评估的主要任务是对项目的可行性研究报告提出评价意见。主要评估内容有:全面审核报告中反映的情况是否确实,分析报告中各项指标的计算是否正确,综合分析和判断工程项目的经济效益、国民经济效益和社会效益,分析和判断可行性研究报告的可靠性、真实性和客观性。

5.2 工程项目可行性研究的阶段划分

5.2.1 工程项目可行性研究的含义

工程项目可行性研究是指工程项目决策之前,对拟建工程项目进行全面的技术经济分析和论证,并试图对其作出可行或不可行评价的一种科学方法。它是对工程项目的技术先进性、经济合理性和建设可能性进行分析比较,以确定该项目是否值得投资、规模应有多大、建设时间和投资应如何安排、采用哪种技术方案最合理等,以便为决策提供可靠的依据。

5.2.2 工程项目可行性研究的作用

工程项目可行性研究的作用主要有以下几个方面。

1.作为工程项目投资决策的依据

可行性研究对于建设项目有关的各个方面都进行了调查研究和分析,并以大量数据论证了项目的必要性、可实现性以及实现以后的结果,项目投资者或政府主管部门正是根据项目可行性研究的评价结果,并结合国家财政经济条件和规模经济长远发展需要,才能做出是否应该投资和如何进行投资的决定。

2.作为向银行等金融机构或金融组织申请贷款、筹集资金的依据

银行通过审查项目可行性研究报告,确认了项目的经济效益水平、偿债能力和风险状况,

才能做出是否同意贷款的决定。

3.作为工程项目编制设计和进行建设的依据

可行性研究重在研究,对产品方案、建设规模、场区位置、生产工艺、主要设备选型等都做了多方案比较和论证,确定了原则,推荐了最佳建设方案。可行性研究批准后,进入项目投资实施时期,初步设计中必须以此作为依据,一般不另作重大方案的比较和论证。批准后的可行性研究投资额,初步设计时不应突破。

4.作为向当地政府、规划部门、环境保护部门申请有关建设许可文件的依据

可行性研究报告经审查,符合市政当局的规定或经济立法,对污染处理得当、不造成环境污染时,方能取得有关部门的许可。

5.作为签订有关合同和协议的依据

根据批准的可行性研究报告,项目法人可以与有关协作单位签订原材料、燃料、动力、运输、土建工程、安装工程、设备购置等方面的合同或协议。

6.作为工程项目后评估的依据

建设项目竣工、正式投产后的生产考核,应以可行性研究所制定的生产纲要、技术标准以及经济效果指标作为考核标准。

▷ 5.2.3 工程项目可行性研究的工作阶段

1.国际上可行性研究的工作阶段

根据联合国工业发展组织(UNIDO)编写的《工业可行性研究手册》的规定,工程项目投资前期的可行性研究可分为机会研究、初步可行性研究、详细可行性研究和项目评估与决策四个阶段。

(1)机会研究。

该阶段的主要任务是为工程项目投资方向提出建议,即在一定的地区和部门内,以自然资源和市场的调查预测为基础,寻找最有利的投资机会。

机会研究又分为一般机会研究和特定项目的机会研究。前者又分三种:地区研究,分部门研究,以资源为基础的研究。后者是要选择确定项目的投资机遇,将项目意向变为概略的投资建议。

机会研究比较粗略,主要依靠笼统的估计而不是依靠详细的分析。该阶段投资估算的精确度为±30%,所需费用约占投资总额的0.2%~1.0%。

如果机会研究证明投资项目是可行的,就可以进行下一阶段的研究。

(2)初步可行性研究。

初步可行性研究亦称"预可行性研究"或"前可行性研究",是在机会研究的基础上,进一步对项目建设的可能性与潜在的效益进行论证分析。其主要解决:①分析机会研究的结论,在详细资料的基础上做出是否投资的决定;②是否应该进行最终可行性研究;③有哪些关键性问题需要做辅助研究。所谓辅助研究是对投资项目的一个或几个重要方面进行的单独研究,是进行初步可行性研究和可行性研究的先决条件,或用以支持这两项研究。与初步可行性研究或可行性研究同时进行的辅助研究,可以确保可行性研究的结果更加稳妥可靠。

初步可行性研究阶段投资估算的精确度可达±20%,所需费用约占投资总额的0.25%~1.5%。

（3）详细可行性研究。

详细可行性研究即通常所说的可行性研究，是建设项目投资决策的基础，是在分析项目在技术上、财务上、经济上的可行性后做出投资与否的关键步骤。

这一阶段对建设投资估算的精确度在±10%，所用费用，小型项目约占总投资的1.0%～3.0%，大型复杂的工程约占：0.2%～1.0%。

最终可行性研究应满足以下几项要求：

①作为投资决策和编制设计任务书的依据；

②作为向银行和其他金融机构申请贷款的依据；

③作为建设部门申请建设执照和同有关部门签订合同的依据；

④作为项目下一阶段设计的依据；

⑤作为采用新技术、新设备计划的依据；

⑥作为补充资料和政府有关部门审查的依据。

详细可行性研究应由建设单位或委托咨询机构完成，并经国家财政部门或银行提出审查意见。

（4）项目的评估和决策。

按照国家规定，对于大中型和限额以上项目及重要的小型项目，必须经有审批权的单位委托有资格的工程咨询单位进行评估论证，未经评估的建设项目，任何单位不准审批，更不准组织建设。

项目评估是由投资决策部门组织或授权于建设银行、投资银行、工程咨询公司或有关专家进行。它代表国家对上报的建设项目可行性研究报告进行全面的审核和再评价阶段，其主要任务是对拟建项目的可行性研究报告提出评价意见。

2. 我国工程项目可行性研究的工作阶段

根据我国现行的投资建设程序和决策阶段的主要内容，该阶段包括编制和报批项目建议书和编制可行性研究报告两方面的工作。因而，与之相对应，工程项目的可行性研究工作应分为两阶段进行。

第一阶段：项目建议书阶段的初步可行性研究；

第二阶段：可行性研究报告阶段的可行性研究。

5.3　工程项目可行性研究报告编制方法

➤ 5.3.1　工程项目可行性研究报告的编制依据

1. 国民经济发展的长远规划、国家经济建设的方针、任务和技术经济政策

例如，国家关于一定时期内优先发展产业的相关政策，国家为缩小地区差别确立的地区开发战略，以及国家为加强民族团结而确定的地区发展规划等。

2.项目建议书

项目建议书是工程项目建筑投资前的总体设想,主要论证项目的必要性,同时初步分析项目建设的可能性,它是进行各项投资准备工作的主要依据。基础性项目和公益性项目只有经国家主管部门同意,并列入建设前期工作计划后,方可开展可行性研究的各项工作。可行性研究确定的项目规模和标准原则上不应突破项目建议书相应的指标。

3.委托单位的要求

可行性研究的承担单位应充分了解委托方建设项目的背景、意图、设想,认真听取委托方对市场行情、资金来源、协作单位、建设工期以及工作范围等情况的说明。

4.有关的基础数据资料

进行厂址选择、工程设计、技术经济分析需要可靠的自然、地理、气象、水文、地址、经济、社会等基础资料和数据。对于基础资料不全的,还应进行地形勘测、地质勘探、工业试验等补充工作。

5.有关工程技术经济方面的规范、标准、定额等指标

例如,钢铁联合企业单位生产能力投资指标、饭店单位客房投资指标等,都是进行技术经济分析的重要依据。

6.国家或有关主管部门颁发的有关项目经济评价的基本参数和指标

例如,基准折现率、社会折现率、基准投资回收期、汇率等,这些参数和指标都是对工程项目经济评价结果进行衡量的重要判据。

▶ 5.3.2 可行性研究报告的深度要求

可行性研究必须从系统总体出发,对技术、经济、财务、商业以至环境保护、法律等多个方面进行分析和论证,以确定建设项目是否可行,为正确进行投资决策提供科学依据。项目的可行性研究是对多因素、多目标系统进行的不断的分析研究、评价和决策的过程。它需要有各方面知识的专业人才通力合作才能完成。可行性研究不仅应用于建设项目,还可应用于科学技术和工业发展的各个阶段和各个方面。例如,工业发展规划、新技术的开发、产品更新换代、企业技术改造等工作的前期,都可应用可行性研究。1978年联合国工业发展组织编制了《工业可行性研究编制手册》;1980年,该组织与阿拉伯国家工业发展中心共同编辑《工业项目评价手册》。中国从1982年开始,已将可行性研究列为基本建设中的一项重要程序。

▶ 5.3.3 工程项目建议书的主要内容

1.工程项目建议书提出的必要性和依据

(1)说明工程项目提出的背景、拟建地点,提出与工程项目有关的长远规划或行业、地区规划资料,说明工程项目建设的必要性;

(2)对改、扩建工程项目要说明现有企业概况;

(3)对技术引进项目和进口设备项目,要说明国内外技术的差距、概况及进口的理由。

2.工程项目拟建规模和建设地点的初步设想

(1)工程项目建设规模的确定及对拟建规模经济合理性的评价;

(2)建设地点论证,主要分析拟建地点的自然条件和社会条件,建设地点是否符合地区合理布局的要求。

3.资源情况、建设条件、协作关系和有关引进情况的初步分析

(1)拟采用资源供应的可能性和可靠性;

(2)主要协作条件情况,工程项目拟建地点的水、电及其他公用设施的供应分析;

(3)主要生产技术与工艺的初步分析;

(4)主要专用设备来源情况说明。

4.工程项目投资估算和资金筹措设想

(1)工程项目投资估算应根据掌握数据资料的情况,可进行详细估算,也可按同类或类似工程项目的单位生产能力情况进行估算;

(2)资金筹措设想中应说明资金的来源,利用贷款的意向书,对贷款条件、利率高低及偿还方式和对偿还能力的测算。

5.工程项目建设进度的初步安排

(1)工程项目前期工作的安排;

(2)工程项目建设所需要时间的安排。

6.经济效益和社会效益的初步估计,包括初步的财务评价和国民经济评价

(1)计算工程项目投资内部收益率、财务净现值、贷款偿还期等主要指标及其他必要指标,并进行盈利能力和清偿能力的初步分析;

(2)工程项目社会效益和社会影响的初步分析。

5.3.4　工程项目可行性研究报告的主要内容

工程项目的重要特点之一是它的不重复性,因而,每个项目应根据自身的技术经济特点确定可行性研究的工作要点,以及相应可行性研究报告的内容。根据国家计委的有关规定,一般工业项目可行性研究报告,可按以下内容编写。

1.总论

总论主要说明工程项目建设提出的背景、项目概况以及需要研究的主要问题。

2.建设地点与建设条件

根据项目所在地域的城市建设整体规划要求,结合工程项目的行业特性,确定出相对合理的建设地点。同时,对建设地点进行勘测,分析建设地点的自然条件、水文与地质情况、交通环境等。

3.市场需求预测与建设规模

对项目所在地域的社会经济情况、市场现状、产品供需量、价格、竞争力等方面进行市场分析,预测产品的未来发展水平,以确定项目合理的建设规模。

4.建设方案及实施措施

依据工程项目的工艺特点、结合建设地点条件,设计出若干个可供选择的建设方案,主要包括:技术方案、主要设备方案、工程方案等,并对各方案进行技术经济分析与论证,推荐最佳建设方案。

5.节能、安全、消防与卫生

以环保、节约与可行为原则,对项目建设地域的危险因素和危害程度进行分析,提出安全防范措施、卫生保健措施、消防设施等。积极利用各种先进的技术和方法,提高能源利用率,采取有效的节能措施,促进经济社会可持续发展。

6.生态环境保护

对项目建设地域的环境条件进行调查,对影响环境的因素进行分析,提出相应的环境保护措施,建设良好的生态环境。

7.投资估算与融资方案

根据工程条件、建设标准、建设规模、施工方案等,分析研究投资水平和资金来源,估算工程项目的总投资,并积极落实资金来源。

8.项目工期进度

合理安排项目的实施进度,确定项目的工期及各分项工程的工期要求。

9.财务效益分析与评价

对工程项目各方案投入与产出的基础数据进行推测、估算,分析预测项目的财务效益和费用,计算财务评价指标,考察拟建项目的盈利能力,偿债能力和抵御风险的能力,据以判断项目的财务可行性。

10.国民经济评价与社会评价

按照资源合理配置的原则,采用影子价格、社会折现率等国民经济参数,从国民经济全局以及整个社会的角度出发,考察工程项目的经济合理性。

11.风险与不确定性分析

风险与不确定性分析主要内容包括:项目盈亏平衡分析、敏感性分析、项目主要风险识别、风险程度分析、风险防范措施等。

12.研究结论与建议

研究结论与建议主要内容包括:推荐方案总体描述、推荐方案优缺点描述、主要对比方案、结论与建议。

▷ 5.3.5 工程项目可行性研究报告的格式

1.工程项目可行性研究报告正文

  第一章 总论

    第一节 项目及其主体单位

    第二节 研究工作依据

    第三节 项目概况

    第四节 结论与建议

  第二章 建设条件与厂址选择

    第一节 资源与原材料

    第二节 建设地点

    第三节 厂址选择

  第三章 市场需求预测与建设规模

    第一节 市场调查

    第二节 市场预测

    第三节 产品方案与建设规模

  第四章 工程技术方案及实施措施

    第一节 项目组成

第二节　生产技术方案

第三节　总评价布置及运输

第四节　土建工程

第五节　公用辅助设施

第六节　生活福利设施

第五章　节能、安全、消防与卫生

第一节　节能

第二节　劳动保护与安全卫生

第三节　消防

第六章　生态环境保护

第一节　厂址与环境保护

第二节　主要污染源及污染物

第三节　综合利用与治理方案

第四节　环境影响评价

第七章　投资估算与资金筹措

第一节　规定资产投资的估算

第二节　流动资金的估算

第三节　无形资产投资的估算

第四节　资金筹措

第八章　建设实施进度安排

第一节　项目实施时的各项工作

第二节　建设实施进度表

第九章　经济效益与社会效益评价

第一节　项目的生产成本与销售收入

第二节　财务评价

第三节　国民经济评价

第四节　不确定性分析

第五节　社会效益评价

第六节　评价结论

第十章　风险与不确定性分析

第十一章　结论与建议

第一节　结论

第二节　建议

2.**工程项目可行性研究报告附件**

附件一

(1)项目建议书

(2)初步可行性研究报告

(3)各类批文及协议

(4)调查报告及资料汇编

（5）试验报告及其他

附件二

厂址选择报告书

附件三

资源勘探报告书

附件四

贷款意向书

附件五

环境影响报告书

附件六

需单独进行可行性研究的单项或配套工程的可行性研究报告

附件七

对国民经济有重要影响的产品市场调查报告

附件八

引进技术项目的考察报告、设备协议

附件九

利用外资项目的各类协议文件

附件十

其他

思考与练习

一、单项选择题

1. 建设工程项目可行性研究可作为项目进行（   ）。

    A. 工程结算的依据   B. 编制施工图的依据

    C. 招投标的依据   D. 投资决策的基本依据

2. 建设工程项目在投资决策阶段工作的核心和重点是（   ）。

    A. 项目决策   B. 可行性研究工作   C. 筹资   D. 厂址选择

3. 可行性研究主要从（   ）等方面进行研究。

    A. 技术可行性、经济合理性、操作可行性

    B. 技术可行性、经济合理性、系统可行性

    C. 技术可行性、时间合理性、操作可行性

    D. 时间合理性、经济合理性、操作可行性

4. 可行性研究是工程建设项目决策前运用多种科学成果进行（   ）论证的综合性学科。

    A. 技术经济   B. 技术评价   C. 社会评价   D. 财务评价

5. 建设项目评估的主要任务是（   ）。

    A. 对拟建项目进行财务评价

    B. 对拟建项目进行国民经济评价

    C. 对拟建项目的可行性研究报告提出评价意见

    D. 对拟建项目的立项报告提出评价意见

6. 可行性研究的内容涉及技术、经济和社会等方面,下列各项中,属于经济方面的是( )。

　　A. 产品方案　　　　B. 投资估算　　　C. 项目实施进度　　　D. 环境影响评价

7. 可行性研究需要回答的问题包括:市场及资源情况如何,建设规模多大,建设工期多长,
总投资额为多少,以及( )如何等方面。

　　A. 工程造价　　　　B. 建设单位　　　C. 经济效益　　　　D. 施工技术

8. 可行性研究的内容涉及技术、经济和社会等方面,下列各项中,属于技术方面的是( )。

　　A. 市场分析与评价　B. 原材料燃料供应　C. 风险分析　　　　D. 融资方案

9. 可行性研究的内容涉及技术、经济和社会等方面,下列各项中,属于经济方面的是( )。

　　A. 资源条件评价　　B. 原材料燃料供应　C. 总图运输　　　　D. 融资方案

10. 项目可行性研究要为项目的( )就是否建设该项目的最终决策提供科学依据。

　　A. 金融机构　　　　B. 决策部门　　　C. 审查部门　　　　D. 施工单位

二、多项选择题

1. 可行性研究在投资项目的管理方面具有的作用有( )。

　　A. 是项目成立和进行投资决策的基本依据

　　B. 是编制投资项目规划设计的依据

　　C. 是项目组织实施的依据

　　D. 作为签订有关投资合同或协议、订货的依据

　　E. 是编制可行性研究报告的依据

2. 建设项目可行性研究可分为( )。

　　A. 机会研究　　　　　　　　　B. 初步可行性研究

　　C. 财务分析与经济分析　　　　D. 最终可行性研究

　　E. 项目的评估和决策

3. 建设工程项目可行性研究是对拟建项目的技术( )、经济合理性以及建设可能性进
行综合论证。

　　A. 先进性　　　　B. 风险性　　　　C. 可靠性

　　D. 适用性　　　　E. 创新性

4. 工程项目可行性研究在内容上需要论证回答的问题包括( )。

　　A. 项目建设规模　　　　B. 工艺技术方案的选用　　　C. 工程施工方案

　　D. 城市控制性详细规划　　E. 项目厂址选择

5. 建设工程项目可行性研究,是在投资决策前进行的调查研究论证工作,其中包括( )。

　　A. 对项目有关社会、经济和技术等方面情况进行深入细致的调查研究

　　B. 对项目招标方案的分析与研究

　　C. 对项目建成后的经济效益进行的科学预测和评价

　　D. 对各种可能拟定的建设方案进行认真的技术经济分析

　　E. 对各种可能拟定的技术方案进行认真的比较论证

三、思考题

1. 简述可行性研究的基本工作程序。

2. 可行性研究的作用是什么?

3. 可行性研究的编制依据有哪些?

第6章 工程项目财务评价

本章学习要点

1. 财务评价的内容、基本财务报表与评价指标的关系；
2. 建设期利息计算；
3. 负债比例与财务风险；
4. 固定资产折旧；
5. 建设投资和流动资金估算的方法。

工程经济分析的任务就是要根据所考察系统的预期目标和所拥有的资源条件，分析该系统的现金流量情况，选择合适的技术方案，以获得最佳的经济效果。财务评价是建设项目经济评价的第一步，是从企业角度，根据国家现行财政、税收制度和现行市场价格，计算项目的投资费用、产品成本与产品销售收入、税金等财务数据，进而计算和分析项目的盈利状况、收益水平和清偿能力等，来考察项目投资在财务上的潜在获利能力，据此可明了建设项目的财务可行性和财务可接受性，并得出财务评价的结论。

6.1 财务评价概述

▶ 6.1.1 财务评价的概念

建设项目财务评价是在国家现行的财税制度和市场价格体系下，分析和预测项目的财务效益与费用，计算财务评价指标，对拟建项目的财务可行性和经济合理性进行分析论证，为项目的科学决策提供依据的一种经济评价方法。其评价结论是决定项目取舍的重要依据，也是国民经济评价的基础。

财务评价是从投资项目或企业角度进行经济分析的，是企业投资决策的基础，主要明确项目对投资主体的价值贡献，属于微观评价；它不涉及一个项目建成后对国民经济和社会发展的影响，因此，一个项目在财务上可行，只是达到了具体投资者的要求，至于是否达到整个国民经济和社会发展的要求，需要进一步作出国民经济评价。

▶ 6.1.2　财务评价的目的

财务评价的目的主要有以下几方面。

1. 衡量企业财务盈利能力

财务评价是从项目本身或者企业角度出发,分析投资效果,估计项目盈利水平,判断项目抵御风险的能力,据以判断项目的财务可行性。

2. 用于制定适宜的资金规划

建设项目资金的来源各不相同,不同来源的资金其资金成本也不相同,如何选择资金来源并合理使用资金,与项目的经济效益息息相关。通过财务评价,对不同资金来源、成本和使用效益及偿还方案进行比较,选择最适宜的资金规划方案。

3. 为协调企业和国家利益提供依据

项目投资不仅仅要考虑企业利益,还要从国民经济的宏观角度来考虑,因此,项目投资必须兼顾企业利益和国民经济利益。当一个项目国民经济评价可行,财务评价不可行,而该项目又是国民经济发展急需的项目时,可以对该项目进行优化设计,使其具有财务可行性,也可以向国家提出相应的优惠补贴措施,使该项目成为可接受项目。

▶ 6.1.3　财务评价的内容

建设项目财务评价的内容应根据项目性质、目标、项目投资者、项目财务主体以及项目对经济和社会的影响程度等具体情况而定。财务评价内容主要包括盈利能力评价、清偿能力评价和财务生存能力评价。

1. 盈利能力分析

项目的盈利能力是指分析和测算建设项目计算期的盈利水平和盈利能力,它是反映项目在财务上可行程度的基本标志。在财务评价中,应当考察项目竣工投产后是否盈利、盈利多少、盈利能力是否满足项目的要求等。其主要分析的指标包括项目投资的内部收益率和财务净现值、项目资本金财务内部收益率、投资回收期、总投资收益率和项目资本金净利润率等,可根据项目的特点及财务分析的目的和要求选用。

2. 清偿能力分析

项目清偿能力是指项目偿还债务的能力,它包括两层含义:一是项目的财务清偿能力,也就是收回项目全部投资的能力;二是债务清偿能力,就是项目偿还借款的能力。清偿能力的评价直接关系到企业面临的财务风险的大小,是企业筹资决策的重要依据。其主要分析的指标有利息备付率、偿债备付率和资产负债率。

3. 财务生存能力分析

财务生存能力分析是根据项目计划现金流量表,考察项目在寿命周期内所产生的现金流入、现金流出和净现金流量,分析项目是否有足够的净现金流量用于正常生产经营,以实现财务可持续性,也称为资金平衡分析。

▶ 6.1.4　财务评价的程序

进行财务评价主要有以下几个程序。

1.熟悉建设项目的基本情况

建设项目的基本情况主要包括建设项目的类型和性质、目的和意义,在现行财税法规范围内项目能享受的优惠,建设项目所处的投资环境。要熟悉建设项目,就要做好市场调查研究和预测,做好项目技术水平研究和设计方案。

2.收集、整理和计算有关技术经济基础数据资料与参数

技术经济资料和参数是进行财务评价的基本依据,主要包括以下方面。

(1)项目投入物和产出物的价格、项目计算期、汇率、生产负荷及基准收益率等。它们是重要的技术经济数据和参数,在进行财务评价时,必须科学合理地选用。

(2)项目建设期分年度投资额和项目投资总额。项目投资包括建设投资和流动资金投资。

(3)项目资金的来源和方式、筹资数额、利率、偿还方式等。

(4)项目经营期内产品各年的销售量、销售收入、税金、总成本、经营成本、固定成本和变动成本等。

3.根据基础财务数据资料编制各基本财务报表

(1)财务现金流量表:反映项目计算期内各年的现金流入、流出量和净现金流量,用以计算各项动态和静态评价指标,进行项目财务盈利能力分析。财务现金流量表主要包括项目财务现金流量表、资本金财务现金流量表、投资各方财务现金流量表等。

(2)损益和利润分配表:反映项目计算期内各年的利润总额、所得税及税后利润的分配情况。

(3)资金来源与运用表:反映项目计算期内各年的资金来源和使用情况。

(4)资产负债表:反映项目财务状况的报表。

(5)借款偿还计划表:反映项目计算期内各年借款的使用、还本付息以及偿债资金来源,用以计算借款偿还期或者偿债备付率、利息备付率等指标。

4.财务评价

财务评价的内容总是要通过具体的评价指标的计算及相应的指标体系表现出来。财务评价效果的好坏,一方面取决于基础数据的可靠性,另一方面则取决于选取的评价指标体系的合理性,只有选取正确的评价指标体系,财务评价的结果才能与客观实际情况相吻合,才具有实际意义。

财务评价指标根据是否考虑时间价值,分为静态指标和动态指标;也可根据指标的性质,分为盈利能力指标、清偿能力指标和财务生存能力指标。具体的财务评价指标详见图6-1和图6-2。

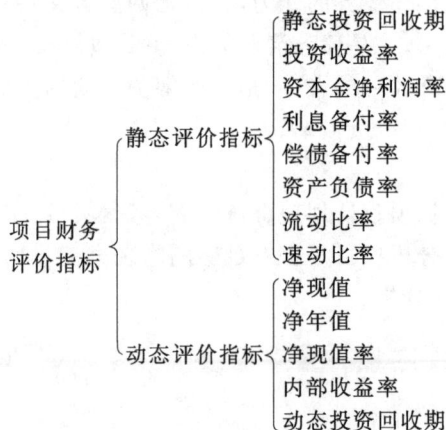

图6-1 项目财务评价指标之一

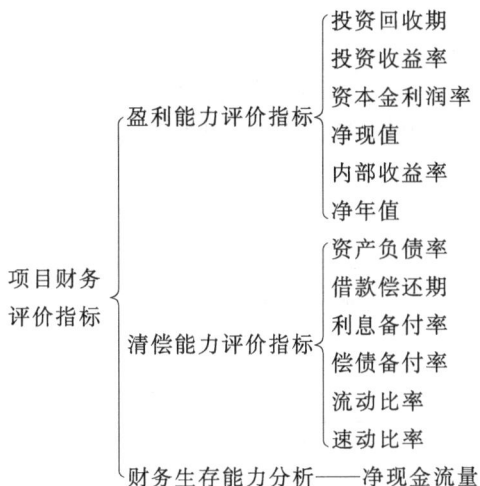

图 6-2 项目财务评价指标之二

6.1.5 基本财务报表

1.财务现金流量表

财务现金流量表是反映项目在计算期内各年的现金流入、现金流出和净现金流量的报表，分为项目投资现金流量表、项目资本金现金流量表、投资各方现金流量表及财务计划现金流量表。

(1)项目投资现金流量表。

项目投资现金流量表是以项目为独立系统而设置的，以项目总投资作为计算基础，是反映项目在整个计算期内现金流入和现金流出及净现金流量的报表。格式见表6-1。

表 6-1 项目投资现金流量表

序号	项 目 ＼ 计算期	1	2	3	4	…
1	现金流入					
1.1	销售收入					
1.2	回收固定资产余值					
1.3	回收流动资金					
2	现金流出					
2.1	固定资产投资					
2.2	流动资金投资					
2.3	经营成本					
2.4	销售税金及附加					
2.5	所得税					
3	净现金流量					
4	累计净现金流量					

（2）项目资本金现金流量表。

项目资本金现金流量表是从项目投资者角度出发，以项目资本金作为计算基础，把借款本金和利息偿还作为现金流出，用以计算项目税后资本金的财务内部收益率、财务净现值等财务分析指标的报表。

投资者在投资决策时都有目标收益率，自有资金财务内部收益率大于或等于该目标收益率，是投资者决定投资的必要的条件。因此，资本金现金流量分析是投资者投资决策的需要，必须认真编制，正确计算。随着投资体制改革的深入，资本金制度的付诸实施，该表的重要性已经越来越为人们所重视。具体格式见表6-2。

表6-2 项目资本金现金流量表

序号	项目 / 计算期	1	2	3	4	⋯
1	现金流入					
1.1	销售（营业）收入					
1.2	回收固定资产余值					
1.3	回收流动资金					
1.4	补贴收入					
2	现金流出					
2.1	项目资本金					
2.2	借款本金偿还					
2.3	借款利息支付					
2.4	经营成本					
2.5	销售税金及附加					
2.6	增值税（营业税）					
2.7	所得税					
2.8	维持运营投资					
3	净现金流量					
4	累计净现金流量					

（3）投资各方现金流量表。

投资各方现金流量表是以项目各投资者的出资额作为计算基础，通过计算投资各方财务内部收益率，分析投资各方投入资本的盈利能力的财务报表。格式见表6-3。

表 6 - 3　投资各方现金流量表

序号	项目＼计算期	1	2	3	4	…
1	现金流入					
1.1	实际分配利润					
1.2	资产处置收益分配					
1.3	租赁费收入					
1.4	技术转让或使用收入					
1.5	其他现金收入					
2	现金流出					
2.1	实缴资本					
2.2	租赁资产支出					
2.3	其他现金流出					
3	净现金流量					

(4)财务计划现金流量表。

财务计划现金流量表是反映项目计算期各年的经营活动、投资活动和融资活动的现金流入和现金流出及净现金流量的报表。格式见表 6-4。

表 6 - 4　投资各方现金流量表

序号	项目＼计算期	1	2	3	4	…
1	经营活动净现金流量					
1.1	现金流入					
1.1.1	营业收入					
1.1.2	回收固定资产余值					
1.1.3	回收流动资金					
1.2	现金流出					
1.2.1	经营成本					
1.2.2	营业附加税					
1.2.3	所得税					
2	投资活动净现金流量					
2.1	现金流入					
2.2	现金流出					
2.2.1	建设投资					
2.2.2	流动资金					
3	筹资活动净现金流量					

序号	项目 \ 计算期	1	2	3	4	...
3.1	现金流入					
3.1.1	资本金投入					
3.1.2	建设资金借款					
3.1.3	流动资金借款					
3.2	现金流出					
3.2.1	利息支出					
3.2.2	偿还本金					
3.2.3	应付利润					
4	净现金流量(1＋2＋3)					
5	累计盈余资金					

2.利润和利润分配表

利润和利润分配表是反映项目计算期内各年的利润总额、所得税及税后利润的分配情况的报表。用来计算投资利润率、资本金利润率、投资利税率等指标。格式见表6－5。

表6－5 利润及利润分配表

序号	项目 \ 计算期	1	2	3	4	...
1	营业收入					
2	营业税金及附加					
3	总成本费用					
4	补贴收入					
5	利润总额(1－2－3＋4)					
6	弥补以前年度亏损					
7	应纳所得税额(5－6)					
8	所得税					
9	净利润(5－8)					
10	期初未分配利润					
11	可供分配利润(9＋10－6)					
12	法定盈余公积金					
13	可供投资者分配利润(11－12)					
14	应付投资者各方股利					
15	未分配利润(13－14)					
16	息税前利润(利润＋利息)					

3.资产负债表

资产负债表是用来反映项目计算期内资产、负债、所有者权益等财务状况的报表,用来计算资产负债率、流动比率等指标,分析项目偿债能力。格式见表 6-6。

表 6-6　资产负债表

序号	计算期项目	1	2	3	4	…
1	资产					
1.1	流动资产总额					
1.1.1	货币资金					
1.1.2	应收账款					
1.1.3	预付账款					
1.1.4	存货					
1.1.5	其他					
1.2	在建工程					
1.3	固定资产净值					
1.4	无形及其他资产净值					
2	负债及所有者权益					
2.1	流动负债总额					
2.1.1	短期借款					
2.1.2	应付账款					
2.1.3	预收账款					
2.1.4	其他					
2.2	建设投资借款					
2.3	流动资金借款					
2.4	负债小计					
2.5	所有者权益					
2.5.1	资本金					
2.5.2	资本公积					
2.5.3	累计盈余公积金					
2.5.4	累计未分配利润					

4.借款还本付息计划表

借款还本付息计划表是反映项目计算期内各年借款的使用、还本付息以及偿债资金来源的报表,用来计算借款偿还期或者偿债备付率、利息备付率等指标。格式见表6-7。

表6-7 借款还本付息计划表

序号	项目＼计算期	1	2	3	4	...
1	借款					
1.1	年初本息余额					
1.2	本年借款					
1.3	本年应计利息					
1.4	本年还本付息					
	其中:还本					
	付息					
1.5	年末本息余额					
2	债券					
2.1	年初本息余额					
2.2	本年借款					
2.3	本年应计利息					
2.4	本年还本付息					
	其中:还本					
	付息					
2.5	年末本息余额					
3	借款和债券合计					
3.1	期初余额					
3.2	当期还本付息					
	其中:还本					
	付息					
3.3	期末余额					

▷ 6.1.6 基本财务报表与评价指标的关系

上述指标可以通过相应的报表数据来进行计算,指标和报表的关系如表6-8所示。

表 6-8 基本报表和指标对应关系表

评价内容	基本报表	静态指标	动态指标
盈利能力分析	全部资金现金流量表	静态投资回收期	项目内部收益率 净现值 动态投资回收期
	自有资金现金流量表		资本金内部收益率
	投资各方财务现金流量表		投资各方财务内部收益率
	损益表	投资利润率 投资利税率 资本金利润率	
清偿能力分析	资金来源与运用表 借款偿还计划表 资产负债表	借款偿还期 偿债备付率 利息备付率 流动比率 速动比率	
财务生存能力分析	财务计划现金流量表	累积盈余	

6.2 财务评价中的若干问题

▷ 6.2.1 项目计算期

财务评价的计算期是指进行评价所设定的分析期限,包括建设期和经营期。

项目计算期=建设期+经营期

1.建设期

建设期是指项目从资金正式投入开始到项目建成投产为止所需要的时间,应参照项目建设的合理工期或项目的建设进度合理确定。

2.经营期

经营期也称为项目寿命周期(life cycle),是指建设项目正常生产经营所持续的时间,一般用年表示。寿命周期长短对项目经济效益影响很大,进而影响到项目决策,所以要认真分析,合理确定。一般可以根据产品的寿命周期、主要工艺设备的寿命周期来确定。

对于不同的投资项目,其现金流量的分布、资金的回收时间都会有很大的差异,所以项目计算期的长短主要取决于项目本身的特性,无法对项目计算期作出统一规定。计算期不宜定得太长:一是因为时间越长,收益折算的现值越小,对项目决策的影响就越小;二是因为时间越长,预测的数据不确定性越大,准确性也就越差。

▶ 6.2.2 负债比例和财务杠杆

建设项目资金根据筹资性质,可分为自有资金和借入资金,资金结构是指建设项目所使用的资金来源及数量构成,主要指自有资金(所有者权益)和借入资金(负债)之间的比例关系。一般说来,在有借贷资金的情况下,全部投资的经济效果和自有资金的经济效果是不同的。拿投资收益率来说,全部投资的收益率一般不等于借贷资金的利息率,这两者差额的后果将由企业所承担,从而使企业自有资金收益率上升或下降。

设全部资金为 K,资本金为 K_0,借入资金为 K_L,项目投资利润率为 R,资本金利润率为 R_0,借款利率为 R_L。可知

$$K = K_L + K_0$$

$$R_0 = \frac{K \cdot R - K_L \cdot R_L}{K_0} \qquad (6-1)$$

$$= \frac{(K_0 + K_L) \cdot R - K_L \cdot R_L}{K_0} \qquad (6-2)$$

$$= R + \frac{K_L}{K_0}(R - R_L) \qquad (6-3)$$

式中 K_L/K_0 为负债比例。当 $R > R_L$ 时,$R_0 > R$,即资本金利润率大于投资利润率;反之,$R < R_L$ 时,$R_0 < R$,即资本金利润率小于投资利润率。也就是说:资本金利润率与全部资金利润率的差别会因为负债资金的存在而被放大,这种效应就叫财务杠杆效应。建设项目的负债比率越大,财务杠杆效应也就越大,风险也越大。

【例 6-1】 某项工程有三种方案,总投资收益率 R 分别为 5%、10%、16%,借款利率为 10%,试比较负债和资本金比例分别为 0、1 和 3 时的资本金利润率。

解:不同负债比例下资本金利润率计算如表 6-9 所示。

表 6-9 不同负债比例下的资本金利润率

方案 \ 比例	$K_L/K_0 = 0$	$K_L/K_0 = 1$	$K_L/K_0 = 3$
$A(R = 5\%)$	5%	0	-10%
$B(R = 10\%)$	10%	10%	10%
$C(R = 16\%)$	16%	22%	34%

▶ 6.2.3 建设期借款利息

1. 建设期借款利息的概念和构成

建设期借款利息是指项目在建设期内因使用债务资金而支付的利息。在偿还债务资金时,这部分利息一般要资本化为建设期的借款本金,参与项目投入使用后各期的利息计算,除非建设期利息是用自有资金按期支付的。

对于分期建成投产的项目,应按各期投产时间分别停止借款费用的资本化,即投产后发生的借款费用不作为建设期利息计入固定资产原值,而是作为运营期利息计入总成本费用。

建设期利息中还应包括融入债务资金时发生的手续费、承诺费、管理费、信贷保险费等融资费用。这些费用应按该债务资金的债权人的要求单独计算,并计入建设期利息。

2.建设期借款利息的计算

建设期借款利息的计算公式为:

$$I_t = \left(P_{t-1} + \frac{1}{2}A_t\right) \times i \qquad (6-4)$$

其中:P_{t-1}——上年年末借款本金和利息累计额;

A_t——当年借款额;

i——建设期借款利率。

【例 6-2】 假设某项目建设期为 3 年,第一年借款本金为 500 万元,第二年 400 万元,第三年 600 万元,利率为 8%,假定没有其他融资费用,计算建设期借款利息。

根据借款期利息的计算公式可得:

第 1 年利息 $= \frac{1}{2} \times 500 \times 8\% = 20$(万元)

第 2 年利息 $= [(500+20) + \frac{1}{2} \times 400] \times 8\% = 57.6$(万元)

第 3 年利息 $= [(500+400+20+57.6) + \frac{1}{2} \times 600] = 102.21$(万元)

借款利息累计 $= 20+57.6+102.21 = 179.81$(万元)

所以,第 3 年年末借款本息累计为 1679.81(万元)。

▷ 6.2.4 财务清偿能力

有关工程建设项目盈利能力指标的计算已经在第三章详细论述过,这里我们主要对财务清偿能力指标进行计算和分析。财务清偿能力指标主要有借款偿还期、利息备付率、偿债备付率、资产负债率、流动比率和速动比率。

1.偿债资金的来源

根据国家现行财税制度规定,偿还贷款的资金主要包括利润、固定资产折旧、无形资产和其他资产摊销费、其他还款资金来源。

(1)利润。

用于归还贷款的利润,一般是提取了盈余公积金、公益金后的未分配利润,如果是股份制企业需要支付股利,那应从未分配利润中扣除分配给投资者的利润然后再进行贷款偿还。项目投产初期,如果归还贷款资金缺口比较大,也可以暂时不提盈余公积金和公益金,但这段时间不宜过长,否则会影响企业未来扩张能力。

(2)固定资产折旧。

折旧是企业计提的为固定资产的更新而储备的资金,在项目投产初期,固定资产不会面临更新问题,那么为了更好地使资金得到利用,企业可以暂时将折旧作为偿还贷款的资金来源,以增强项目偿债能力。最后,所有被用于归还贷款的折旧基金,都要由未分配利润垫回,以保证折旧基金从总体上不被挪用,成为固定资产更新的资金保证。

(3)无形资产及其他资产摊销费。

无形资产及其他资产的摊销费用,具有和固定资产折旧相同的性质,提取后具有"沉淀"性质,可以暂时用来归还贷款。

(4)其他还款资金。

这里指按有关规定可以用减免的营业税作为偿还贷款的资金来源,预测时,如果没有明确的依据,可以不予考虑。

2. 财务清偿能力指标

(1)借款偿还期。

借款偿还期是指以可作为偿还贷款的项目收益如利润、折旧、摊销及其他收益来偿还投资借款本金和利息所需要时间,是反映项目清偿能力的重要指标。计算公式如下:

$$F = \sum_{t=1}^{P_t} (B + D + R_0 - B_r)_t \qquad (6-5)$$

其中:F——投资借款的本金和利息之和;

P_t——借款偿还期(从借款年开始计算;如果从投产年开始,必须注明);

B——第 t 年可用于还款的利润;

D——第 t 年可用于还款的折旧和摊销;

R_0——第 t 年可用于还款的其他收益;

B_r——第 t 年企业留用利润。

在实际计算中,可以用下列公式计算:

$$借款偿还期 = (借款偿还后首次出现盈余的年份 - 1) + \frac{当年偿还借款额}{当年可用于还款的资金额} \qquad (6-6)$$

【例 6-3】 已知某项目借款额及建设期借款利息数据见例 6-2,可用于还款的收益如表 6-10 数据所示,计算项目借款偿还期。

表 6-10 项目还本付息计算表   单位:万元

序号	项 目	建设期			生产期			
		1	2	3	4	5	6	7
1	年初借款累计	0			1679.8	1229.8	729.8	179.8
2	本年新增借款本金	500	400	600				
3	本年应计借款利息	20	57.6	102.2	134.4	98.4	58.4	14.4
4	还本资金来源				450	500	550	450
4.1	利润总额				350	400	500	500
4.2	可用于还款的折旧和摊销				150	150	150	150
4.3	还款企业留利				50	50	100	200
5	本年偿还本金				450	500	550	179.8
6	年末借款累计	520	977.6	1679.8	1229.8	729.8	179.8	0

生产期各年利息计算如下:

第 4 年利息 = 1679.8 × 8% = 134.4(万元)

第 5 年利息 = 1229.8 × 8% = 98.4(万元)

第 6 年利息 = 729.8 × 8% = 58.4(万元)

第 7 年利息＝179.8×8％＝14.4(万元)

项目在建设期产生的借款本金和建设期借款利息构成建设贷款总额,在项目投产后用利润、折旧和摊销等偿还。在生产期的利息,作为财务费用计入总费用。因此,根据前面公式(6-6)和表6-10,可得借款偿还期为:

$$借款偿还期=(7-1)+\frac{179.8}{450}=6.4 \ 年$$

借款偿还期指标侧重于评价项目的偿还能力,当满足贷款机构的要求期限时,即认为项目是有借款偿债能力的。借款偿还期指标适用于那些不预先给定借款偿还期限,且按最大偿还能力计算还本付息的项目;它不适用于那些预先给定借款偿还期的项目。对于预先给定借款偿还期的项目,应采用利息备付率和偿债备付率指标分析项目的偿债能力。

(2)利息备付率。

利息备付率也叫已获利息倍数,是指项目在借款偿还期内各年可用于支付利息的税息前利润与当期应付利息费用的比值。其表达式为:

$$利息备付率 = \frac{税息前利润}{当期应付利息费用} \tag{6-7}$$

其中:税息前利润——利润总额与计入总成本费用的利息费用之和,即

税息前利润＝利润总额＋计入总成本费用的利息费用

当期应付利息费用——计入总成本费用的全部利息。

利息备付率从付息资金来源的充裕性角度反映项目偿付债务利息的能力,它表示使用项目税息前利润偿付利息的保证倍率。对于正常经营的项目,利息备付率应当大于2。否则,表示项目的付息能力保障程度不足。尤其是当利息备付率低于1时,表示项目没有足够资金支付利息,偿债风险很大。

(3)偿债备付率。

偿债备付率是指项目在借款偿还期内,各年可用于还本付息的资金与当期应还本付息金额的比值。其表达式为:

$$偿债备付率 = \frac{可用于还本付息的资金}{当期应还本付息的金额} \tag{6-8}$$

其中:可用于还本付息的资金——包括可用于还款的利润、折旧和摊销、成本中列支的利息费用等;

当期应还本付息的金额——包括当期应还贷款本金额及计入成本费用的利息。

偿债备付率表示可用于还本付息的资金偿还借款本息的保证倍率。正常情况应当大于1,且越高越好。当指标小于1时,表示项目当年资金来源不足以偿付当期债务,需要通过短期借款偿付已到期债务。根据我国历史数据统计分析,一般情况下,偿债备付率不宜低于1.3。

(4)资产负债率。

资产负债率是根据资产负债表中的负债总额除以资产总额而计算的,反映总资产中负债所占的比例,用来评价项目长期偿债能力的指标。

$$资产负债率 = \frac{负债合计}{资产合计} \times 100\% \tag{6-9}$$

一般认为资产负债率在0.5左右比较合适,说明项目长期偿债能力比较强,风险较小。

(5)流动比率。

流动比率是反映项目短期偿债能力的重要指标,是根据资产负债表项目流动资产总额除以流动负债总额得到的。

$$流动比率 = \frac{流动资产}{流动负债} \qquad (6-10)$$

流动比率反映项目用流动资产偿还流动负债的能力,一般认为流动比率为 2 比较合适,这说明短期偿债能力比较强,偿债风险比较低。在具体分析时,要根据不同行业的特点具体情况具体分析。

(6)速动比率。

速动比率和流动比率一样,都是反映项目短期偿债能力的指标,但计算时从流动资产中扣除了比较难变现的存货项目,因此能反映出项目快速偿付短期债务能力。

$$速动比率 = \frac{流动资产总额 - 存货}{流动负债总额} \qquad (6-11)$$

一般情况下,认为速动比率为 1 比较合适,这说明企业偿还短期债务能力比较强;如果低于 1,说明短期偿还能力较弱。但对具体企业具体项目分析时,要结合具体情况。

▷ 6.2.5 通货膨胀与财务评价

1.通货膨胀的概念

通货膨胀是指由于货币(这里指纸币)的发行量超过商品流通所需要的货币量而引起的货币贬值和物价上涨的现象。经济学上一般用消费者价格指数(CPI)反应特定时期的通货膨胀率。但是由于通货膨胀引起不同商品和劳务的价格升降幅度不同,变化的时间也不一样,所以,对通货膨胀的度量是困难的,但价格指数的增长率,基本上能反映通货膨胀率的大小。

2.通货膨胀对财务分析的影响

(1)对财务分析基础数据的影响。

①建设投资:建设投资一般按照基期价格水平来进行估算,由于存在通货膨胀,实际投资往往会高于基期估算的建设投资。为了使投资不留缺口,通常的做法是:在通货膨胀率不高的情况下,结合投资构成中的基本预备费一并考虑;在通货膨胀率较高的情况下,除去基本预备费外,再增加一项涨价预备费。

②投入物价格:通货膨胀会使原材料、辅助材料、燃料等价格提高,直接影响到成本的估算。

③产出物价格:通货膨胀会使投资产出物的市场价格持续升高,直接影响销售收入的大小。

(2)对借款利率的影响。

用 f 表示通货膨胀率,i_m 表示不剔除通货膨胀影响因素的利率,即银行执行的利率,i_r 表示人们预期价格不变时所要求的利率,即扣除通货膨胀后的利率。它们三者之间关系如下:

由

$$1 + i_m = (1 + i_r)(1 + f) \qquad (6-12)$$

得

$$i_r = \frac{1 + i_m}{1 + f} - 1 \qquad (6-13)$$

$$i_r = i_m - f - i_r f \qquad (6-14)$$

当 $i_r f$ 很小时,可以忽略,那么式(6-14)可简化为:

$$i_r = i_m - f \qquad (6-15)$$

【例 6-4】 有一笔借款,期限 1 年,浮动利率为 12%,通货膨胀率为 5%,求实际利率。

解: 根据简化公式(6-15)可知

$$i_r = 12\% - 5\% = 7\%$$

(3)考虑通货膨胀的财务评价方法。

①不变价格法:该方法采用基期不变价格,投入物和产出物都不考虑通货膨胀率。优点是:在经济稳定通货膨胀率较小时,可以获得较可靠的评价数据,且简单易行;缺点是:在通货膨胀率较高的情况下,按不变价格计算的各项收支金额,不能满足项目在建设期用款计划。

②建设期时价法:该法只考虑建设期的通货膨胀因素,以基期数据为基础,投入物和产出物考虑通货膨胀因素到建设期末,但不考虑生产期各种因素的通货膨胀因素。该方法仅考虑到建设期价格变动,其通货膨胀率较好预测,缺点是通货膨胀因素考虑得不够全面。该方法在实际中最常用。

③简单时价法:该方法是在考虑建设期通货膨胀的基础上再进一步考虑生产期的通货膨胀因素,优点是克服了前两种方法的不足,缺点是整个计算期的通货膨胀率不好预测。

➤ 6.2.6 税金

税金是国家凭借其政治权力参与国民收入分配和再分配的一种形式,在财务评价中合理计算各种税金,是正确计算项目效益和费用的基础。项目财务评价中涉及的税种主要包括增值税、营业税、消费税、资源税、关税、城市维护建设税和教育费附加、所得税等。

1.增值税

增值税是对我国境内销售货物、进口货物以及提供加工、修理修配劳务的单位和个人,就其取得货物的销售额、进口货物金额、应税劳务收入额计算税款,并实行税款抵扣制的一种流转税。

$$增值税应纳税额 = 销项税额 - 进项税额 \qquad (6-16)$$

在技术经济分析中,增值税可以不包括在营业税金及附加内,在进行营业税金及附加的估算时,有时需要单独计算增值税额,作为城乡维护建设税和教育费附加的计算基数。

2.营业税

营业税是一种流转税,是对提供应税劳务、转让无形资产或者销售不动产的单位和个人征收的税金。交通运输、建筑、邮电通讯、服务等行业应按税法规定缴纳营业税费。营业税按照营业额乘以规定的税率计算。

3.消费税

消费税是针对特定消费品征收的税金。消费税实行从价定率和从量定额的办法计算应纳税额。

$$从价定率:应纳税额 = 应税消费品销售额 \times 适用税率 \qquad (6-17)$$

$$从量定额:应纳税额 = 应税消费品销售数量 \times 单位税额 \qquad (6-18)$$

4.资源税

资源税是国家对在我国境内开采应税矿产品或者生产盐的单位和个人征收的一种税,包括原油、天然气、煤炭、金属矿产品和其他非金属矿产品以及固体盐、液体盐。一般按照课税矿产的产量乘以单位税额计算应纳税额。

$$应纳税额 = 应税产品课税数量 \times 单位税额 \qquad (6-19)$$

5. 关税

关税是以进出口应税货物为纳税对象的税种。项目评价中涉及引进设备、技术和进口原材料时,可能需要估算进口关税。

6. 城市维护建设税和教育费附加

城市维护建设税是一种为了加强城市建设,扩大和稳定城市建设资金来源的地方附加税,教育费附加是为了发展地方教育事业计缴的用于教育的政府性基金。城市维护建设税和教育费附加是以增值税、营业税和消费税为基数乘以相应的税率计算应纳税额。

$$城市维护建筑税:应纳税额 = 实缴(增值税+消费税+营业税) \times 适用税率 \qquad (6-20)$$

$$教育费附加:应纳税额 = 实缴(增值税+消费税+营业税) \times 3\% \qquad (6-21)$$

7. 所得税

这里的所得税指企业所得税,是针对企业应纳税所得额征收的税种。企业所得税按照有关税法扣除所得税前项目计算应纳税所得额,并采用适宜的税率计算。纳税人发生年度亏损的,可用下一纳税年度的所得(税前利润)弥补;下一纳税年度的所得不足弥补的,可以逐年延续弥补,但是延续弥补期最长不得超过5年。

在项目技术经济分析中,一般是按照利润总额作为企业所得,乘以25%税率计算所得税。

$$应纳所得税额 = 利润总额 \times 25\% \qquad (6-22)$$

▶ 6.2.7 折旧

企业的固定资产可以长期参加施工生产过程并保持其原有的实物形态,而其价值则随着固定资产的使用逐渐地、部分地转移到工程成本或企业的期间费用中去,折旧就是随着固定资产的使用而逐渐转移到产品成本中去的那部分价值,它将随着产品销售收入的实现而得到补偿。

1. 固定资产计提折旧的范围

计提折旧的固定资产包括:房屋及建筑物;在用的施工机械、运输设备、生产设备、仪器仪表、工具器具;季节性停用、大修理停用的固定资产、融资租赁方式租入和经营租赁方式租出的固定资产、未使用和不需用的固定资产。

不计提折旧的固定资产:包括已提足折旧仍继续使用的固定资产;按照规定单独估价作为固定资产入账的土地。

2. 影响固定资产折旧的因素

影响固定资产折旧的因素主要有四个方面,即固定资产原值、预计净残值、预计使用年限和折旧方法。

(1)固定资产原值。

固定资产原值是指计算固定资产折旧的基准,即固定资产的账面原价。以固定资产的原始成本作为计算折旧的基数,可以使折旧的计算建立在客观的基础上,不容易受会计人员主观因素的影响。

(2)预计净残值。

预计净残值是指固定资产报废时,预计可以收回的残余价值扣除预计清理费用后的数额。

一般用预计净残值率表示,固定资产账面原值减去预计净残值即为固定资产应计提的折旧总额。

(3)预计使用年限。

预计使用年限是指固定资产预计经济使用年限,即折旧年限。固定资产使用年限的长短直接影响各期应计提的折旧数额。

(4)折旧方法。

使用不同的折旧方法,每期计提的折旧数额不一样,从而导致成本和效益不一样。

3.固定资产折旧的计算方法

固定资产折旧一般采用平均年限法和工作量法,对技术进步较快或使用寿命受工作环境影响较大的施工机械和运输设备,可以采用双倍余额递减法或年数总和法计提折旧。

(1)平均年限法。

平均年限法是指按固定资产预计使用年限平均计算折旧的一种方法。采用这种方法计算的每期(年、月)折旧额都是相等的。其计算公式如下:

$$固定资产年折旧额 = \frac{固定资产原值 - 预计净残值}{固定资产预计使用年限} \qquad (6-23)$$

$$固定资产年折旧率 = \frac{1 - 预计净残值率}{固定资产预计使用年限} \times 100\% \qquad (6-24)$$

【例6-5】 企业某台设备价值620万元,预计使用年限15年,预计净残值率为5%,计算该设备的折旧率和折旧额。

解： 年折旧额 $= \frac{620(1-5\%)}{15} = 39.27$ 万元

月折旧额 $= 39.27 \div 12 = 3.27$ 万元

年折旧率 $= \frac{1-5\%}{15} \times 100\% = 6.33\%$

月折旧率 $= 6.33\% \div 12 = 0.527\%$

月折旧额 $= 0.527\% \times 620 = 3.27$ 万元

(2)工作量法。

工作量法是按照固定资产预计总工作量计提折旧额的一种方法。这种方法实际上是平均年限法的一种演变。其基本计算公式如下:

$$单位工作量折旧额 = \frac{固定资产原值(1-预计净残值率)}{预计总工作量} \qquad (6-25)$$

$$某固定资产当月应提折旧额 = 当月工作量 \times 单位工作量折旧额 \qquad (6-26)$$

其中,工作量单位按照固定资产的性质确定,可以用行驶里程数,它适用于车辆、船舶等运输设备;也可以用工作台班数,它适用于机器、设备等。

(3)双倍余额递减法。

双倍余额递减法是在不考虑固定资产净残值的情况下,根据每期期初固定资产账面价值和双倍的直线法折旧率计算固定资产折旧的一种方法。采用这种方法,固定资产账面价值随着折旧的计提逐年减少,而折旧率不变,因此,各期计提的折旧额必然逐年减少。其计算公式如下:

$$固定资产年折旧率 = (2 \div 固定资产预计使用年限) \times 100\% \qquad (6-27)$$

固定资产月折旧率＝固定资产年折旧率÷12

固定资产月折旧额＝固定资产账面价值×月折旧率

采用双倍余额递减法计提折旧的固定资产,应当在固定资产使用后期,当发现某期按双倍余额递减法计算的折旧小于该期剩余年限按直线法计提的折旧时,改用直线法计提折旧,即将固定资产净值扣除预计净残值后按剩余年限平均摊销。

【例6-6】 某设备原值为52000元,预计使用5年,预计净残值为2000元,采用双倍余额递减法计提各年折旧额。

表6-11 双倍余额递减法折旧计算表 单位:元

年份	期初账面价值	折旧率	本年折旧额	累计折旧	期末账面价值
1	52000	40%	20800	20800	31200
2	31200	40%	12480	33280	18720
3	18720	40%	7488	40768	11232
4	11232		4616	45384	6616
5	6616		4616	50000	2000

最后两年使用平均年限法,将净值扣除预计净残值后的余额平均摊销。

$$(11232-2000)÷2 = 4616 元$$

(4)年数总和法。

年数总和法是将固定资产的原值减去净残值后的净额乘以一个逐年递减的分数计算每年折旧额的一种方法。此种方法折旧基数不变,折旧率逐年降低,达到前期多提折旧,后期少提折旧的目的。

$$固定资产年折旧率＝\frac{预计使用年限－已使用年限}{[预计折旧年限×(预计折旧年限＋1)]÷2}×100\% \qquad (6-28)$$

$$＝\frac{固定资产尚可使用年限}{固定资产预计使用年限的年数总和}×100\% \qquad (6-29)$$

固定资产月折旧率＝固定资产年折旧率÷12

固定资产月折旧额＝(固定资产原值－预计净残值)×月折旧率

【例6-7】 根据例6-6,用年数总和法计算各年折旧。

表6-12 年数总和法各年折旧计算表 单位:元

年份	尚可使用年限	原值－净残值	年折旧率	各年折旧额	累计折旧额
1	5	50000	5/15	16666.67	16666.67
2	4	50000	4/15	13333.33	30000
3	3	50000	3/15	10000	40000
4	2	50000	2/15	6666.67	46666.67
5	1	50000	1/15	3333.33	50000

6.3 工程建设项目投资估算

6.3.1 工程建设项目投资估算的概念和作用

1.工程建设项目投资估算的概念

工程建设项目投资估算是指在项目决策过程中,在对项目的建设规模、产品工艺及设备方案、工程方案、进度等进行研究并确定的基础上,对工程项目投资数额进行的估计和测算。工程建设项目投资估算包括建设投资估算和流动资金投资估算。

2.投资估算的作用

(1)项目建议书、可行性研究报告文件中,投资估算是研究、分析、计算项目投资经济效益的重要条件,是项目经济评价的基础;

(2)项目建议书阶段的投资估算是项目主管部门审批项目的依据之一,并对项目的规划、规模起参考作用;

(3)项目可行性研究阶段的投资估算是方案选择和投资决策的重要依据,是确定项目投资水平的依据;

(4)项目投资估算是项目资金筹措及制定建设贷款计划的依据,建设单位可根据批准的项目投资估算额,进行资金筹措和向银行申请贷款;

(5)项目投资估算是核算建设项目固定资产投资需要额和编制固定资产投资计划的重要依据。

6.3.2 建设投资估算的基本方法

工程项目投资估算采用何种方法应取决于要求达到的精确度,而精确度又由项目前期研究阶段的不同以及资料数据的可靠性决定。因此,在投资项目的不同前期研究阶段,允许采用繁简不同、深浅不同的估算方法。常用的估算方法有生产能力指数法、资金周转率法、比例估算法、综合指标投资估算法。

1.生产能力指数法

生产能力指数法是利用已经建成的、性质类似的建设项目的投资额和生产能力,估算拟建项目的投资额的方法。计算公式为:

$$C_2 = C_1 \left(\frac{x_2}{x_1}\right)^n \times C_f \qquad (6-30)$$

式中:C_2——拟建项目投资额;

C_1——已建同类项目投资额;

x_2——拟建项目的生产能力;

x_1——已建同类型项目生产能力;

C_f——价格调整系数;

n——生产能力指数,$0 \leqslant n \leqslant 1$。

运用此种方法时,估算生产能力指数 n 是一个关键因素。不同行业、性质、工艺流程、建设水平、生产率水平的项目,应取不同的指数值。选取 n 值的原则是:靠增加相同设备、装置的数量扩大生产规模时,n 取 0.8～0.9;靠提高设备、装置的功能和效率扩大生产规模时,n 取

$0.6\sim0.7$;若拟建项目和已建成类似项目的规模相差不大时,生产规模比值在 $0.5\sim2$ 之间,则指数 n 的取值近似为 1。另外,拟建项目生产能力与已建同类项目生产能力的比值应有一定的限制范围,一般这一比值不能超过 50 倍,而在 10 倍以内效果较好。生产能力指数法多用于估算生产装置投资。

【例 6 - 8】 某企业 2008 年已建成年产 6 万吨的生产项目,其投资额为 2000 万元,2010 年拟建同类型 30 万吨项目,建设期 2 年,自 2008 年至 2010 年每年平均造价指数递增 6%,生产能力指数为 0.8,估算拟建项目投资额为多少?

解:根据公式计算得

$$C_2 = C_1 \left(\frac{x_2}{x_1}\right)^n \times C_f = 2000 \times \left(\frac{30}{6}\right)^{0.8} \times (1+6\%)^2 = 8143.4 \text{ 万元}$$

2. 资金周转率法

资金周转率法是从资金周转率的定义推算出投资额的一种方法。

当资金周转率为已知时,则:

$$C = \frac{Q \times P}{T} \tag{6-31}$$

其中:C——拟建项目投资额;

Q——产品年产量;

P——产品单价;

T——资金周转率(资金周转率=销售收入/投资总额)。

该法概念简单明了,方便易行,但误差较大。但资金周转率对不同经营性质的企业各不相同,要提高投资估算的精确度,必须做好相关的基础工作。

3. 比例估算法

比例估算法是以拟建项目或装置的设备费为基数,根据已建成的同类项目的建筑安装工程费和其他费用等占设备价值的百分比,求出相应的建筑安装工程及其他有关费用,其总和为拟建项目或装置的投资额。计算公式为:

$$C = E(1 + f_1 P_1 + f_2 P_2 + f_3 P_3) + I \tag{6-32}$$

其中:C——拟建项目的投资额;

E——根据设备清单按现行价格计算的设备购置费的总和;

P_1, P_2, P_3——表示已建成项目中的建筑、安装及工程建设其他费分别占设备费的百分比;

f_1, f_2, f_3——表示由于时间因素引起的定额、价格、费用标准等变化的综合调整系数;

I——拟建项目的其他费用。

这种方法适用于设备投资占比例较大的项目。

【例 6 - 9】 某设备购置费为 5000 万元,与设备配套的建筑、安装和其他费用占设备购置费的百分比分别为 30%、20% 和 10%,假定各种工程费用上涨与设备费同步,即 f_1、f_2、f_3 都为 1,项目其他费用估计为 300 万元,试估算项目建设投资额。

解:$C = E(1 + f_1 P_1 + f_2 P_2 + f_3 P_3) + I$

$\quad\quad = 5000(1 + 30\% + 20\% + 10\%) + 300$

$\quad\quad = 8300(\text{万元})$

4. 单元指标估算法

单元指标估算法是以独立的建设工程项目为对象,依据国家或行业、地方的定额、指标和取费标准确定单位投资额,并根据拟建项目生产能力和规模来估算初始投资的方法。

$$拟建项目投资额＝单元指标×拟建项目生产能力或规模×物价浮动指数 \qquad (6-33)$$

其中,单元指标就是指每个估算单位的建设投资额,一般表示为:×元/吨,×元/公里,×元/平方米,×元/立方米。

5. **建设投资分类详细估算法**

建设投资分类详细估算法是根据建设投资包含的具体内容即建筑安装工程费用、设备和工器具购置费用、预备费及其他等费用分类进行估算的方法。建设投资内容如图6-3所示。

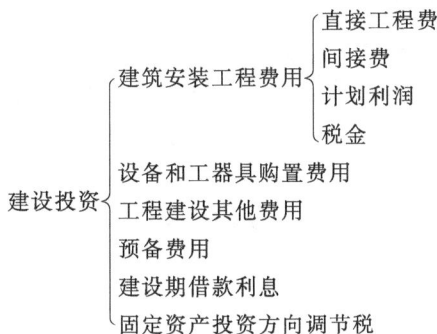

图6-3 建设投资内容

(1)建筑安装工程费估算。

建筑安装工程费包括建筑工程费和安装工程费。

建筑工程费是指直接构成固定资产实体的各种工程费,它是工程建设项目投资的主要部分,占投资的很大比例。建筑工程费的估算一般按单位综合指标法,即用工程量乘以相应的单位综合指标,如单位建筑面积(每平方米)投资,单位土石方(每立方米)投资,单位矿井巷道(每延米)投资,单位路面铺设(每平方米)投资等。条件成熟的,可按概算法估算。

安装工程费是指需要永久性安装设备的装配、装置工程,包括给排水、电气照明、空调通风、电梯等各种需要安装的机械设备的装配和装置工程,附属于被安装设备的管线敷设工程等。安装工程费通常按照行业或机构发布的安装工程定额、取费标准和指标估算投资,具体计算可以按照安装费率、每吨设备安装费或者每单位安装工程量的费用估算,该比例需要通过经验判定,并结合该装置的具体情况确定。

$$安装工程费＝设备原价×安装费率 \qquad (6-34)$$
$$安装工程费＝设备吨位×每吨安装费 \qquad (6-35)$$
$$安装工程费＝安装工程实物量×安装费用指标 \qquad (6-36)$$

(2)设备和工器具购置费估算。

设备和工器具购置费包括设备购置费和工器具购置费两部分。

设备购置费是指为了建设项目购置或自制的达到固定资产标准的设备的购置费用,包括设备买价和运杂费。一般分别估算各单项工程需要的主要设备的数量、出厂价格和相关运杂费资料,一般运杂费可按设备价格的百分比估算。

工器具购置费是指为保证建设项目正常生产必须购置的没有达到固定资产标准的设备、

工具、仪器等的购置费用。一般以设备购置费为计算基数,按照部门或者行业规定的定额费率估算。

(3)工程建设其他费用的估算。

工程建设其他费用是指除建安费以外的其他费用,主要包括工程的前期费用,如可行性研究费用、勘察设计费、临时设施费、建设单位管理费、专利费、筹建人员工资等,其他费用种类较多,先论采用何种投资估算方法,都需要按照国家、地方或部门的有关规定逐项估算。要注意随地区和项目性质的不同,费用科目可能会有所不同。在项目的初期阶段,也可以按照工程费用的百分数综合估算。

(4)预备费估算。

预备费是指为了保证工程顺利进行,避免不可预见因素造成投资不足而预先安排的一笔费用。预备费包括基本预备费和涨价预备费。

基本预备费是以设备和工器具购置费、建筑安装工程费用、工程建设其他费用之和为基数,乘以适当的基本预备费率(百分数)进行估算。预备费率的取值一般按行业规定,并结合估算深度确定。

涨价预备费估算一般以分年工程费用为基数,分别估算各年的涨价预备费,再相加,求得总的涨价预备费。

(5)建设期借款利息。

建设期借款利息也叫资本化利息,是指与购建固定资产、无形资产等相关的借款在资产尚未交付使用或尚未办理竣工决算之前产生的利息要记入固定资产、无形资产等的价值,进行资本化。除自有资金、国家财政拨款和发行股票外,凡属有偿使用性质的资金,包括国内银行和其他非银行金融机构贷款、出口信贷、外国政府贷款、国际商业贷款、在境内外发行的债券等,均应计算建设期利息。借款利息计算中采用的利率,应为实际利率。建设期借款利息的计算见本章第二节。

(6)固定资产投资方向调节税。

固定资产投资方向调节税是指国家对在我国境内进行固定资产投资的单位和个人,就其固定资产投资的各种资金征收的一种税。固定资产投资方向调节税根据国家产业政策确定的产业发展序列和经济规模的要求,实行差别税率,具体适用税率为 0%、5%、10%、15%、30% 五个档次(可查阅国家颁发的《固定资产投资方向调节税税目税率表》)。固定资产投资方向调节税的重点是计税基数和税率的取值是否正确。

投资方向调节税依据下面的公式计算:

$$投资方向调节税税额 = 计税依据 \times 税率 \qquad (6-37)$$

6.3.3 流动资金估算

流动资金是指项目投产后,为进行正常生产经营,用于购买原材料、燃料、支付工资及其他经营费用所需的周转资金。一般是项目投产运营后所需的全部流动资金扣除流动负债后的余额,流动资金主要包括占用在现金、应收账款和存货上的资金,流动负债主要指占用在短期借款和应付账款上的资金。流动资金的估算一般采用分项详细估算法,也可采用扩大指标估算法。

1.分项详细估算法

根据流动资金的概念,对流动资产和流动负债分别计算。为简化计算,流动资产中仅计算

存货、现金、应收账款三项,流动负债中仅计算应付账款这一项,计算公式如下:

$$流动资金＝流动资产－流动负债 \qquad (6-38)$$

式中:
$$流动资产＝应收账款＋存货＋现金$$
$$流动负债＝应付账款$$
$$流动资金本年增加额＝本年流动资金－上年流动资金$$

2.扩大指标估算法

扩大指标估算法是一种简化的流动资金估算方法,一般可参照现有同类企业的状况,根据流动资金占建设投资、经营成本、销售收入的比例或者单位产量占用流动资金的数额计算。具体方法如下:

(1)按年销售收入的一定比例估算。

$$流动资金占用额 ＝ 年销售收入×销售收入资金率 \qquad (6-39)$$

(2)按经营成本的一定比例估算。

(3)按建设投资的一定比例估算。

(4)按单位产量占用流动资金的比例估算。

流动资金一般在投产前开始筹措。在投产第一年开始按生产负荷进行安排,其借款部分按全年计算利息。流动资金利息应计入财务费用,项目计算期末回收全部流动资金。

思考与练习

一、思考题

1.试述财务评价的目的和内容。

2.财务评价时需要编制哪些基本报表?

二、练习题

1.某新建项目,建设期为3年,第一年贷款300万元,第二年400万元,第三年300万元,年利率为8%。用复利法计算建设期借款利息。

2.建设日产10吨氢氰酸装置的投资额为20000美元,已知生产能力指数为0.6,综合调整系数为1.0,试估计建设日产30吨氢氰酸装置的投资额。

3.某项固定资产原值10000元,预计使用年限5年,估计净残值1500元,清理费用500元。按双倍余额递减法折旧,试计算5年中每年应计提的折旧额。

4.某项工程有三种方案,全部资金利润率 R 分别为6%、10%、15%,借款利息率为10%,试比较负债比例分别为0、1和4时的资本金利润率。

第 7 章 建设项目国民经济评价与社会评价

本章学习要点

1. 熟悉国民经济评价的概念；
2. 掌握国民经济评价中效益与费用的涵义、内容、识别与计算；
3. 掌握影子价格及其他通用参数的确定方法和国民经济评价的步骤；
4. 能够编制国民经济评价报表，计算评价指标，并对分析、计算结果作出判断。

7.1 国民经济评价与社会评价概述

工程项目的经济评价分为财务评价、国民经济评价和社会评价三个层次。在市场经济条件下，大部分建设项目财务评价结论可以满足投资决策要求，但由于存在市场失灵，项目还需要进行国民经济评价和社会评价，以站在整个国家和社会的角度判别配置经济资源的合理性。

7.1.1 国民经济评价与社会评价的涵义

1. 国民经济评价

国民经济评价是建设项目经济评价的重要组成部分。它是按合理配置稀缺资源和社会经济可持续发展的原则，采用影子价格、社会折线率等国民经济评价参数，从国民经济全局的角度出发，考察建设项目的经济合理性。

2. 社会评价

社会评价是考察建设项目或方案对实现社会发展目标方面所产生的影响和效果。不同的社会制度由于意识形态上的差异，使得社会发展目标具有很大程度的不同。世界银行和联合国工业发展组织推行的项目评价方法，即包含有社会评价的内容。

7.1.2 国民经济评价与社会评价的必要性

任何国家，相对于人民的需要而言，其资源总是有限的，经济学称之为资源的稀缺性，某种资源在这一方面使用得多了，就减少了另一方面的可用量。如建筑材料，在数量有限的情况下工业建设项目用多了,就减少了民用建筑的可用量。其他资源如资金、外汇、土地、自然资源等均是如此,这里还包括具有不同知识水平和技术水平,具有不同的组织和管理能力的劳动者(劳动力资源)。人类的各种活动,是参与产生各种资源,同时又是消费各种资源的过程。资源有着多种多样的用途,应研究如何使资源最佳分配,达到最佳的效果,以促进国民经济的发展,满足人们不断增长的物质和文化生活的需要。因此,在资源稀缺情况下,国家必须在资源各种用途的竞争中,根据它们对实现国家基本目标的贡献大小作出选择。如果国家始终能够将资源用于对其基本目标贡献最大的项目上,就能保证有限的资源得到最有效的应用。然而,用财务评价的方法分析一个项目,是从企业的角度来分析项目的可行性的,而对企业有利的项目,不一定对国民经济也有利。如小型冶炼厂,虽然在财务上有生存能力,也能为某一小区域的经济带来效益,但是它造成的严重的环境污染和资源浪费,都是国民经济付出的代价。另外,财务上认为不可行的项目,站在国家的角度上衡量却是可以为国家带来效益的。如公路建设项目,就该项目自身来说,如果是公益性的基础设施建设而不是收费公路,则在财务上项目是没有收益的,无法进行财务上的评价,但从国民经济的整体来看,公路的建设将大大增加旅客、货物的运输量,节约旅客、货物的在途时间,缓解其他道路的拥挤状况,给周边地区的土地带来增值,等等,这些都是国民经济效益。由此可见,单凭财务评价不能反映建设项目对国民经济的真实作用。为此,我们建立了一套分析、计算项目对整个国民经济和整个社会贡献的评价方法,即国民经济评价方法和社会评价方法,它从国家整体利益和社会整体利益的角度来考察项目的经济效果,使资源得到最有效的利用。

7.1.3 国民经济评价与财务评价的关系和区别

国民经济评价和财务评价是建设项目经济评价的两个层次。财务评价所关心的是项目的财务生存能力和企业自身的利益。国民经济评价是以资源最优配置和国民收入最大增长为目标。因此,这两种评价在立场、利益和目标上都有差异,使两者在效益和费用的构成及计量上不尽相同,评价结论也不尽相同。

财务评价是国民经济评价的基础和前提,国民经济评价是财务评价的深化,两者相辅相成,既有联系又有区别。具体见表7-1所示。

表7-1 国民经济评价和财务评价的区别

评价类别	国民经济评价	财务评价
评价角度	从国家角度	从经营项目的企业角度
评价目的	项目对国民经济的净贡献,即国民经济效益	项目货币收支和盈利状况及贷款偿还能力
评价参数	影子价格、影子汇率、社会折现率	市场价格、官方汇率、基准收益率
评价效果	考虑直接和间接费用及效益(内部效果和外部效果)	考虑直接费用和效益(内部效果)
物价变动因素	不考虑	考虑
税收和补贴	不考虑	考虑

续表 7 - 1

评价类别	国民经济评价	财务评价
折旧	不考虑	考虑
贷款和归还	不考虑	考虑
国内主要评价指标	经济净现值、经济内部收益率、经济换汇成本、经济投资回收期等	财务净现值、财务内部收益率、借款偿还期、投资回收期等

1.国民经济评价与财务评价的联系

(1)评价目的相同。两者都是经济评价,都使用费用与效益比较的理论方法,都要寻求以最小投入获得最大的产出,都采用现金流量、报表分析方法,都采用内部收益率(IRR)、净现值(NPV)等指标。

(2)评价基础相同。两种分析都要在项目完成产品需求预测、工艺技术选择、设备选型、投资估算、资金筹措等基础上进行。

(3)评价的计算期相同。

2.国民经济评价与财务评价的区别

(1)评价角度不同。财务评价是站在项目的层次上,从项目经营者、投资者、未来债权人的角度,分析项目在财务上能够生存的可能性,分析各方的实际收益或损失,分析投资或贷款的风险及收益。而国民经济评价则是站在整个国家的层次上,从国家的角度分析项目的国民经济费用和效益。

(2)费用和效益的含义和划分范围不同。财务评价只根据项目直接发生的财务收支,计算项目的费用和效益。国民经济评价则从整个国民经济的角度考察项目直接发生的费用和效益,这时,项目的有些收入和支出,从整个国家的角度考虑,不能作为费用或效益,例如,税金、补贴银行贷款利息等。

(3)采用的价格体系不同。财务评价采用实际的市场预测价格,国民经济评价则采用一套专用的影子价格体系。

(4)主要参数不同。如衡量盈利性指标内部收益率的判据,财务评价中用财务基准折现率,国民经济评价中则用社会折现率。财务基准折现率依行业的不同而不同,而社会折现率全国各行业各地区都是一致的。

(5)评价内容不同。财务评价有两个方面,即盈利性分析和清偿能力分析,而国民经济评价仅仅有盈利性分析而无清偿能力分析。

3.国民经济评价与财务评价结论的关系

财务评价不能作为投资决策的依据,国民经济评价可作为投资决策的依据。

(1)两种评价均认为可行的项目,应予以通过。

(2)两种评价均认为不可行的项目,应予以否定。

(3)财务评价认为不可行,而国民经济评价认为可行的项目应予以通过,但国家和主管部门应采取相应的经济优惠措施,经过调整使项目在财务上也成为可行。例如,改变有关补贴、市场价格(当实行价格控制时),实行税收或关税等的优惠经济政策。

(4)财务评价认为可行,而国民经济评价认为不可行的项目,应予以否定,或在可能时,重新考虑方案,进行所谓"再设计"。

7.1.4　国民经济评价的项目类型

财务评价是从项目角度考察项目的盈利能力和偿债能力。在市场经济条件下,大部分项目财务评价结论可以满足投资决策的要求,但有些项目需要进行国民经济评价,从国民经济角度评价项目是否可行。

需要进行国民经济评价的项目主要有:

(1)国家级地方政府参与投资的项目;

(2)国家给予财政补贴或者减免税费的项目;

(3)主要的基础设施项目,包括铁路、公路、航道整治疏浚等交通基础设施建设项目;

(4)较大的水利水电项目;

(5)国家控制的战略性资源开发项目;

(6)动用社会资源和自然资源较大的中外合资项目;

(7)主要产出物和投入物的市场价格不能反映其真实价值的项目。

7.2　费用和效益的识别和计量

7.2.1　识别效益和费用的原则

1.基本原则

国民经济分析以实现社会资源的最优配置从而使国民收入最大化为目标,凡是增加国民收入的就是国民经济效益,凡是减少国民收入的就是国民经济费用。

2.边界原则

财务分析从项目自身的利益出发,其系统分析的边界就是项目。凡是流入项目的资金,就是财务效益,如销售收入;凡是流出项目的资金,就是财务费用,如投资支出、经营成本和税金。国民经济分析则从国民经济的整体利益出发,其系统分析的边界是整个国家。国民经济分析不仅要识别项目自身的内部效果,而且需要识别项目对国民经济其他部门和单位产生的外部效果。

3.资源变动原则

在计算财务收益和费用时,依据的是货币的变动。凡是流入项目的货币就是直接效益,凡是流出项目的货币就是直接费用。国民经济分析以实现资源最优配置从而保证国民收入最大增长为目标。经济资源的稀缺性,就意味着一个项目的资源投入会减少这些资源在国民经济其他方面的可用量,从而减少了其他方面的国民收入,从这种意义上说,该项目对资源的使用产生了国民经济费用。同理,我们说项目的产出是国民经济收益,是由于项目的产出能够增加社会资源,即最终产品的缘故。因此不难理解,在考察国民经济费用和效益的过程中,全面依据的不是货币,而是社会资源真实的变动量。凡是减少社会资源的项目投入都产生国民经济费用,凡是增加社会资源的项目产出都产生国民经济收益。注意,这里提到的资源应是稀缺的经济资源而不是闲置或不付出代价就可自由使用的物品。

➤ 7.2.2　国民经济效益和费用

项目的国民经济效益是指项目对国民经济所增加的贡献,分为直接效益和间接效益;项目的国民经济费用是指国民经济为项目付出的代价,分为直接费用和间接费用。

1.直接效益和直接费用

(1)直接效益。直接效益是指由项目产出物直接生成,并在项目范围内计算的经济效益。一般表现为以下三种形式:

①增加项目产出物(或服务)的数量以增加国内市场的供应量,其效益就是所满足的国内需求;

②替代效益较低的相同或类似企业的产出物或者服务,使被替代企业减产(停产)从而减少国家有用资源耗费或者损失的效益;

③增加出口或者减少进口从而增加(或节支)的外汇等,其效益就是增加(或节支)的外汇收入。

(2)直接费用。直接费用是指项目使用投入物所产生的,并在项目范围内计算的经济费用。一般表现为以下三种形式:

①国内其他部门为本项目提供投入物,而扩大了该部门的生产规模,其费用为该部门增加生产所耗用的资源;

②项目投入物本来用于其他项目,由于改用于拟建项目而减少对其他项目(或者最终消费)投入物的供应,其费用为其他项目(或者最终消费)因此而放弃的效益;

③增加进口或者减少出口从而耗用或者减少的外汇等。

2.间接效益和间接费用

间接效益与间接费用是指项目对国民经济作出的贡献或国民经济为项目付出的代价,在直接效益和直接费用中未得到反映的那部分效益和费用。通常把与项目有关的间接效益(外部效益)和间接费用(外部费用)统称为外部效果。外部效果应包括以下几个方面。

(1)环境及生态影响效果。这一效果主要指工业项目排放"三废"造成的环境污染和生态平衡破坏,是一种间接费用。例如发电厂排放的烟尘可使附近田园的农作物产量减少,化工厂排放的污水可使附近江河的鱼类资源骤减。

(2)技术扩散效果。这一效果通常包括技术培训、技术推广等,这是一种比较明显的技术外部效果,是一种间接效益。技术扩散和示范效果是由于技术的推广和扩散会培养和造就大量的技术人员和管理人员。除了为本项目服务外,人员流动、技术交流对整个社会经济发展也会带来好处。技术性外部效果反映了社会生产和消费的真实变化,这种真实变化必然引起社会资源配置的变化,所以应在国民经济评价中加以考虑。

(3)产业关联效果。这一效果包括对上游企业和下游企业的关联效果。例如建设一个水电站,一般除发电、防洪灌溉和供水等直接效果外,还必然带来养殖业和水上运动的发展以及旅游业的增进等间接效益。此外,农牧业还会因土地淹没而遭受一定的损失(间接费用)。这些都是水电站兴建而产生的产业关联效果。

3.转移支付

项目的某些财务收益和支出,从国民经济角度看,并不真正反映经济整体的有用资源的投入和产出的变化,没有造成资源的实际增加或减少,只是表现为资源的使用权从社会的一个实体转移到另一个实体手中,是国民经济内部的"转移支付",不能计为项目的国民经济效益或费用。其主要包括以下方面。

(1)税金。

国家和地方政府的税收,如增值税、销售税、所得税以及关税等。在财务分析中,对企业来说,这些税金都是财务支出。但是,对国民经济整体而言,企业纳税并未减少国民收入,只不过是将企业的这笔货币收入转移到政府手中,由政府再分配。项目对国民经济的贡献大小并不随税金的多少变化,因而,它属于转移支付,既不作为国民经济的收益,也不作为国民经济的费用。

土地税、城乡维护建设税和资源税等是政府为了补偿社会耗费而代为征收的费用,这些税种包含了很多政策因素,并不代表社会为项目付出的代价。因此,原则上这些税种也视为项目与政府间的转移支付,不计为国民经济评价中的费用或效益。

(2)补贴。

补贴是一种货币流动方向与税金相反的转移支付。国家或地方政府给予项目的补贴,仅是从政府转移到项目,仅仅表示国民经济为项目所付出的代价中,有一部分来自政府支出,但是,整个国民经济为项目所付出的代价并不以这些代价来自何处为计算依据,更不会由于有无补贴或补贴多少而改变。因此,补贴也不是国民经济评价中的费用或效益。

(3)国内银行贷款利息。

国内银行贷款利息在企业财务评价中作为费用支出。对于国民经济评价来说,它表示项目对国民经济的贡献有一部分转移到了政府或国内贷款机构,还本付息并没有减少国民收入,这种货币流动过程仅仅代表资源支配权利的转移,社会实际资源并未增加或减少。因此,它不是国民经济评价中的费用或效益。

(4)国外贷款与还本付息。

国外贷款与还本付息的处理分以下两种情况:

在全部投资效益费用流量表中的处理:既不做效益,也不做费用。

在国内投资效益费用流量表中的处理:视为费用。

7.3 影子价格和社会价格的确定

在费用和效益的衡量阶段,作为衡量尺度的价格成为问题的关键。财务评价采用的是市场预测价格,如果在较完全的市场机制下,这样的价格能够真实反映各种资源的经济价值。然而,由于市场缺陷的存在,市场价格往往不能真实反映项目实际效益,不能作为资源配置的正确信号和计量依据。因此,项目的国民经济评价应采用计算国民经济效益与费用时的专用价格,即影子价格。

7.3.1 影子价格和社会价格的概念

1.影子价格

所谓影子价格,就是资源处于最优配置状态时的边际产出价值,它是指依据一定原则确定的,能够反映投入物和产出物真实经济价值,反映市场供求状况,反映资源稀缺程度,使资源得到合理配置的价格。如果某种资源数量稀缺，同时，有许多用途完全依靠于它，那么它的影子价格就高。如果这种资源的供应量增多，那么它的影子价格就会下降。进行国民经济评价时，项目的主要投入物和产出物价格，原则上都采用影子价格。

2. 社会价格

社会评价与财务评价、国民经济评价三者依据各不相同。财务评价依据的是市场价格，国民经济评价用的是影子价格，而社会评价用的则是社会价格。社会价格是以国民经济评价所用的影子价格为基础，根据项目的效益和费用在社会目标方面的效果（正效果和负效果），给这些影子价格以某一权值，对实现社会目标有益的是一个正的权值，有害的是一个负的权值，这样调整以后的价格就叫做社会价格。以社会价格为根据求得的净现值和内部收益率，称为社会净现值或社会内部收益率，然后以此作为项目取舍的最终依据。

➤ 7.3.2 影子价格的测算

确定影子价格时，对于投入物和产出物，首先要区分为市场定价货物、政府调控价格货物和特殊投入物三大类别，然后根据投入物和产出物对国民经济的影响分别处理。

1. 市场机制定价货物的影子价格

(1) 外贸货物影子价格。

外贸货物是指其生产或使用将直接或间接影响国家进出口的货物，即产出物中直接出口、间接出口或替代进口的货物；投入物中直接进口、间接进口或减少出口（原可用于出口）的货物。原则上石油、金属材料、金属矿物、木材及可出口的商品煤等一般都划为外贸货物。

外贸货物影子价格的定价基础是国际市场价格。尽管国际市场价格并非就是完全理想的价格，但在国际市场上起主导作用的还是市场机制，各种商品的价格主要由供需规律所决定，多数情况下不受个别国家和集团的控制，一般比较接近物品的真实价值。

外贸货物中的进口品应满足以下条件，否则不应进口：

国内生产成本≥到岸价格（CIF）

外贸货物中出口品应满足以下条件，否则不应出口：

国内生产成本≤离岸价格（FOB）

在国民经济评价中，口岸价格（到岸价和离岸价统称为口岸价格）应按本国货币计算，故口岸价格的实际计算公式如下：

$$到岸价格（人民币）＝美元结算的到岸价格×影子汇率 \qquad (7-1)$$

$$离岸价格（人民币）＝美元结算的离岸价格×影子汇率 \qquad (7-2)$$

外贸货物影子价格计算公式：

$$投入物影子价格＝到岸价×影子汇率＋国内运杂费＋贸易费用 \qquad (7-3)$$

$$产出物影子价格＝离岸价×影子汇率－国内运杂费－贸易费用 \qquad (7-4)$$

【例7-1】 某项目进口设备的到岸价格为16400万日元，美元对日元的比价为88日元/美元，若影子汇率为8.2元/美元，求进口设备的到岸价格。

解：进口设备的到岸价格（人民币）＝（16400÷88）×8.2＝1528.18（万元）

(2) 非外贸货物影子价格。

非外贸货物是指其生产或使用不影响国家进出口的货物。非外贸货物分为"天然"非外贸货物和"非天然"非外贸货物。"天然"非外贸货物是指使用和服务限于国内，包括国内施工和商业以及国内运输等,还包括由于地理位置所限,运输费用过高或受国内外贸易政策等限制而不能进行外贸的货物。"非天然"非外贸货物是指由于经济原因或政策原因不能进行外贸交易的货物,包括由于国家的政策和法令限制不能进行外贸交易的货物,还包括这样的货物:其国内生产成本加上到口岸的运输、贸易费用后的总费用高于离岸价格,致使出口得不偿失而不能出口,同时,国外商品的到岸价格又高于国内生产同样商品的经济成本,致使该商品也不能从国外进口。

在忽略国内运输费用和贸易费用的前提下,由于经济性原因造成的非外贸货物满足以下条件:

离岸价格＜国内生产成本＜到岸价格

随着我国市场经济发展和贸易范围的扩大,大部分货物的价格由市场形成,价格可以近似反映其真实价值。进行国民经济评价可将这些货物的市场价格加上或者减去国内运杂费作为影子价格。工程项目非外贸货物的影子价格按下述公式计算:

产出物的影子价格(产出物的出厂价格)＝市场价格－国内运杂费 　　　　　(7-5)

投入物的影子价格(投入物的到厂价格)＝市场价格＋国内运杂费 　　　　　(7-6)

2.政府调控价格货物的影子价格

考虑到效率优先兼顾公平的原则,市场经济条件下有些货物或者服务不能完全由市场机制形成价格,而须由政府调控价格。例如政府为了帮助城市中低收入家庭,对经济适用房制定指导价和最高限价。政府调控的货物或者服务的价格不能完全反映其真实价值,确定这些货物的影子价格的原则是:投入物按机会成本分解定价,产出物按经济增长的边际贡献率或消费者支付意愿定价。以下是政府主要调控的水、电、铁路运输等作为投入物和产出物时的影子价格的确定方法。

(1)水作为项目投入物的影子价格,按后备水源的边际成本分解定价,或者按恢复水资源存量的成本计算。水作为项目产出物的影子价格,按消费者支付意愿或者按消费者承受能力加政府补贴计算。

(2)电力作为项目投入物时的影子价格,一般按完全成本分解定价,电力过剩时按可变成本分解定价。电力作为项目产出物的影子价格,可按电力对当地经济边际贡献率定价。

(3)铁路运输作为项目投入物的影子价格,一般按完全成本分解定价,对运能富裕的地区,按可变成本分解定价。铁路运输作为产出物的影子价格,可按铁路运输对国民经济的边际贡献定价。

3.特殊投入物的影子价格

项目的特殊投入物是指项目中建设、生产经营中使用的劳动力、土地和自然资源等物品。项目使用这些投入物所产生的国民经济费用,应分别采用下列方法确定其影子价格。

(1)劳动力影子价格。

劳动力影子价格的构成:①劳动力机会成本。劳动力的机会成本指该劳动力不被拟建项目招用,而从事其他生产经营活动所创造的最大效益。②劳动力就业或转移而引起的新增资源耗费。这是指社会为劳动力就业而付出的,但职工又未得到的其他代价,如为劳动力就业而支付的搬迁费、培训费、城市交通费等。

(2)土地影子价格。

土地是一种不可再生的资源,除了荒漠戈壁和严寒极地暂时无法为人类利用外,其余的土地,尤其是城市建设用地总是表现出稀缺性。土地影子价格反映土地用于拟建项目而使社会为此放弃的国民经济效益,以及国民经济为此增加的资源消耗。

按照土地因项目占用而放弃的"最好可替代用途"的净收益测算,原则上应根据具体项目情况,由项目评价人员自行测算。在难以测算的情况下,可参考有关土地分类、土地净收益和经济区域划分的规定执行(参见《建设项目经济评价方法与参数》)。

我国目前取得土地使用权的方式有:行政划拨、协商议价、招标投标、拍卖等。采用不同的方式获得土地使用权,投资项目占用的土地可能具有不同的财务费用,甚至其财务费用为零,但是占用土地的经济费用几乎总是存在的,而且同一块地在一定时期其经济费用应是唯一的。项目占用土地致使这些土地对国民经济的其他潜在贡献不能实现,这种固有了项目而不能实现的最大潜在贡献就是项目占用土地的机会成本。因此,土地的影子价格是建立在被放弃的最大收益这一机会成本概念上的。如果项目占用的土地是没有什么用处的荒山野岭,其机会成本可视为零;若项目所占用的是农业土地,其机会成本为原来的农业净收益和拆迁费、劳动力安置费之和;如果项目占用城市用地,应以土地市场价格计算土地的影子价格,主要包括土地出让金、基础设施建设费、拆迁安置补偿费等。

(3)自然资源影子价格。

各种自然资源是一种特殊投入物,项目使用的矿产资源、水资源、森林资源等都是对国家资源的占用和消耗。矿产等不可再生资源的影子价格按资源的机会成本计算,水和森林等可再生自然资源的影子价格按资源再生费用计算。

➤ 7.3.3　社会价格的测算

社会价格的测算是根据项目的效益和费用在社会目标方面的正面效果和负面效果,予以影子价格一个权重而调整确定的。这些调整一般有以下几种。

(1)储蓄效果。

积累是为再投资进行扩大再生产,以创造更好的效益,更多地投入将来的消费。积累部分的效益以经济发展速度这一社会目标来看,它的价值比用于现时消费的大。因此,用于再投资的效益就要加上一个权值,该权值则称为"储蓄效果"。

(2)收入分配效果。

对增加贫困家庭收入的效益,应给以正的权值,而对不利甚至损害贫困地区的项目,例如,抽调净效益低的贫困地区项目资金用于富有地区净效益高的项目,则应该给以负的权值,该权值称为"收入分配效果"。

(3)有害产品(物质)效果。

从对社会的影响来看,有些项目运行会对环境造成不良影响,有的产品(物质)会对社会的安定和人民的健康带来危害,如中小规模的造纸厂的生产,香烟、快餐盒、塑料制品等。对这些项目和产品(物质)的影子价格要给一个负的权值。

(4)特殊价值需求效果。

对于一些国家、社会和人们急需的必需品,应当给其影子价格一个正的权值,如一些显示国力和科技发展水平的高科技产品、保卫国家安全和社会稳定的军事用品、教学用品和医疗用品等。

由于对项目确定以社会价格为基础,就使得对社会发展目标有益的项目因其社会价格的优势而较易获得批准建设。

目前,国内的项目评价对社会因素的影响多作定性分析。鉴于客观世界的复杂性和事物发展的多样性,项目评价仅限于一些可以用数量表示的客观因素,而忽略实际对决策可能是关键性的因素,由此得出的评价结果难免缺乏全面性和科学性。因此,尽管客观事物不容易估量的因素很多,社会评价复杂,没有严格的标准和准确的尺度,但作为项目效果评价的一个重要内容,其作用是十分有效的。

➤ 7.3.4 国民经济评价的其他重要参数

1.影子汇率

影子汇率是指能正确反映外汇增加或减少对国民经济贡献或损失的汇率,即外汇的影子价格,体现了从国家角度对外汇价格的估量。凡是工程项目投入物和产出物涉及进出口的,应采用影子汇率进行外汇与人民币之间的换算。

影子汇率是两个国家不同货币之间的比价或交换比率,它以美元与人民币的比价表示,对于美元以外的其他国家货币,应先根据项目评价确定的某个时间国家公布的国际金融市场美元与该种货币兑换率,先折算为美元,再用影子汇率换算成人民币。

目前,影子汇率通过影子汇率换算系数计算。计算公式为:

$$影子汇率＝外汇牌价(即官方汇率)×影子汇率换算系数 \qquad (7-7)$$

影子汇率换算系数由国家统一测定和定期发布。根据目前我国外汇收支状况、主要进出口商品的国内价格与国外价格的比较、出口换汇成本以及进出口关税等因素综合分析,目前我国的影子汇率换算系数仍取值为1.08。

【例7-2】 已知某日国家外汇牌价中人民币对美元的比值为828.99/100,试求该日人民币对美元的影子汇率。

解:影子汇率＝影子汇率换算系数×828.99÷100＝1.08×828.99÷100＝8.9531

所以,人民币对美元的影子汇率为8.9531。

2.影子工资

影子工资是指建设项目使用劳动力,国家和社会为此付出的代价。它由两部分组成:一是由于项目使用劳动力而导致别处被迫放弃的原有净效益;二是因劳动力的就业或转移所增加的社会资源消耗,如交通运输费用、城市管理费用等。

影子工资换算系数是影子工资与财务评价中劳动力的工资和福利费之比值。根据目前我国劳动力市场状况,一般建设项目的影子工作换算系数为1。对于就业压力很大的地区,如果占用大量非熟练劳动力的项目,影子工资换算系数取值可小于1,如果占用大量专业技术人员的项目,影子工资换算系数取值可大于1。影子工资:国民经济评价中,影子工资作为经济费用计入经营费用。影子工资的计算公式为:

$$影子工资 ＝(财务工资＋职工福利基金)×影子工资换算系数 \qquad (7-8)$$

一般情况下技术性工种劳动力的影子工种换算系数取值为1,非技术性工种劳动力的影子工资换算系数取值为0.25~0.8。

3.社会折现率(影子利率)

社会折现率是建设项目经济评价的通用参数,在国民经济评价中用作计算经济净现值时的折现率,并作为经济内部收益率的基准值,是建设项目经济可行性的主要判别依据。社会折现率是用以衡量资金时间价值的重要参数,代表社会资金被占用应获得的最低收益率,也是用作不同年份资金价值换算的折现率。适当的社会折现率有利于合理分配建设资金,引导有限的资金流向对国民经济贡献大的建设项目,提高整个社会的资金利用率。正因为如此,社会折现率根据国民经济发展多种因素综合测定,由国家统一发布。各类投资项目的国民经济评价都应采用国家统一发布的社会折现率作为计算经济净现值的折现率,也作为经济内部收益率的判据。根据目前国民经济运行的实际情况、投资收益水平、资金供求状况、资金机会成本以及国家宏观调控目标取向等因素综合分析,我国目前的社会折现率取值为12%。

4.贸易费用率

贸易费用是指外贸部门为进出口货物所耗用的、用影子价格计算的流通费用,包括货物的储运、再包装、短途运输、装卸、保险、检验等环节的费用支出以及资金占用的机会成本,但不包括长途运输费用。

贸易费用率是工程项目国民经济评价中的重要参数,由国家有关部门测定和定期发布。目前,我国贸易费用率一般取6%。对于少数价格高、体积和重量较小的货物,可适当降低贸易费用率。实际运用时,可用下列公式计算:

$$贸易费用率 = \frac{贸易费用}{货物影子价格} \tag{7-9}$$

$$进口货物贸易费用 = 到岸价 \times 影子汇率 \times 贸易费用率 \tag{7-10}$$

$$出口货物贸易费用 = (离岸价 \times 影子汇率 - 国内长途运输费) \times 贸易费用率 \tag{7-11}$$

7.4 国民经济评价的步骤和指标

7.4.1 国民经济评价的步骤

1.在财务评价基础上进行国民经济评价的步骤

(1)效益和费用范围的调整。

①剔除转移支付;

②识别项目间接费用和间接效益,可定量的计算,不能定量的作定性分析。

(2)效益和费用数值的调整。

①固定资产投资的调整;

②流动资金调整;

③经营类(外购材料、燃料、工资福利、修理费)费用的调整;

④销售收入的调整;

⑤外汇的调整。

(3)编制效益费用流量表,计算各评价指标。

(4)对于产出物出口或替代进口的项目,编制经济外汇流量表、国内资源流量表。

2.直接进行国民经济评价的步骤

识别或计算直接、间接效益和费用,再以影子价格、影子工资、影子汇率计算固定资产投资、流动资金、经营费用、销售收入,最后再进行指标评价,得出项目可行与否的结论。

7.4.2 国民经济评价的指标

1. 经济内部收益率(EIRR)

经济内部收益率是反映项目对国民经济净贡献的相对指标,它表示项目占用的资金所能获得的动态收益率,是项目在计算期内各年经济净效益流量的现值累计等于零时的折现率。其表达式为:

$$\sum_{t=0}^{n} (B-C)_t (1+EIRR)^{-t} = 0$$

式中:B——国民经济效益流量;

$\qquad C$——国民经济费用流量;

$\qquad (B-C)_t$——第 t 年国民经济净效益流量;

$\qquad n$—— 计算期。

判别准则:经济内部收益率等于或大于社会折现率,表明项目对国民经济的净贡献达到或超过了要求的水平,这时应认为项目是可以接受的。

2. 经济净现值(ENPV)

经济净现值是反映项目对国民经济净贡献的绝对指标,是用社会折现率将项目计算期内各年的净效益流量折算到建设期初的现值之和。其表达式为:

$$ENPV = \sum_{t=0}^{n} (B-C)_t (1+i_s)^{-t}$$

式中:i_s——社会折现率。

判别准则:项目经济净现值等于或大于零,表示国家为拟建项目付出的代价,可以得到符合社会折现率要求的社会盈余的补偿,或除得到符合社会折现率的社会盈余的补偿外,还可以得到以现值计算的超额社会盈余,这时就认为项目是可以考虑接受的。经济净现值越大,表示项目所带来的经济效益的绝对值越大。

按分析对象的不同,上述评价指标又可分为全投资经济内部收益率和经济净现值、国内投资经济内部收益率和经济净现值。如果项目没有国外投资和国外借款,全投资指标与国内投资指标相同;如果项目有国外资金流入与流出,应以国内投资的经济内部收益率和经济净现值作为国民经济评价的取舍指标。

思考与练习

一、单项选择题

1.下列( )不属于国民经济评价参数。

A.影子价格　　　　B.预测价格　　　　C.影子汇率　　　　D.社会折现率

2.企业的利益与国家和社会的利益的关系是( )。

A.完全一致　　　　B.不一致　　　　C.并不总是完全一致　　D.没有明确关系

3.国民经济评价的目标是( )。

A.识别国民经济的费用与效益　　　　B.编制国民经济评价报表

C.计算国民经济评价指标　　　　　　D.实现资源最优配置

4. 下列说法不正确的是( )。

A. 财务评价是站在项目层次上,以投资者角度分析项目在财务上的得失;国民经济评价是站在国家和地区的层次上,从全社会的角度分析评价项目对国民经济的费用和效益

B. 财务评价与国民经济评价只需计算项目的直接费用和效益

C. 财务评价采用预测价格,国民经济评价采用影子价格

D. 财务评价分析项目借款偿还能力,而国民经济评价只有盈利性分析,没有清偿能力分析

5. 下述说法不正确的是( )。

A. 技术扩散效果难于定量计算,一般只作定性说明

B. 项目的"上游"企业是指为该项目提供原材料或半成品的企业

C. 项目的"下游"企业是指使用项目的产出物作为原材料或半成品的企业

D. 项目"上、下游"企业的相邻效果应计算间接效果

6. 下列说法不正确的是( )。

A. 各种税金、补贴和国内银行利息这些国内不同社会成员之间的相互支付称为"转移支付"

B. 国民经济效益和费用不应包括"转移支付"

C. 工资也是社会内不同成员之间的相互支付,也是"转移支付"

D. 工资不能衡量劳动力费用

7. 若到岸价为 200 欧元,影子汇率为 10 元/欧元,贸易费用为 100 元,国内运杂费为 50 元,则直接进口投入物的影子价格是( )。

A. 2150 元　　　　　　B. 2100 元　　　　　　C. 2050 元　　　　　　D. 2000 元

8. 下列( )不属于到岸价。

A. 货物进口货价　　　　　　　　　　B. 运抵我国口岸之前所发生的国外运费

C. 国内出口商的经销费用　　　　　　D. 运抵我国口岸之前所发生的国外保险费

9. 下列( )不属于离岸价。

A. 货物进口的货价　　　　　　　　　B. 货物的出厂价

C. 国内运费　　　　　　　　　　　　D. 国内出口商的经销费用

10. 下列说法不正确的是( )。

A. 分解成本是指某种货物的制造生产所耗费的全部社会资源的价值

B. 分解成本包括各种物料投入以及人工、土地等投入

C. 支付意愿是指消费者为获得某种商品或服务所愿意付出的价格

D. 机会成本是指用于项目的某种资源若不用于本项目而用于其他替代机会,在所有其他替代机会中所能获得的最低效益

二、多项选择题

1. 在财务评价基础上调整编制国民经济评价报表,其主要的调整内容包括( )。

A. 调整转移支付　　　　B. 计算外部效益和外部费用

C. 调整固定资金　　　　D. 调整销售收入　　　　E. 调整外汇价值

2. 政府调控价格包括( )。

A. 政府定价　　　　　　B. 指导价　　　　　　C. 最高限价

D. 最低限价　　　　　　E. 控制价

3.特殊投入物主要包括（　　）。

A.劳动力　　　　　　　B.土地　　　　　　　C.自然资源

D.房产　　　　　　　　E.证券

4.下列说法正确的是（　　）。

A.影子工资是指项目使用劳动力,社会为此付出的代价

B.劳动力的机会成本是指劳动力用于所评价的项目中所能创造的最大效益

C.技术熟练程度要求高的、稀缺的劳动力,其机会成本高

D.劳动力的机会成本是影子工资的主要组成部分

E.搬迁费也是影子工资的一部分

5.下列（　　）由政府调控。

A.外贸货物的影子价格　　B.电价　　　　　　　C.水价

D.铁路运价　　　　　　　E.劳动力价格

6.影子价格是进行国民经济评价专用的价格,影子价格依据国民经济评价的定价原则确定,反映（　　）。

A.政府调控意愿　　　　　B.市场供求关系　　　C.资源稀缺程度

D.资源合理配置要求　　　E.投入物和产出物真实经济价值

7.外部效果通常要考察（　　）方面。

A.环境影响　　　　　　　B.技术扩散效果　　　C."上、下游"企业相邻效果

D.乘数效果　　　　　　　E.市场利率影响

8.国民经济评价的主要工作包括（　　）。

A.识别国民经济的费用与效益　　B.测算和选取影子价格

C.编制国民经济评价报表　　　　D.计算国民经济评价指标

E.实现资源最优配置

9.（　　）不是转移支付。

A.税金　　　　　　　　　B.建设期利息　　　　C.涨价预备金

D.影子工资　　　　　　　E.土地影子价格

10.下列说法不正确的是（　　）。

A.项目的效益是项目对国民经济所作的贡献

B.项目的费用是国民经济为项目所提供的资金

C.效益包括直接效益和间接效益

D.间接效益不能在直接效益中得到反映

E.项目的间接效益和间接费用又统称为外部作用

三、思考题

1.什么是国民经济评价? 它与财务评价有何异同?

2.在国民经济评价中如何识别项目的效益和费用?

3.国民经济评价的基本步骤是什么?

4.国民经济评价的通用参数有哪些? 各参数的含义是什么?

第8章　设备更新的经济分析

本章学习要点

1. 了解设备磨损的类型、概念、规律、特点,熟悉各种磨损的区别及补偿方式;
2. 熟悉设备经济寿命的概念及意义,掌握设备经济寿命确定的计算方法;
3. 掌握设备更新和设备现代化改装的经济分析,并能灵活地进行方案的选择。

8.1　设备更新概述

8.1.1　设备更新的原因

设备是现代企业生产的重要物质和技术基础,是扩大再生产的重要生产资料。各种机器设备的质量和技术水平是衡量一个国家工业化水平的重要标志,是判断一个企业技术能力、开发能力和创新能力的重要标准,也是影响企业和国民经济各项经济技术指标的重要因素。

设备在使用或闲置过程中,零件或实体均会发生磨损。而设备更新则源于设备的磨损。

8.1.2　设备磨损的种类

设备磨损分为有形磨损和无形磨损,设备磨损是有形磨损和无形磨损共同作用的结果。

有形磨损又包括第Ⅰ种有形磨损和第Ⅱ种有形磨损;无形磨损也包括第Ⅰ种无形磨损和第Ⅱ种无形磨损,如图8-1所示。

1. 设备的有形磨损

设备的有形磨损又称物质磨损,是指设备在使用或闲置过程中零部件产生磨损、振动、疲劳、生锈等现象,致使设备发生的实体磨损。

(1)第Ⅰ种有形磨损:设备在使用过程中,在外力作用下(如摩擦、受到冲击、超负荷或交变应力作用、受热不均匀等)造成的实体磨损、变形或损坏。

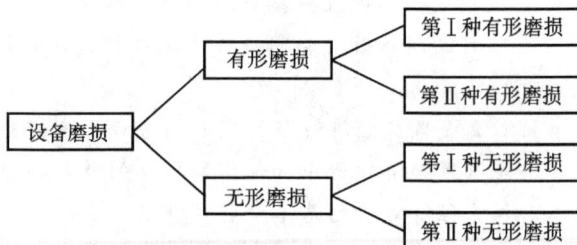

图 8-1　设备磨损分类图

设备磨损 ── 有形磨损 ── 第Ⅰ种有形磨损
　　　　　　　　　　　── 第Ⅱ种有形磨损
　　　　　── 无形磨损 ── 第Ⅰ种无形磨损
　　　　　　　　　　　── 第Ⅱ种无形磨损

110

(2)第Ⅱ种有形磨损：设备在闲置过程中，在自然力作用下(生锈、腐蚀、老化等)造成的磨损。

设备的有形磨损是有一定规律的。一般情况下，设备在初期阶段磨损量增加较快；当磨损量达到一定程度时，磨损缓慢增加，在这一阶段是设备的正常使用阶段；当设备使用到一定时间，磨损的量变积聚到一定程度，就会发生质变，这时磨损迅速增加，最后致使设备零件实体全部损坏直至报废。设备有形磨损的规律如图8-2所示。

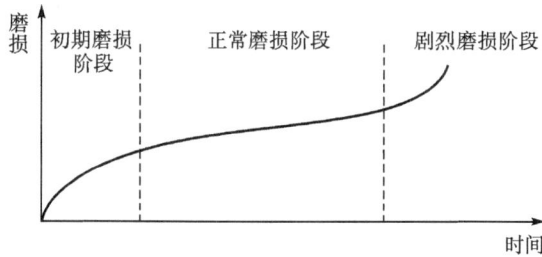

图8-2　设备的有形磨损规律

图8-2中，设备的有形磨损从时间上分成3个阶段，即初期磨损阶段、正常磨损阶段和剧烈磨损阶段。在设备的初期磨损阶段，由于工人操作不熟练，使设备表面粗糙不平部分在相对运动中被迅速磨去，磨损很快，但这段时间较短。在设备的正常磨损阶段，工人操作逐渐熟练，零件的磨损趋于缓慢，磨损量基本上随时间而均匀增加，这段时间较长，是磨损的量变过程。在设备的剧烈磨损阶段，零件的磨损超过一定限度，正常的磨损关系被破坏，工作情况恶化而磨损加快，设备精度、性能和生产效率迅速下降。此时如果不停止使用设备，并进行修理的话，设备将会损坏或者报废。这段时间较短，是磨损的质变过程。

2.设备的无形磨损

设备的无形磨损又称精神磨损，表现为设备原始价值的贬值，不表现为设备实体的变化和损坏。

(1)第Ⅰ种无形磨损：设备的技术结构和性能并没有变化，但由于技术进步，社会劳动生产率水平的提高，同类设备的再生产价值降低，致使原设备相对贬值。

(2)第Ⅱ种无形磨损：由于科学技术的进步，不断创造出性能更完善、效率更高的设备，使原有设备相对陈旧落后，其经济效益相对降低而发生贬值。

有形和无形两种磨损都引起机器设备原始价值的贬值，这一点两者是相同的。不同的是，遭受有形磨损的设备，特别是有形磨损严重的设备，在修理之前，常常不能工作；而遭受无形磨损的设备，即使无形磨损很严重，其固定资产物质内容却可能没有磨损，仍然可以使用，只不过继续使用它在经济上是否合算，需要分析研究。

3.设备的综合磨损

设备的综合磨损是指同时存在有形磨损的损坏和无形磨损的贬值的综合情况。对任何特定的设备来说，这两种磨损必然同时发生和同时互相影响。某些方面的技术进步可能加快设备有形磨损的速度，例如高强度、高速度、大负荷技术的发展，必然使设备的物理磨损加剧。同时，某些方面的技术进步又可提供耐热、耐磨、耐腐蚀、耐振动、耐冲击的新材料，使设备的有形磨损减缓，但是其无形磨损加快。

▷ 8.1.3 设备磨损的补偿方式

在工程项目生产经营期内要维持企业生产的正常进行,必须对设备的磨损进行补偿。由于机器设备遭受磨损的形式不同,磨损的补偿方式也不同。补偿分局部补偿和完全补偿。局部补偿只对磨损的设备进行局部的替换或修理。完全补偿是对磨损设备进行全部替换。设备有形磨损的局部补偿是修理,设备无形磨损的局部补偿是现代化改装。有形磨损和无形磨损的完全补偿是更新。设备磨损形式与补偿方式的关系如图 8-3 所示。

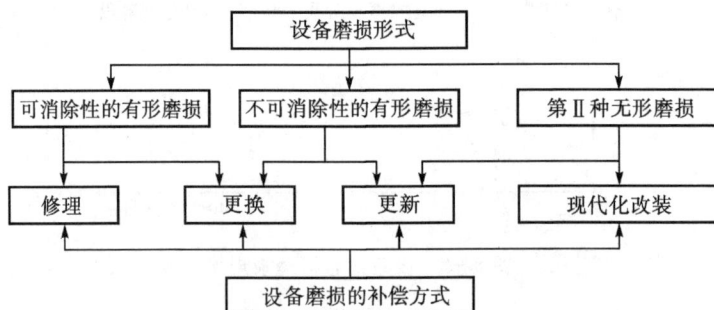

图 8-3 设备磨损形式与补偿方式的关系

1.设备大修理

设备修理是修复由于正常或不正常的原因造成的设备损坏和精度劣化的过程。通过修理,更换已经磨损、老化和腐蚀的零部件,使得设备性能得到恢复。按照修理的程度和工作量的大小,修理分为大修、中修和小修。

设备大修是通过调整、修复或更换磨损的零部件的办法,恢复设备的精度、生产效率,恢复零部件及整机的全部或接近全部的功能,以达到出厂的标准精度。设备中修、小修是通过调整、修复和更换易损件的办法,以达到工艺要求。

大修、中修和小修修理的内容不同,间隔时间也不同,所花费的资金及资金来源也不同。中修和小修所需要的费用一般直接计入生产成本,而大修费用则由大修费用专项资金开支。

2.设备更新

设备更新是指以结构更先进、技术更完善、效率更高、性能更好、消耗更低、外观更新颖的设备代替落后、陈旧,遭受第Ⅱ种无形磨损,且在经济上不宜继续使用的设备。这是实现企业技术进步,提高经济效益的主要途径。亦可以用结构相同的新设备去代替遭受严重有形磨损而不能继续使用的设备。但是,由于当今科学技术发展迅速,对后一种更新不宜过多采用,否则会导致企业技术停滞。

3.设备现代化改装

设备现代化改装及设备的技术改造,就是应用现代化的技术成就和先进的经验,根据生产的具体需要,改变旧设备的结构或增加新装置、新部件等,以改善旧设备的技术性能与使用指标,使它局部或全部达到所需要的新设备的水平。

设备现代化改装,主要目的有:提高机械化、自动化水平,扩大设备的工艺范围,改善设备的技术性能,提高设备的精度,延长设备的寿命,改善劳动条件和安全作业等。

8.2　设备寿命

由于设备磨损的存在,设备的使用价值和经济价值都将逐渐减少,最终消失,因此,设备具有一定的寿命。正确确定设备的寿命,对于提高企业经济效益很有帮助。

➤ 8.2.1　设备寿命的类型

设备的寿命有自然寿命、技术寿命和经济寿命三种。

1. 自然寿命

设备的自然寿命又称"物质寿命",是指设备从开始使用,逐渐产生有形磨损,造成设备逐渐老化、损坏,直到报废所经历的全部时间。它主要是由设备的有形磨损决定的一种寿命。正确使用,做好维护保养、计划检修等可以延长设备的自然寿命,但不能从根本上避免设备的磨损。任何一台设备磨损到一定的程度时,必须进行修理或更新,因为随着设备使用时间的延长,设备不断老化,维修所支出的费用也逐渐增加,从而出现恶性使用阶段,即经济上不合理的使用阶段。因此,设备的自然寿命不能成为设备更新的估算依据。

2. 技术寿命

技术寿命又称设备的技术老化周期,是指设备从投入使用到因技术落后而被淘汰所经历的全部时间。它是由无形磨损决定的,一般比自然寿命短。技术寿命的长短主要决定于技术进步的发展速度,而与有形磨损无关。科学技术进步越快,技术寿命就越短。所以,在估算设备寿命时,必须考虑设备技术寿命期限的变化特点及其使用的制约或影响。当更先进的设备出现时,现有设备在物质寿命尚未结束前就可能被淘汰。通过现代化改装,可以延长设备的技术寿命。

3. 经济寿命

当设备处于自然寿命期的后期时,由于设备老化,磨损严重,要花费大量的维修费用才能保证设备正常使用,因此,从经济上考虑,要对使用费用加以限制,从而终止自然寿命,这就产生了经济寿命的概念。经济寿命是指设备从投入使用开始,到因继续使用在经济上不合理而被更新所经历的时间。它是由设备维持费用的提高和使用价值的降低所决定的,是设备的有形磨损和无形磨损共同作用的结果。设备使用年限越长,每年所分摊的设备购置费(年折旧费)越少。但是随着设备使用年限的增加,一方面需要更多的维修费维持原有功能;另一方面机器设备的操作成本及原材料、能源耗费也会增加,年运行时间、生产效率、质量将下降。因此,年折旧费的降低,会被年维持费用的增加或收益的下降所抵消。在整个变化过程中,年均总成本(或年均净收益)是时间的函数,这就存在着使用到某一年份,其平均综合成本最低,经济效益最好,即在这个时间之前,或者在这一时间之后,年折旧费和年维持费用的总和都将会增高。年平均费用达到最低值所对应的年份就是设备的经济寿命,见图 8-4。所以,设备的经济寿命就是从经济观点,即成本观点或收益观点确定的设备更新的最佳时刻。正确使用设备,搞好维护保养,局部进行现代化改装,都可以延长设备的经济寿命。

一般情况下,设备的技术寿命短于经济寿命,而经济寿命又短于自然寿命。经济寿命是设备经济分析中最重要的概念,设备更新的依据往往就是经济寿命。

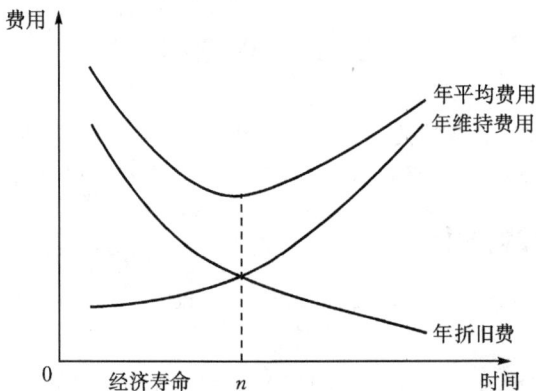

图 8-4　设备的经济寿命

➤ 8.2.2　设备经济寿命的确定

1. **不考虑资金时间价值的经济寿命**

设备使用到第 N 年末时的年平均费用为：

$$AC_N = \frac{P_0 - P_N}{N} + \frac{\sum\limits_{t=1}^{N} C_t}{N} \qquad (8-1)$$

式中：AC_N——N 年内设备的年平均使用费用；

　　　　P_0——设备目前实际价值；

　　　　C_t——第 t 年的设备维持费用，即设备运行成本；

　　　　P_N——第 N 年末的设备净残值。

在式(8-1)中，$\dfrac{P_0 - P_N}{N}$ 为平均年折旧费，$\dfrac{\sum\limits_{t=1}^{N} C_t}{N}$ 为设备的年平均维持费用。

【例 8-1】　已知某设备的寿命期为 10 年，期初的原值为 800 万元，每年的年度使用费用和年末残值见表 8-1。计算该设备的经济寿命。

表 8-1　设备每年的费用　　　　　　　　　　单位：万元

继续使用年限 t	1	2	3	4	5	6	7	8	9	10
设备年维持费用	10	15	20	20	25	25	30	35	45	50
年末残值	740	700	680	650	600	560	520	480	450	300

解：根据上面的公式可以计算设备的经济寿命。使用年限为 N，设备的原值用 P_0 表示，残值用 P_N 表示。为了计算方便，我们列表计算。计算过程和结果见表 8-2。

表 8 - 2 设备每年的费用   单位:万元

使用年限 N (1)	年净资产 $P_0 - P_N$ (2)	平均年折旧费 (3) = (2)/(1)	设备年维持费 C_t (4)	累计设备维持费 $\sum_{t=1}^{N} C_t$ (5)	平均年维持费 (6) = (5)/(1)	年平均使用费用 (7) = (3) + (6)
1	60	60	10	10	10	70
2	100	50	15	25	12.5	62.5
3	120	40	20	45	15	55
4	150	37.5	20	65	16.3	53.8*
5	200	40	25	90	18	58
6	240	40	25	115	19.2	59.2
7	280	40	30	145	20.7	60.7
8	320	40	35	180	22.5	62.5
9	350	38.9	45	225	25	63.9
10	500	50	50	275	27.5	77.5

从表 8 - 2 中的计算可见,该设备在使用 4 年时,其年平均费用 53.8 万元为最低。因此,该设备的经济寿命就是 4 年。

设备使用时间越长,设备的有形磨损和无形磨损越加剧,从而导致设备的维护修理费用越增加,这种逐年递增的费用 ΔC_t 为设备的低劣化,用低劣化数值表示设备损耗的方法称为低劣化数值法。如果每年设备的劣化增量是均等的,即 $\Delta C_t = \lambda$ 每年劣化呈线性增长。据此,可以简化经济寿命的计算,即:

$$N_0 = \sqrt{\frac{2(P_0 - P_N)}{\lambda}} \tag{8-2}$$

式中:N_0——设备的经济寿命;

λ——设备的低劣化值。

【例 8 - 2】 有一台车床原值为 800 万元,不论使用几年其残值均为 50 万元。该车床第一年的使用费用为 200 万元,以后每年增加 100 万元,不考虑利息。试计算该车床的经济寿命。

解:该车床的经济寿命为:

$$N_0 = \sqrt{\frac{2(800 - 50)}{100}} = 3.87(年)$$

2. 考虑资金时间价值的经济寿命

在考虑资金的时间价值的情况下,应先计算出设备的净年值 NAV 或年成本 AC,通过比较年平均效益或年平均费用来确定设备的经济寿命 N_0,其计算式如下:

$$NAV(N) = \left[\sum_{i=0}^{N} (CI - CO)_t (1 + i_c)^{-t} \right] (A/P, i, n) \tag{8-3}$$

或

$$AC(N) = \left[\sum_{t=0}^{N} CO_t (1 + i_c)^{-t} \right] (A/P, i, n) \tag{8-4}$$

如果使用年限 N 为变量,则当 $N_0 (0 < N_0 \leqslant N)$ 为经济寿命时,应满足:$NAV(N_0) \rightarrow$ 最大

$(\max)$；$AC(N_0)\rightarrow$ 最小$(\min)$。

如果设备目前实际价值为 P_0，使用年限为 N 年，设备第 N 年的净残值为 P_N，第 t 年的运行成本为 C_t，基准折现率为 i_c，其经济寿命为年成本 AC 最小时所对应的 N_0，即：

$$AC_{\min} = P_0(A/P,i,N_0) - P_N(A/F,i,N_0) + \Big[\sum_{t=1}^{N_0} C_t(P/F,i,t)\Big](A/P,i,N_0) \quad (8-5)$$

或

$$AC_{\min} = P_0(A/P,i,n) - P_N(A/F,i,n) + C_1 + \Big[\sum_{t=2}^{N} \lambda(P/F,i,t)\Big](A/P,i,N_0) \quad (8-6)$$

式中：$P_0(A/P,i,N_0) - P_N(A/F,i,N_0)$ ——年等额折旧费；

$C_1 + \Big[\sum_{t=2}^{N} \lambda(P/F,i,t)\Big](A/P,i,N_0)$ ——年等额维持费（使用费）。

由式(8-3)至式(8-6)可以看到，用净年值或年成本估算设备的经济寿命的过程是：在已知设备现金流量和利率的情况下每年计算出从寿命 1 年到 N 年全部使用期的年等效值，从中找出平均年成本的最小值（项目考虑以支出为主时），或是平均年盈利的最大值（项目考虑以收入为主时）及其所对应的年限，从而确定设备的经济寿命。

【例 8-3】 有一台挖土机，原始价值为 60000 元，每年的残值估计见表 8-3。该挖土机第一年的使用费为 10000 元，以后每年以 2000 元的数值递增。若基准折现率为 6%，那么该挖土机的经济寿命多少？并计算经济寿命时的年平均费用。

表 8-3 挖土机每年的费用 单位：元

使用年限	1	2	3	4	5	6	7	8	9
年末估计残值	30000	15000	7500	3750	2000	2000	2000	1500	1000

解：根据已知条件，有 $P = 60000$ 元，$C_1 = 10000$ 元，$\lambda = 2000$ 元。

现在按照式(8-6)中各项内容列表计算挖土机的经济寿命，计算过程见表 8-4。

表 8-4 挖土机经济寿命的计算过程 单位：元

年份	$P_0(A/P,i,n)$	P_N	$P_N(A/F,i,n)$	年等额维持费	AC
1	63600	30000	30000	10000	43600
2	32724	15000	7281	10970.8	36413.8
3	22446	7500	2355.75	11922.4	32012.65
4	17316	3750	857.25	12854.4	29313.15
5	14244	2000	354.8	13767.2	27656.4
6	12204	2000	286.8	14660.8	26578
7	10746	2000	238.2	15535.2	26043
8	9660	1500	151.5	16390.4	25898.9*
9	8820	1000	87	17226.6	25959.6

从表 8-4 的计算可见，第 8 年时挖土机的年平均费用最低，因此，该挖土机的经济寿命

为:$T^* = 8$(年)。

挖土机经济寿命时的年平均费用:$C = 25898.9$(元)

8.3 设备更新分析方法及其应用

8.3.1 设备更新概述

1.设备更新的经济意义

设备更新从战略上讲是一项很重要的工作。设备更新的意义显而易见,可使生产经营活动延续下去。设备技术更新,是用技术更先进的设备取代已过时的落后设备,是对设备的提前更换,通过设备的技术更新可以促进企业技术进步,降低消耗,提高企业效益,提高劳动生产率,促进国家经济发展。如19世纪80年代,英国把大量资本投于国外,没有充分重视老工业部门的设备更新,舍不得丢掉产业革命时留下的大量陈旧设备,妨碍了工业发展。再如日本,1956年后,先后执行了四个工业振兴法,在大力抓智力投资的同时,一手抓专业化,一手抓设备更新,工业得到迅速发展。

2.设备更新的特点

设备更新的核心问题是选择设备更新的最佳时机及最优的更新方案,即在何时采用什么样的更新方式,选择何种机型对设备进行更新。

通常,在采用新设备时,一切有关的费用,包括购置费、运输费、装置费等都应该考虑进去,作为原始费用。在更换旧设备时,应把旧设备出售的收入、拆卸费用以及可能发生的修理费用等都计算在内,求出其净残值。

在优选方案时,需对不同方案作出比较。设备更新方案的比较具有以下两个特点。

(1)在考虑设备更新方案的比较时,我们通常假定设备产生的收益是相同的,因此,只对设备的费用进行比较。

(2)由于不同设备的寿命期不同,为了计算简便,我们通常采用设备的年度费用进行比较。

3.设备更新的原则

设备的更新一定要讲究经济效益,要以最少的费用投入获得最佳的经济效果。任何企业的资金都是有限的,因此设备更新应根据需要与可能,有计划、有步骤、有重点地进行,要注意先解决生产能力薄弱的环节,使设备能力配套,提高企业综合生产能力。此外,在设备更新中,还应充分发挥本企业的生产和技术潜力。对更新下来的设备也应合理、充分地利用,以节约企业资金。

在进行设备更新时,不仅要确定多个更新方案,还要充分利用经济指标,对各个比较的更新方案进行分析,从而保证科学合理地更新设备。进行设备更新方案比较时,应遵循下面两条原则:

(1)不考虑沉没成本,就是说在进行方案比较时,原设备的价值按目前实际所值的价值计算,而不管它过去是花多少钱买进的。

(2)不要按方案的直接现金流量计算比较,而应从一个客观的立场上去比较。如两台新、旧设备进行比较时,不能把旧设备的销售收入作为新设备的现金流入,而应把旧设备所能卖的钱作为购买旧设备的费用。

8.3.2 设备更新分析方法

设备更新分析的结论取决于所采用的分析方法,而设备更新分析的假定条件和设备的研究期是选用设备更新分析方法时应考虑的重要因素。

1. 原型设备更新分析方法

如果设备在其整个使用期内并不过时,也就是在一定时期内还没有更先进、功能更全、性能更优越的设备出现,这时,该设备未来的更新替换物,仍然是同一种资产,该设备的最优更新期即为该设备的经济寿命。

原型设备更新分析主要有三个步骤:

(1)确定各方案共同的研究期;

(2)用费用年值法确定各方案设备的经济寿命;

(3)通过比较每个方案设备的经济寿命确定最佳方案,即旧设备是否更新以及新设备未来的更新周期。

2. 新型设备更新分析方法

在科学技术日新月异的条件下,由于无形磨损的作用,很可能在设备经营成本尚未升高应用原型设备替代之前,就已经出现工作效率更高和经济效果更好的新型设备。这时,就要对继续使用旧设备和购置新型设备这两种不同的方案进行比较,也就是说,要解决是继续使用旧设备在经济上有利,还是购置新型设备有利的问题。

在有新型设备出现的情况下,常用分析方法是"年度边际成本法",其操作步骤如下。

(1)计算旧设备的年度边际成本。

$$MC_n = C_n + (L_{n-1} - L_n) + L_{n-1} \cdot i \tag{8-7}$$

式中:C_n——第 n 年旧设备的经营成本及损失额;

$(L_{n-1} - L_n)$——第 n 年资产折旧费;

$L_{n-1} \cdot i$——资产占用资金的成本。

(2)计算新型设备的年均总成本。

$$AC'_n = \left[P' - L'_n(P/F, i, n) + \sum_{j=1}^{n} C'_j(P/F, i, j) \right](A/P, i, n) \tag{8-8}$$

式中:P'——新设备的购置费;

L'_n——新设备的残值;

C'_j——新设备第 j 年的经营成本。

(3) 根据计算结果进行比较。

当 $MC_n > AC'_n$ 时,需更新旧设备;

当 $MC_n \leqslant AC'_n$ 时,保留旧设备,即继续使用旧设备。

【例8-4】 某企业有一套供水设备,已经使用了5年,现残余价值为10200元。预计还能用3年,每年经营费用及残值见表8-5。当前市场上有一种自动供水设备,初始投资35000元,经济寿命15年,经营费每年为2000元,寿命终了可收回残值3000元。问原供水设备是否需要更换?何时更换?(已知贴现率为12%)

表8－5　原有设备经营费用及残值

继续使用年份	1	2	3
年经营费（元）	3000	3500	4000
年末残值（元）	8200	6400	3800

解： 新旧设备的现金流量如图8－5所示。

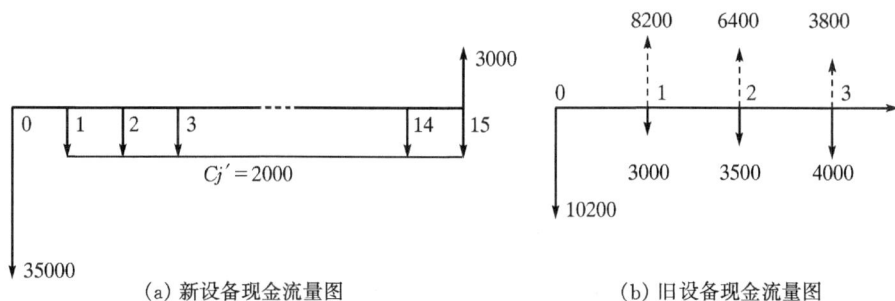

(a) 新设备现金流量图　　　　　　　　(b) 旧设备现金流量图

图8－5　新旧设备的现金流量图

(1) 新设备在其经济寿命内的平均年费用：

$$AC_新 = [35000 - 3000(P/F, 12\%, 15)](A/P, 12\%, 15) + 2000 = 7058 \text{ 元}$$

(2) 若继续使用旧设备时，其每年的边际成本如表8－6所示。

表8－6　旧设备每年边际成本计算表　　　　　　　　　　单位：元

年度	L_n	$L_{n-1} - L_n$	$L_{n-1} \times 12\%$	C_n	边际成本 MC_n
0	10200				
1	8200	2000	1224	3000	6224
2	6400	1800	984	3500	6284
3	3800	2600	768	4000	7362

根据计算结果，将新设备的平均年费用与旧设备继续使用年份内各年的年费用相比较，有：

$$MC_1 < MC_2 < AC_新 < MC_3$$

因此，原供水设备需要更新，并且在继续使用2年后进行更换最经济。

▷ 8.3.3　设备更新分析方法应用

1. 技术创新引起的设备更新

通过技术创新不断改善设备的生产效率，提高设备使用功能，会造成旧设备产生精神磨损，从而有可能导致企业对旧设备进行更新。

【例8－5】　某公司用旧设备O加工某产品的关键零件，设备O是8年前买的，当时的购置及安装费为8万元，设备O目前市场价为18000元，估计设备O可再使用2年，退役时残值为2750元。目前市场上出现了一种新的设备A，设备A的购置及安装费为120000元，使用寿命为 10 年,残值为原值的 10%。旧设备 O 和新设备 A 加工 100 个零件所需时间分别为 5.24 小时和 4.22 小时,该公司预计今后每年平均能销售 44000 件该产品。该公司人工费为 18.7 元/每小时。旧设备动力费为 4.7 元/每小时,新设备动力费为 4.9 元/每小时。基准折现率为 10%,试分析是否应采用新设备 A 更新旧设备 O。

解:选择旧设备 O 的剩余使用寿命 2 年为研究期,采用年值法计算新旧设备的等额年总成本。

$$AC_O = (18000-2750)(A/P, 10\%, 2) + 2750 \times 10\% + 5.24 \div 100 \times 44000 \times (18.7+4.7)$$
$$= 63013.09(元)$$

$$AC_A = (120000-12000)(A/P, 10\%, 10) + 12000 \times 10\% + 4.22 \div 100 \times 44000 \times (18.7+4.9)$$
$$= 62592.08(元)$$

从以上计算结果可以看出,使用新设备 A 比使用旧设备 O 每年节约 421 元,故应立即用设备 A 更新设备 O。

2. 市场需求变化引起的设备更新

有时旧设备的更新是由于市场需求增加超过了设备现有的生产能力,这种设备更新分析可通过下面的例子来说明。

【例 8-6】 由于市场需求量增加,某钢铁集团公司高速线材生产线面临两种选择:第一方案是在保留现有生产线 A 的基础上,3 年后再上一条生产线 B,使生产能力增加一倍;第二方案是放弃现在的生产线 A,直接上一条新的生产线 C,使生产能力增加一倍。

生产线 A 是 10 年前建造的,其剩余寿命估计为 10 年,到期残值为 100 万元,目前市场上有厂家愿以 700 万的价格收购 A 生产线。生产线今后第一年的经营成本为 20 万元,以后每年等额增加 5 万元。

B 生产线 3 年后建设,总投资 6000 万元,寿命期为 20 年,到期残值为 1000 万元,每年经营成本为 10 万元。

C 生产线目前建设,总投资 8000 万元,寿命期为 30 年,到期残值为 1200 万元,年运营成本为 8 万元。

基准折现率为 10%,试比较方案一和方案二的优劣,设研究期为 10 年。

解:方案 1 和方案 2 的现金流量见图 8-6。

设定研究期为 10 年,各方案的等额年总成本计算如下:

方案 1:

$$AC_A = 700(A/P, 10\%, 10) - 100(A/F, 10\%, 10) + 20 + 5(A/G, 10\%, 10)$$
$$= 700 \times 0.1627 - 100 \times 0.0627 + 20 + 5 \times 3.725$$
$$= 146.25(万元)$$

$$AC_B = [6000(A/P, 10\%, 20) - 1000(A/F, 10\%, 20) + 10](F/A, 10\%, 7)(A/F, 10\%, 10)$$
$$= [6000 \times 0.1175 - 1000 \times 0.0175 + 10] \times 9.4872 \times 0.0627$$
$$= 414.91(万元)$$

$$AC_1 = 146.25 + 414.91 = 561.16(万元)$$

方案 2:

$$AC_C = 8000(A/P, 10\%, 30) - 1200(A/F, 10\%, 30) + 8 = 849.48(万元)$$

$$AC_2 = 849.48(万元)$$

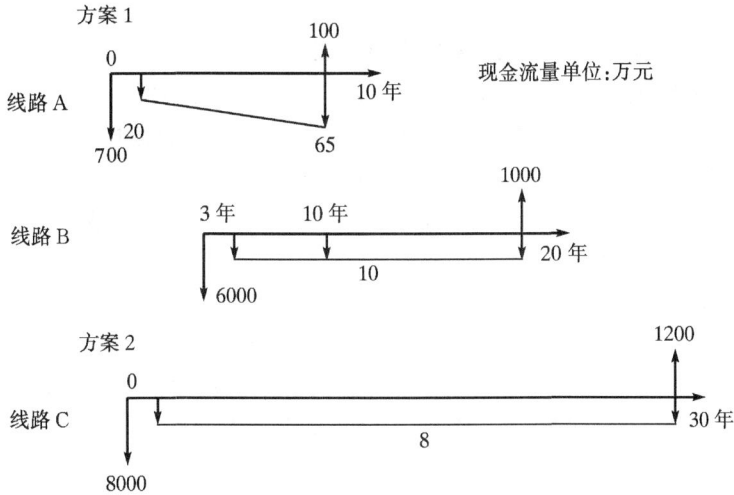

图 8-6　现金流量图

从以上比较结果来看,应采用方案 1。

8.3.4　设备更新方案的综合比较

设备超过最佳期限之后,就存在更新的问题。但陈旧设备直接更换是否必要或是否为最佳的选择,是需要进一步研究的问题。一般而言,对超过最佳期限的设备可以采用以下 5 种处理办法:

(1)继续使用旧设备;

(2)用原型设备更新;

(3)用新型设备更新;

(4)对旧设备进行现代化技术改造;

(5)对旧设备进行大修理。

对以上更新方案进行综合比较宜采用"最低总费用现值法",即通过计算各方案在不同使用年限内的总费用现值,根据打算使用年限,按照总费用现值最低的原则进行方案选优。其计算公式为:

$$PC_1 = \frac{1}{\partial_1}\left[P_1 + \sum_{j=1}^{n} C_{1j}(P/F, i_c, j) - L_{1n}(P/F, i_c, n)\right]$$

$$PC_2 = \frac{1}{\partial_2}\left[P_2 + \sum_{j=1}^{n} C_{2j}(P/F, i_c, j) - L_{2n}(P/F, i_c, n)\right]$$

$$PC_3 = \frac{1}{\partial_3}\left[P_3 + \sum_{j=1}^{n} C_{3j}(P/F, i_c, j) - L_{3n}(P/F, i_c, n)\right]$$

$$PC_4 = \frac{1}{\partial_4}\left[P_4 + \sum_{j=1}^{n} C_{4j}(P/F, i_c, j) - L_{4n}(P/F, i_c, n)\right]$$

$$PC_5 = \frac{1}{\partial_5}\left[P_5 + \sum_{j=1}^{n} C_{5j}(P/F, i_c, j) - L_{5n}(P/F, i_c, n)\right]$$

式中：

PC_1,PC_2,PC_3,PC_4,PC_5分别为继续使用旧设备、用原型设备更新、用新型高效设备更新、进行现代化技术改造和进行大修理等方案 n 年内的总费用现值；

P_1,P_2,P_3,P_4,P_5分别为继续使用旧设备、用原型设备更新、用新型高效设备更新、进行现代化技术改造和进行大修理等方案所需的投资额；

$C_{1j},C_{2j},C_{3j},C_{4j},C_{5j}$分别为继续使用旧设备、用原型设备更新、用新型高效设备更新、进行现代化技术改造和进行大修理等方案在第 j 年的经营成本；

$L_{1n},L_{2n},L_{3n},L_{4n},L_{5n}$分别为继续使用旧设备、用原型设备更新、用新型高效设备更新、进行现代化技术改造和进行大修理后的设备到第 n 年的残值；

$\alpha_1,\alpha_2,\alpha_3,\alpha_4,\alpha_5$分别为继续使用旧设备、用原型设备更新、用新型高效设备更新、进行现代化技术改造和进行大修理等方案的生产效率系数，该系数在使用时，可将用原型设备更新方案的生产效率系数定位基准值，即令 $\alpha_2=1$。

思考与练习

一、思考题

1. 什么是设备？什么是设备的有形磨损和无形磨损？如何补偿设备的磨损？

2. 什么是设备的大修、更新和现代化改装？它们各有什么优缺点？

3. 什么是设备的自然寿命、技术寿命和经济寿命？经济寿命有什么意义，如何确定？

4. 什么是设备的低劣化值？

5. 设备更新方案的特点和原则有哪些？设备更新期如何确定？

6. 如何进行设备更新方案的经济分析？

二、练习题

1. 某设备原始价值为 10000 元，设备的净残值为 400 元，年运行成本的劣化值为 300 元/年，用低劣化数值法求其经济寿命。

2. 某设备的购置价值为 30000 元，寿命期为 7 年，年度经营成本和年末残值见表 8 - 7，在利率为零和利率为 4% 的情况下，分别计算该设备的经济寿命。

表 8 - 7　设备年度经营成本和年末残值表　　　　　　　单位：元

使用年数	1	2	3	4	5	6	7
年度经营成本	5000	6000	7000	9000	11500	14000	17000
年末残值	15000	7500	3750	1850	1000	1000	1000

3. 某施工企业 3 年前花 5000 元购买了一台搅拌机 A，估计还可以使用 6 年。第六年末估计残值为 300 元，年度使用费为 1000 元。现市场上出现了一种性能更好的新型搅拌机 B，售价 7000 元，估计可以使用 10 年，第 10 年末估计残值为 400 元，年度使用费为 800 元。现有两个方案，方案 1 是继续使用搅拌机 A；方案 2 是把旧的搅拌机 A 以 1000 元的价格卖掉，然后购买新搅拌机 B。如果基准折现率为 10%，试问，该施工企业应该选择哪个方案？

4. 假定某企业在 4 年前以原始费用 22000 元购买了机器 A，估计还可以使用 6 年，第 6 年末估计残值为 2000 元,年度使用费为 7000 元。现在市场上出现了机器 B,原始费用为 24000 元,估计可以使用 10 年,第 10 年末残值为 3000 元,年度使用费为 4000 元。现有两个方案:

方案甲:不做更新,继续使用设备 A;

方案乙:卖掉设备 A,目前的售价是 8000 元,然后购置设备 B。

已知:$i_c = 15\%$,试对甲、乙两方案进行比较。

5.某公司现有一台旧设备,目前实际残值估值为 10000 元,估计尚可再使用 3 年,其每年的经营成本和年末残值见表 8-8。现市场上出现了一种更先进的设备,新设备的购置费为 60000 元,估计经济寿命为 12 年,估计残值为 6000 元,每年经营成本为 13750 元。当基准收益率为 15% 时,试确定旧设备的最佳更新期。

表 8-8 旧设备年度经营成本和年末残值表　　　　　　　　　单位:元

继续使用年数	1	2	3
年度经营成本	18500	23500	28500
年末残值	7500	5500	3500

第 9 章　价值工程

本章学习要点

1. 掌握价值工程的基本原理；
2. 熟悉价值工程对象的选择和信息资料收集；
3. 掌握功能分析和功能评价的方法；
4. 了解方案创造与评价。

价值工程的根本思想在于"以最低成本满足需求"，是把功能与成本、技术与经济结合起来进行工程经济评价的方法。它既是一种管理理论，又是一种思想方法。国内外实践证明，推广价值工程能够使得社会资源得到合理和有效的利用。目前，价值工程广泛应用于产品设计和开发，以及各种建设项目。

9.1　价值工程的基本原理

价值工程 20 世纪 40 年代起源于美国，创始人为美国通用电器公司的工程师麦尔斯（L. D. Miles）。当时正值二战期间，军事工业快速发展，市场原材料供应严重不足，在这种情况下，麦尔斯思考是否可以用其他材料代替紧缺材料而不改变原有效用。最典型的就是"石棉板事件"，公司当时需要一种耐火材料——石棉板，这种材料价格很高而且奇缺，麦尔斯思考能否找到一种功能一样但比较便宜的材料代替石棉板呢？经过分析和市场调查，他发现石棉板的作用主要是防火，于是找到了一种货源充足、价格便宜的防火纸代替紧俏的石棉板，成本大幅降低。经过反复的研究实践，麦尔斯总结了一套在保证功能的前提下，降低成本的科学分析方法，并于 1947 年在《美国机械工程师》上发表《价值分析》，标志着价值工程的正式产生。1954年美国海军舰船局制定了一套价值分析程序，并命名为价值工程。1959 年全美价值工程师协会（SAVE）成立。1984 年我国国家经委将价值工程作为 18 种现代化管理方法之一，向全国推广，价值工程随后为国民经济的发展创造了数以亿计的经济效益。如 2005 年利用价值工程研发的中国第四代砼泵车；上海磁悬浮列车项目利用价值工程节约工程投资约 13 亿元。

价值工程与一般的投资决策理论不同，一般投资理论主要研究项目的投资效果，强调项目的可行性，而价值工程研究如何以最少成本（人力、物力、财力）获得必要的功能，强调产品的功能分析和功能改进,采用了以功能为中心分析成本的事前成本管理方法,为有效降低成本提供了可能。

9.1.1 价值工程的基本概念

价值工程(value engineer,VE)是以开发集体智力资源为基础,通过相关领域的协作,对所研究对象的功能和成本进行系统分析,提高所研究对象价值的思想方法和管理技术。价值工程的对象是为获得一定的功能而发生成本的产品、材料、工序、工艺、工程建设项目、服务等。

人们购买商品常常会有"物美价廉"的要求,"物美"实际上就是反映商品的性能、质量水平;"价廉"就是反映商品的成本水平,顾客购买时考虑合算不合算,就是针对商品的价值而言的。价值工程一般表达式为:

$$V = \frac{F}{C} \tag{9-1}$$

式中:V——价值;

F——功能;

C——成本,即寿命周期成本。

这个公式涉及价值 V、功能 F、成本 C 三个概念。

什么是价值 V?价值工程中的价值的不是使用价值,也不是交换价值,它是个相对概念,更接近人们日常生活常用的"合算不合算"、"值得不值得"的意思,是指事物的有益程度,是一种比较价值。它正确反映了功能和成本的关系,为分析和评价产品的有效程度提供了一个科学的标准。

什么是功能 F?功能可解释为功用、作用、效能、用途等,也就是产品、服务、工程等能够满足人们某种需要的属性。比如手表的计时功能、手机的通话功能、住宅的提供空间功能等。功能是各种产品所共有的属性,对于一件产品来说,功能所回答的是"它的作用或用途是什么"。例如彩电有"收看彩色电视节目"的功能,人们买电视,不是买它的集成线路、显像管等元器件,买的就是它的功能。价值工程自始至终都要求围绕用户要求的功能,对事物进行本质的思考。

什么是成本 C?价值工程中的成本,是指实现功能所耗费的全部成本,包括从产品开发设计、制造、使用到报废全过程所付出的费用总和,称为寿命周期成本,它是生产成本和使用成本之和,见式(9-2)和表9-1。

$$C = C_1 + C_2 \tag{9-2}$$

式中:C_1——生产成本;

C_2——使用成本。

表 9-1 产品寿命周期成本

产品寿命周期					
研究开发	设计制造	销售	使用	维修	报废
生产成本 C_1			使用成本 C_2		
产品寿命周期成本 C					

一般来说,生产成本随着功能的提高而增加,而产品功能越好,使用成本就越低。成本——

功能曲线见图 9-1。

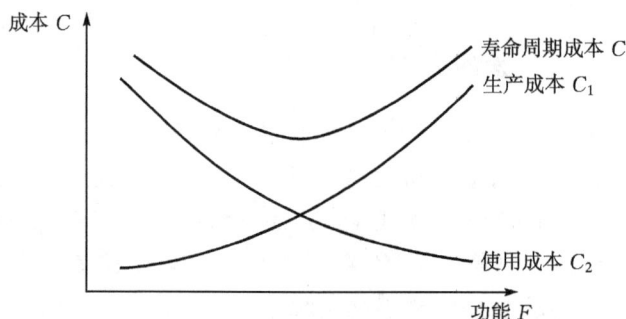

图 9-1　成本—功能曲线

▶9.1.2　价值工程的特点

价值工程涉及价值、功能和寿命周期成本三个基本要素,它具有以下特点。

1. 价值工程的目标就是提高产品的价值

价值工程要求以最低的寿命周期成本,实现产品所必需的功能,即要提升产品的价值。这一目标不仅反映了生产者、用户的共同利益,而且反映了有效利用社会资源的要求。

2. 价值工程的核心是对产品进行功能分析

价值工程中的功能是指产品能够满足人们需要的一种属性,用户购买某种产品,就是要求这种产品能够提供他所需的功能,企业生产的目的,也是满足用户所期望的功能。因此,价值功能分析产品,不是分析它的结构,而是分析它的功能,然后在功能分析的基础上,再去研究结构、材质等问题,所以功能分析是价值工程的核心。

3. 价值工程要求将功能定量化

价值工程要计算价值,必须知道功能的数值,那也就是要求将功能定量化,将其转化成能够与成本直接相比的量化值。

4. 价值工程是将价值、功能和成本作为一个整体来考虑

价值工程中对价值、功能和成本的考虑,不是片面和孤立的,而是在确保产品功能的基础上综合考虑生产成本、使用成本和维护成本,兼顾生产者和用户的利益,创造出整体价值最高的产品。

5. 价值工程是以集体的智慧开展的有计划、有组织的管理活动

价值工程是贯穿于产品整个寿命周期的系统分析方法,在产品的设计、材料采购、生产制造等方面都要涉及价值工程活动,尤其强调创造性活动,强调不断改革创新,因此,要集中人才,组织科研、设计、生产、管理、财务等各方面的人参加,组成一个智力结构合理的集体,共同研究,发挥集体智慧,博采众长,有计划、有组织地开展活动。

▶9.1.3　提高价值的途径

由于价值工程是以提高产品价值为目的的,这既是用户需要,也是生产者追求的目标,两者的根本利益是一致的。因此,企业要研究功能和成本的最佳匹配,根据价值工程的表达式 $V = \dfrac{F}{C}$,提高价值有如下五种途径:

(1)节约型——功能不变,成本降低,价值提高。即

$$V \uparrow = \frac{F \rightarrow}{C \downarrow}$$

(2)改进型——成本不变,功能提高,价值提高。即

$$V \uparrow = \frac{F \uparrow}{C \rightarrow}$$

(3)投资型——成本略有增加,功能大幅度增加,价值提高。即

$$V \uparrow = \frac{F \uparrow \uparrow}{C \uparrow}$$

(4)牺牲型——功能略有下降,成本大幅度下降,价值提高。即

$$V \uparrow = \frac{F \downarrow}{C \downarrow \downarrow}$$

(5)双向型——成本降低,功能提高,价值提高。即

$$V \uparrow = \frac{F \uparrow}{C \downarrow}$$

双向型途径是提高价值最理想的途径。

总之,在产品形成的各个阶段都可以应用价值工程提高产品的价值,但在不同的阶段,效果却是大不相同:对于大型复杂的产品,应用价值工程的重点是在产品的研究设计阶段,一旦设计完成并投产,产品的价值基本就已经确定,这时进行价值工程不仅更为复杂,而且以前的工作成果要付诸东流,形成很大的浪费。因此,价值工程活动更侧重于在产品的研制和设计阶段进行,在建设项目中价值工程也主要应用在规划和设计阶段,因为这两个阶段是提高建设项目经济效果的关键环节。

9.1.4 价值工程的工作程序

价值工程的工作程序实际上就是针对功能和成本发现问题—分析问题—解决问题的过程。具体地说,就是分析产品在功能和成本存在的问题,然后提出切实可行的方案解决这些问题,最终提高产品的价值。

整个价值工程活动其实就是围绕以下七个问题开展的:①这是什么?②它的用途是什么?③它的成本是多少?④它的价值是多少?⑤有其他方案实现这一功能吗?⑥新方案的成本是多少?⑦新方案能满足功能要求吗?

上述七个问题决定了价值工程的基本工作程序,首先要选择工作对象,搜集资料,然后进行功能分析和功能评价,进一步提出改进方案,最后实施并评价。对象选择、功能分析、功能评价和方案创新与评价是工作程序的关键内容,体现了价值工程的基本原理和思想,是不可缺少的。价值工程具体程序见表 9 - 2。

表 9 - 2　价值工程一般工作程序

工作阶段	设计程序	工作步骤		对应问题
		基本步骤	详细步骤	
准备阶段	制订工作计划	确定目标	工作对象选择	这是什么?
			信息搜集	

工作阶段	设计程序	工作步骤		对应问题
		基本步骤	详细步骤	
分析阶段	规定评价标准	功能分析	功能定义	这是干什么用的？
			功能整理	
		功能评价	功能成本分析	它的成本是多少？
			功能评价	它的价值是多少？
			确定改进范围	
创新阶段	初步设计	制订改进方案	方案创造	有其他方案实现这一功能吗？
	评价方案，对方案进行改进、选优		概略评价	新方案的成本是多少？
			调整完善	
			详细评价	
	方案书面化		提出提案	
实施阶段	检查实施情况评价活动成果	实施评价结果	审批	新方案能满足功能要求吗？
			实施与检查	
			成果与鉴定	

9.2 价值工程对象选择和资料收集

凡是为获取一定功能而发生费用的事物，都可作为价值工程的研究对象，如产品、工艺、工程、服务或它们的组成部分等。但企业总不能对所有的产品、零件、作业等都同时进行分析、研究，必须分清主次，按照一定原则，采取适当方法，选择确定价值工程对象。因此，正确选择价值工程的对象是价值工程收效大小和成败的关键。

9.2.1 价值工程对象选择的原则

价值工程的对象选择就是其准备阶段，主要是工作对象的选择和信息情报资料的搜集。

价值工程对象选择过程就是收缩研究范围的过程，最后明确分析研究的目标和方向。价值工程对象选择一般应遵循以下原则：

(1)从设计角度，选择产品结构复杂、能耗高、原材料消耗大、体积大、重量大的产品。

(2)从施工生产角度，选择产量大、工序繁琐、工艺复杂、质量难保证的产品。

(3)从销售角度，选择销售量大、顾客意见多、质量差、利润率低、寿命周期较长、畅销但竞争激烈的产品或退货索赔多的产品。

(4)从成本角度，选择成本高或者成本比重大的产品。

9.2.2 价值工程对象选择的方法

价值工程对象选择的方法很多，常用的方法主要有经验分析法、百分比法、ABC 分析法、强制确定法等。

1.经验分析法

经验分析法又称因素分析法,它是凭借分析人员的经验,经过主观判断确定价值工程对象的一种方法。它是一种定性分析法,价值工程对象选择的正确与否主要取决于分析者的水平、经验以及态度。此种方法简便易行,但是缺乏定量依据,因此应该挑选经验丰富的人员,通过集体研究,共同确定价值工程的对象。

2.百分比法

百分比法即按某种费用或资源在不同项目中所占的比重大小来选择价值工程对象的方法。某施工企业各项目部成本利润百分比法分析如表9-3所示。

表9-3 某施工企业各项目部成本利润百分比法分析表

项目部名称	A	B	C	D	E	合计
成本比重(%)	50	24	13	10	3	100
利润构成比重(%)	55	23	7	11	4	100

从表9-3中可以看出,项目C的成本比较高,但是在利润构成中所占比重程度比较低,所以应该作为价值工程的对象。

3.ABC分析法

ABC分析法就是"区别主次,分类管理"的体现。它将管理对象分为A、B、C三类,以A类作为重点管理对象。其关键在于区别"一般的多数"和"关键的少数",主要是按照局部成本在总成本中比重的大小来选定价值工程对象的方法。

ABC分析法将全部对象分为三类:①占零件数量10%左右的零件,其成本往往占整个产品的70%左右,这类零件归入A类;②占零件数量20%左右的零件,其成本也占整个产品的20%左右,这类零件归入B类;③占零件数量70%左右的零件,其成本仅占整个产品的10%左右,这类零件归入C类。A,B,C三类在数量和成本方面的比重见表9-4。

表9-4 A,B,C数量成本比重表

类别	成本比重(%)	数量比重(%)
A	70~80	10~20
B	20	20
C	10~20	70~80

从表9-4中可以看出,A类对象成本比重高,数量少,属于"关键的少数",就是我们价值工程的对象。同时还可以绘制A、B、C三类对象的分析曲线图,见图9-2。

4.强制确定法

强制确定法是将产品的零部件、工序等构成产品的各部分的功能重要性进行——对比,用

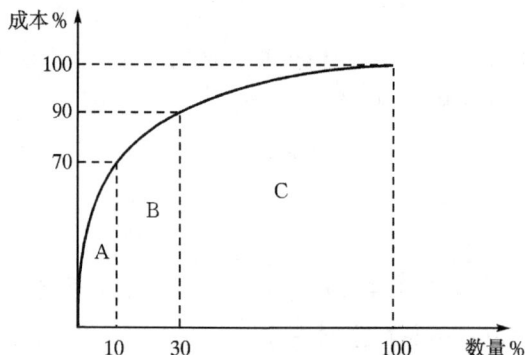

图 9 - 2 ABC 分析法曲线发布图

强制打分的方式,来计算各零件的功能重要性系数,达到将价值定量化的目的。具体步骤如下:

(1)计算功能重要性系数。

$$功能重要性系数 = \frac{某构配件的功能重要性得分}{全部构配件的功能重要性得分总数} \qquad (9-3)$$

(2)计算成本系数。

$$成本系数 = \frac{某构配件的现实成本}{产品现实总成本} \qquad (9-4)$$

(3)计算价值系数。

$$价值系数 = \frac{某构配件的功能重要性系数}{某构配件的成本系数} \qquad (9-5)$$

(4)根据价值系数确定价值工程对象。

价值系数的计算结果有三种情况:

第一,价值系数>1,说明该构配件功能比较重要,但分配的成本较少,应具体分析,可能功能与成本分配已较理想,或者有不必要的功能,或者应该提高成本。

第二,是价值系数<1,说明该构配件分配的成本很多,而功能要求不高,应该作为价值工程活动的研究对象,功能不足则应提高功能,成本过高应着重从各方面降低成本,使成本与功能比例趋于合理。

第三,是价值系数=1,说明该构配件功能与成本匹配,从而不作为价值工程活动的选择对象。

应注意一个情况,即价值系数=0时,要进一步分析,如果是不必要的功能,该构配件则取消;但如果是最不重要的必要功能,要根据实际情况处理。

【例 9 - 1】 已知某产品的构配件为 A,B,C,D,E,现组织 6 人对各构配件进行打分,确定价值工程的对象。

解:每个人根据自己的判断对各构配件的重要性进行一对一地也就是两两比较并进行打分、汇总,据以计算功能重要性系数。其中某一人的打分结果见表 9 - 5。

表 9-5　功能重要性系数汇总表

构配件	A	B	C	D	E	实际得分值
A	×	1	1	0	1	3
B	0	×	1	0	1	2
C	0	0	×	1	1	2
D	1	1	0	×	0	2
E	0	0	0	1	×	1
总分						10

同样的方法,可得到其他 5 个人的重要性评价打分结果,并可计算功能系数,计算结果见表 9-6。

表 9-6　功能重要性系数表

评价人员 构配件	一	二	三	四	五	六	得分合计	平均分	功能重要性系数
A	3	3	2	4	4	3	19	3.17	0.32
B	2	2	2	3	2	3	14	2.33	0.23
C	2	1	1	0	1	2	7	1.17	0.12
D	2	3	4	2	3	1	15	2.5	0.25
E	1	1	1	1	0	1	5	0.83	0.08
合计							60	10	1

根据功能重要性系数和成本系数,就可计算价值系数,见表 9-7。

表 9-7　价值系数计算表

构配件	功能重要性系数	成本系数		价值系数	价值工程对象
		成本(万元)	系数		
A	0.32	150	0.31	1.03	
B	0.23	100	0.21	1.09	
C	0.12	55	0.11	1.09	E 构配件作为
D	0.25	110	0.23	1.09	价值工程对象
E	0.08	65	0.14	<u>0.57</u>	
合计	1	480	1		

从以上分析可以看出,对产品构配件进行价值分析,就是使每个零件的价值系数尽可能趋近于 1。

强制确定法从功能和成本两方面综合考虑,适用简便,不仅能明确揭示出价值工程的研究对象所在,而且具有数量概念。但这种方法是人为打分,不能准确反映功能差距的大小,只适用于零件间功能差别不太大且比较均匀的对象,而且一次分析的零件数目也不能太多,以不超过 10 个为宜。在零部件很多时,可以先用 ABC 法、经验分析法选出重点零件,再用强制确定法细选。

➤ 9.2.3 情报资料的搜集

情报资料的搜集是价值工程实施过程中不可缺少的重要环节,不管是选择价值工程的对象,还是进行功能评价,选择最优方案,都需要大量全面而准确的情报资料。

情报资料的内容应围绕价值工程对象的要求而定,一般应搜集以下几方面的情报资料。

1.用户方面的情报资料

用户方面的情报对价值改善具有重要作用,是产品设计的基本依据,主要包括:①用户使用产品的基本要求、使用条件、使用环境;②用户对产品性能的基本要求;③用户对产品可靠性、安全性和寿命的要求等。

2.市场方面的情报

市场方面的情报对价值改善具有指导性作用,是确定产品设计目标的重要基础,主要包括产品的销售量、价格、市场的需求和竞争情况等。

3.技术方面的情报

技术方面的情报对价值改善具有方向性作用,是改进设计的主要来源,主要包括:①产品的设计方案、新材料、新工艺的发展现状;②国内外同类产品的设计和研发等。

4.本企业的基本资料

本企业的情报,主要指企业的生产经营条件方面的情报,对价值的改善具有条件性作用,是产品开发的可能性依据,主要包括本企业的经营方针、生产能力、研发和设计能力、各种经济技术指标等。

5.国家政策方面的情报资料

国家政策方面的情报资料主要包括有关法律法规、优惠政策、能源、环境保护等。

需要搜集的情报资料很多,且搜集到的资料一定要准确、及时、全面。因此搜集情报资料要有计划地进行,并对资料进行分类、整理,加工成可利用的信息。

9.3 功能分析和功能评价

功能分析,就是对价值工程选定的对象所具有的功能进行分析,用动词和名词的组合简明准确地表达各对象的功能,明确功能特性要求,并绘制功能系统图的过程。它是价值工程的核心和基本内容。

通过功能分析,可以对价值工程"它是干什么用的"这一问题作出回答,可准确地掌握用户的功能要求。也同时明确各个功能之间的关系,去掉不合理功能和过剩功能,调整功能间比重,使得功能结构更加合理。功能分析包括功能定义、功能整理和功能评价三部分内容。

➤ 9.3.1 功能分类

功能就是某个产品或零件在整体中所担负的职能或作用。根据功能的不同特点,可将功能分为以下类型。

第9章
价值工程

1.按照功能的重要程度分为基本功能和辅助功能

基本功能就是决定产品存在的主要的和必不可少的功能,如果不具备此种功能,产品就会失去其存在价值。如承重外墙的基本功能是承受荷载,室内间壁墙的基本功能是分隔空间。辅助功能是为了更加有效地实现基本功能而添加的功能,属于次要功能,如墙体的隔热、隔音、保暖就属于辅助功能。

2.按功能性质分为使用功能和美学功能

使用功能反映产品的使用属性,建筑产品的使用功能一般包括可靠性、安全性、维修性等。美学功能反映其艺术属性,是和用户的精神感受、主观意识相关的功能,建筑产品的美学功能一般包括造型、色彩、图案等。

不管是使用功能还是美学功能,他们都是通过基本功能和辅助功能来实现的。不同的产品两种功能各有侧重,有的突出使用功能,如地下电缆、管道等,有的突出美学功能,但现在大多数产品两种功能兼而有之,随着人们生活水平的不断提高,美学功能在产品设计中显得越来越重要,如地标性建筑、大型运动场馆,如鸟巢、水立方等。

3.按照用户要求分为必要功能和不必要功能

必要功能是用户所必需的功能,它包括基本功能和辅助功能。不必要功能是产品所具有的,与用户需求无关的功能,比如多余功能、过剩功能等。区分功能必要与否,必须是以用户的需求为准绳,同时功能是否必要,不同的用户也有不同的标准,因此在产品设计时,必须要有确定的目标群体后才可以划分必要功能和不必要功能。

4.按照功能的满足程度分为不足功能和过剩功能

不足功能是产品尚未满足使用者需求的必要功能,或者说使产品整体或部分功能水平低于标准水平。不足功能表现为产品在使用中功能不足以满足使用者的需求。如高速公路路面不平影响车辆行驶速度和安全。过剩功能是对象所具有的、超过使用者需求的必要功能。表现为产品的整体功能在数量上超过了某一确定标准,也可以表现为某些零部件的功能超出产品整体功能的需求,造成了资源的浪费。例如某设备到报废年限时主要零部件依然完好,那么主要零部件相对于用户而言就属于过剩功能。过剩功能相对用户来说没有造成问题,但增加了不必要的成本,实际就是"大材小用",同时产品的价格提高,最终会削弱产品的市场竞争力。因此不足功能和过剩功能应作为价值工程的对象,进行改进和完善。

5.按功能的结构位置分为上位功能和下位功能

功能的上下位关系是指功能之间的从属关系,是一个相对概念,其中,上位功能是目的,也称目的性功能;下位功能是手段,也称手段性功能。

功能是对象满足某种需求的一种属性。这也就是说,在价值工程活动中,功能作为一种属性是价值工程对象所固有的性质,是客观存在的。它不随时间、地点、条件和人的主观感受而变化,可以用客观的技术指标来衡量。但作为满足某种需求的一种属性,功能又与需求偏好和特点有关,即与人的主观感受有关,由用户在市场购买时进行评估。因此,功能又是主观的。在对功能进行描述时,是需要建立在充分的市场调查的基础之上的。

▷ 9.3.2 功能定义

功能定义就是根据已有的信息资料,将研究对象用明确简练的语言在产品中的具体功能加以描述的过程。功能定义不是要表现产品的物理性能,而是要透过产品外形、结构、材质这些表面上的现象找出本质的东西——功能,并一项一项地加以区别和描述。所以功能定义的过程,就是将实体结构向功能结构抽象化的过程,即透过现象看本质的过程,如图9-3所示。

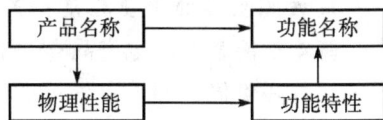

图9-3 功能定义过程

1.功能定义方法

(1)功能定义要使用简洁明确的语言,多用"动词＋名词"的形式来给功能定义。如承受荷载、固定位置、提高通行能力、降低温度等。

(2)功能定义要定量化,除了对功能进行描述外,可以适当加入数量词,以便将功能准确量化。

(3)功能定义的描述要适当抽象,避免太多限定影响创造性发挥。

(4)功能定义要求全面,首先从总体上对价值工程对象的功能进行定义,然后根据产品结构区分功能,分别进行功能定义。

功能定义举例见表9-8。

表9-8 功能定义举例

对象	动词	名词
模板	提供	模子
梁	支承	重量
屋面	阻挡	风雨
润滑剂	减少	摩擦
脚手架	提供	工作面

2.功能定义验证方法

功能定义确定以后,为了保证其准确无误,还可以通过以下检查提问的办法来验证。

(1)是否用主谓词组或动宾词组简明扼要地给功能下定义?

(2)对功能的理解是否一致?

(3)功能的表达是否准确?

(4)功能定义是否存在遗漏之处?

(5)功能的表达是否有利于定量化?

(6)是否存在凭主观推断对功能下定义的现象?

(7)是否存在无法下定义的功能?

(8)是否每项功能只有一个定义?

9.3.3 功能整理

1.功能整理的定义

所谓功能整理,就是在功能定义的基础上对功能进行系统分析整理,即按照功能之间的逻辑关系,将功能按照一定的关系进行系统的整理与排列,绘制功能系统图的过程。功能整理回答和解决"它的功能是什么"的问题,也是功能评价和方案构思的依据。

2. 功能整理的方法和步骤

(1)分析产品的基本功能和辅助功能。根据用户对产品的功能需求,找出基本功能,并把其中最基本的功能排列出来。通过回答以下问题来判别基本功能。

①取消这个功能,产品本身是不是就没有存在的必要?

②对于功能的主要目的而言,它的作用是否必不可少?

③这个功能改变之后,是否会引起其他一连串的工艺和构配件的改变?

如果以上问题的回答是肯定的,这个功能就是基本功能,除此以外,剩余的功能就是辅助功能。

(2)明确功能的上下位和并列关系。

功能的上下位关系是指一个功能系统中某些功能之间存在着目的与手段的关系,我们把目的功能称作上位功能,把手段功能称为下位功能。但我们知道目的和手段是相对的,某一个功能,是实现它的上位功能的手段,又是它的下位功能的目的。

并列关系是指一个上位功能后,有几个下位功能并列存在,它们是实现同一功能的不同手段,相互间不存在从属关系,并列存在。

(3)绘制功能系统图。

无论功能关系简单或复杂,任何产品的功能都是成系统的。在产品内部存在着大大小小的功能,按照一定的内在逻辑关系结合在一起,就形成了功能系统,根据上位功能在左、下位功能在右的原则,就得到表示功能关系的功能系统图,其一般形式见图 9-4。

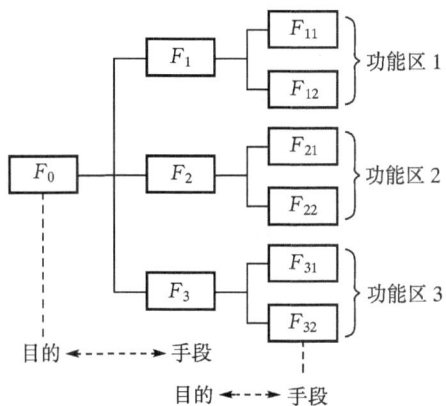

图 9-4　功能系统图基本形式

▷ 9.3.4　功能评价

功能评价就是在功能定义和功能整理的基础上,对研究对象的功能进行评定,用一个数值来表示功能的大小或重要程度的活动。

1. 功能评价的程序

(1)计算功能的现实成本 C,即目前的实际成本;

(2)确定功能的评价值 F,即目标成本;

(3)计算功能的价值 V,

(4)计算成本改善期望值 ΔC;

(5)选择功能价值 V 低、改善期望值 ΔC 大的功能或功能区域作为重点改进对象。

功能评价的程序可用图 9-5 表示。

2. 功能评价的方法

(1)功能现实成本 C 的计算。

功能的现实成本的计算和传统的成本核算有相同也有不同,相同点是指它们在成本费用的构成项目上是完全相同的;而不同之处在于功能现实成本的计算是以对象的功能为单位,而传统的成本核算是以产品或零部件为单位。因此,在计算功能现实成本时,就需要根据传统的

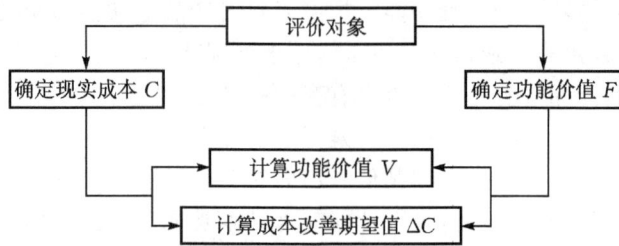

图 9-5 功能评价程序图

成本核算资料,将产品或零部件的现实成本换算成功能的现实成本。

①一个构配件只实现一项功能,且这项功能只由这个构配件实现,构配件的成本就是功能的现实成本。

②一项功能由多个构配件实现,且这多个构配件只为实现这项功能,这多个构配件的成本之和就是该功能的现实成本。

③一个构配件实现多项功能,且这多项功能只由这个构配件实现,则按该构配件实现各功能所起作用的比重将成本分配到各项功能上去,即为各功能的现实成本。

④多个构配件交叉实现多项功能,且这多项功能只由这多个构配件实现,则按该构配件实现各功能所起作用的比重将成本分配到各项功能上去,然后将分配到的成本相加,即为各功能的现实成本。

(2)功能目标成本 F 的确定。

功能目标成本是指可靠实现功能的最低成本。从企业目标的角度来看,功能评价值可以看成是企业理想的成本目标值。它不是一般意义上的成本计算,而是把用户需求的功能换算为一定金额,可以用实地调查法、经验估算法、功能重要性系数评价法计算,最常用的是功能重要性系数评价法。它是把产品功能划分为功能区域,根据每一区域的重要性和复杂程度,确定功能重要性系数。

(3)计算功能的价值系数 $V = \dfrac{F}{C}$。

(4)计算成本改善期望值 $\Delta C = C - F$。

(5)根据计算的价值系数选择改进对象。

① 当 V 等于 1 时,说明现实成本和目标成本大致相当,说明评价对象最佳,一般无需改进。

② 当 V 大于 1 时,说明现实成本低于目标成本,即该部件功能重要,而成本分配偏低,应具体情况具体分析,或者有不必要功能,或者应提高成本。

③ 当 V 小于 1 时,说明现实成本高于目标成本,这时一种可能是由于存在着过剩的功能,另一种可能是功能虽无过剩,但实现功能的条件或方法不佳,以致使实现功能的成本大于功能的实际需要,应作为重点研究和改进对象。

在选择改进对象时,要将价值系数和成本改善期望值两个因素综合起来考虑,即选择价值系数低、成本改善期望值大的功能或功能区域作为重点改进对象。

9.3.5 价值工程方案创造和评价

1. 方案创造

方案创造，就是从提高对象的价值出发，在功能分析的基础上通过创造性的思维活动，提出更多的、实现功能的、新的改进方案。方案创造的方法主要有如下几种。

(1)哥顿法。

哥顿法是美国人哥顿在1964年提出的方法，也叫模糊目标法，是把要研究的问题适当抽象，以利于开拓思路，一般用于开发新产品的方案。

(2)头脑风暴法。

头脑风暴法(brain storming)是1948年由创造性思维专家奥斯本(Alex F. Osborn)首先提出的一种加强创造性思维的手段，是一种专家会议法，是用来产生有助于查明和概念化问题的思想、目标和策略的方法。它通过召集一定数量的专家(通常在10～15人之间)一起开会研究，共同对某一问题做出集体判断。

这种方法的主要优点有：①能够发挥一组专家的共同智慧，产生专家智能互补效应；②能使专家交流信息、相互启发，产生“思维共振”作用，爆发出更多的创造性思维的火花；③专家团体所拥有及提供的知识和信息量比单个专家所有的知识和信息量要大得多；④专家会议所考虑的问题的方面以及所提供的备选方案，比单个成员单独思考及提供的备选方案更多、更全面和更合理。

这种方法的主要缺点是：①与会专家人数有限，代表性是否充分成问题；②与会者易受权威及潮流的影响；③出于自尊心等因素，有的专家易固执己见等。

(3)德尔菲法。

德尔菲法(Delphi technique)采用函询调查的形式，向有关领域的专家分别提出问题，使专家背对背地发表自己的建议和意见，由组织单位整理各方建议，取得最优方案。

2. 方案的评价

方案评价是对创新阶段提出的设想和方案的优缺点和可行性作分析、比较、论证和评价，并在评论过程中对有希望的方案进一步完善的过程。方案评价可分为概略评价和详细评价两大步骤，其评价内容均围绕着技术评价、经济评价、社会评价进行，并在此基础上进行综合评价。方案评价的内容见图9-6。

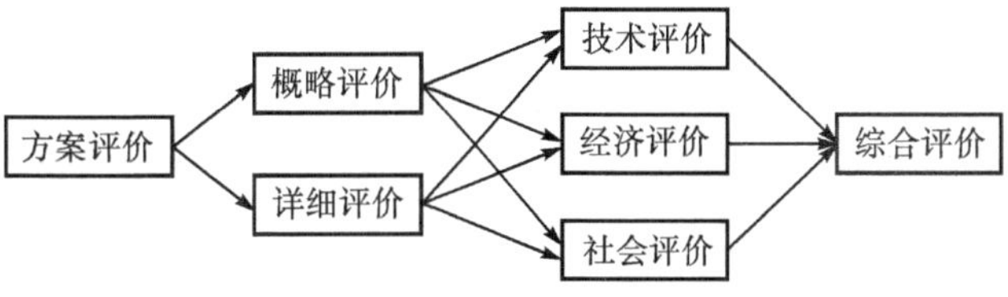

图9-6 方案评价内容图

9.4 价值工程的应用

价值工程方法是一种非常方便实用的经济分析方法，在新产品设计、新材料应用、施工方案的选择等方面得到了较好的运用，本例是以价值工程在公路施工设计方面为例，介绍价值工程在现实中的应用。

【例 9 - 2】 某区域由于经济发展的需要,需要修建一条公路,有两种方案可供选择。

第一种方案:沿老路改建的方案

该方案是将原有公路在符合路线总方向且前后无其他限制的路段加宽利用,不能利用的路段则进行改线,此方案路长 181.2 km,比原有公路短 5.4 km。其中利用老路加宽的共长 82.6 km,改线长 98.6 km。与新线方案相比,沿老路改建的方案主要有以下的缺点:①里程长 6 km,将会长期浪费运力和能源,增加用路者费用;②改建不利于将来进一步提高等级;③不可避免穿过集镇和居民区,事故隐患大;④拆迁面大,给施工增加困难;⑤利用老路地段路基标高不能提高到要求高度,故不能保证强度,从而减少使用寿命;⑥由于平交多,无法对来往车辆收取过路费,使资金筹措发生问题,等等。

第二种:新线方案

该方案的特点是全部新建一条Ⅰ级公路,并保留老路作慢车道和区间交通用,此方案路长 175.2 km,比原有公路短 11.4 km,比老线方案短 6 km。其基本走向与老路方案平行。

老路方案的缺点是新线方案的优点,但新线方案也有一些问题:①通过地形比老线方案低 1 m 左右,土方工程量大;②占用土地多;③建设期投资比老线方案大,但经济效益大。

两方案投资比较见表 9 - 9。

表 9 - 9 两方案投资比较表

方案名称	老线方案	新线方案
建设期投资(万元)	50074	55175
使用期投资(万元)	4690.8	7157
寿命期总成本(万元)	54764.8	62332
各方案总里程(km)	181.2	175.2
每千米寿命期总成本(万元)	302.234	355.776

解:(1)进行功能分析。

功能定义:公路的功能可以定义为通行车辆。

功能整理:公路的功能可以整理为基本功能和辅助功能,排列如图 9 - 7 所示。

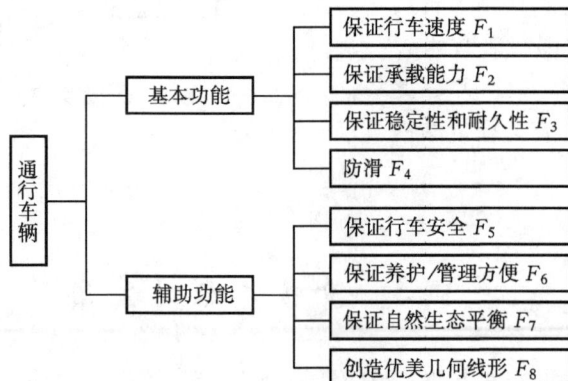

图 9 - 7 功能系统图

通过功能整理把公路的功能归类为两类八种,这八种功能在公路功能中占有不同的地位。因而需确定公路的各项功能相对重要性系数(即各项功能的权重)。

这里采用用户、设计、施工单位三家加权评分法,三者的权数分别定为60%,30%和10%。功能重要性系数计算见表9-10。

表9-10　功能重要性系数计算表

功能		用户评分		设计人员评分		施工人员评分		功能重要性系数
		得分(1)	(1)×0.6	得分(2)	(2)×0.3	得分(3)	(3)×0.1	$\dfrac{(1)\times0.6+(2)\times0.3+(3)\times0.1}{100}$
基本功能	F_1	40.55	24.33	30.67	9.201	31.75	3.175	0.3671
	F_2	10.25	6.15	13.45	4.035	13.25	1.325	0.1151
	F_3	8.15	4.89	12.25	3.675	15.45	1.545	0.1011
	F_4	9.25	5.55	5.55	1.665	10.55	1.055	0.0827
辅助功能	F_5	10.75	6.45	10.18	3.054	10.90	1.09	0.1059
	F_6	10.25	6.15	12.35	4.705	5.25	0.525	0.1038
	F_7	5.30	3.18	5.33	1.599	10.35	1.035	0.0581
	F_8	5.50	3.30	10.22	3.066	2.50	0.25	0.0662
合计		100	60	100	30	100	10	1

(2)计算各方案的功能评价系数。

按照功能要求由专家对各方案所满足的各项功能进行10分制评分,进而采用加权评分法计算各方案的功能指数,见表9-11。

表9-11　各方案功能评价系数计算表

评价因素		方案功能得分	
功能因素	功能权重	新线方案	老线方案
F_1	0.3671	10	7
F_2	0.1151	10	8
F_3	0.1011	10	10
F_4	0.0827	9	7
F_5	0.1059	9	6
F_6	0.1038	10	6
F_7	0.0581	8	9
F_8	0.0662	9	6
方案总分=∑功能权重×方案功能得分		9.6290	7.2587
功能评价系数=每种方案得分/两种方案总分		0.5702	0.4298

(3)成本评价系数的计算见表9-12。

表9-12　各方案成本评价系数计算表

方案名称	单位总成本(万元)	成本评价系数
老线方案	302.234	0.4593
新线方案	355.776	0.5407
合计	658	1

(4)价值系数的计算,见表9-13。

表9-13　价值系数计算表

方案名称	功能评价系数	成本评价系数	价值系数	最优
老线方案	0.4298	0.4593	0.9358	
新线方案	0.5702	0.5407	1.0546	√

结论:由计算结果可知,新线方案的价值系数大于1,为最优方案。

思考与练习

一、思考题

1.什么是价值工程?提高价值的主要途径有哪些?

2.价值工程为什么要以功能分析为核心?

3.什么是寿命周期成本?价值工程中的寿命周期成本的具体内容是什么?

4.价值工程活动围绕哪些基本问题开展?

5.什么是功能?功能是如何分类的?

二、练习题

1.某产品的目标成本为6元,该产品由A,B,C,D,E,F,G七种零件组成。各零件的功能评价和现实成本如表9-14所示,试应用价值工程进行分析,确定价值工程的对象和重点。

表9-14　各零件的功能评价和现实成本

零件名称	功能评分值	功能重要度系数	现实成本(元)	目标成本(元)	价值系数	降低成本幅度(元)
A	4		28			
B	6		58			
C	2		12			
D	5		20			
E	1		12			
F	2		6			
G	1		9			
合计	21		145			

2.设计专家针对某公司办公大楼的设计提出了 A,B,C 三个方案,请根据表 9-15 所给条件进行技术经济分析,并选择最优方案。

表 9-15　某公司办公大楼各方案所给条件

方案功能	方案功能得分			方案功能 重要程度
	A	B	C	
F_1	9	9	8	0.25
F_2	8	10	10	0.35
F_3	10	7	9	0.25
F_4	9	10	9	0.10
F_5	8	8	6	0.05
单方造价	1325 元	1118 元	1226 元	1.00

第 10 章　工程项目后评价

本章学习要点

1. 了解项目后评价程序；
2. 掌握项目后评价的方法；
3. 重点掌握评价过程、评价法指标对比与因素分析等方法。

10.1　工程项目后评价概述

▷ 10.1.1　工程项目后评价的涵义和特点

1. 工程项目后评价的涵义

可行性研究和项目前评价是在项目建设前进行的，其判断、预测是否正确，项目的实际效益如何，需要在项目竣工投产后根据现实数据资料进行再评估来检验，这种再评估就是项目后评价。项目后评价可以全面总结项目投资管理中的经验教训，并为以后改进项目管理和制订科学的投资计划提供现实依据。

2. 工程项目后评价的特点

与可行性研究和前评价相比，项目后评价的特点主要是以下几点。

(1)现实性。项目后评价分析研究的是项目实际情况，所依据的数据资料是现实发生的真实数据或根据实际情况重新预测的数据，而项目可行性研究和项目前评价分析研究的是项目未来的状况，所用的数据都是预测数据。

(2)全面性。在进行项目后评价时，既要分析其投资过程，又要分析其经营过程；不仅要分析项目投资经济效益，而且要分析其经营管理的状况，发掘项目的潜力。

(3)探索性。项目后评价要分析企业现状，发现问题并探索未来的发展方向，因而要求项目后评价人员具有较高的素质和创造性，把握影响项目效益的主要因素，并提出切实可行的改进措施。

(4)反馈性。项目可行性研究和项目前评价的目的在于为计划部门投资决策提供依据，而项目后评价的目的在于为有关部门反馈信息，为今后项目管理，投资计划的制定和投资决策积累经验，并用来检测项目投资决策正确与否。

(5)合作性。项目可行性研究和项目前评价一般只通过评价单位与投资主体间的合作,由专职的评价人员就可以做出评价报告,而后评价需要更多方面的合作,如专职技术经济人员、项目经理、企业经营管理人员、投资项目主管部门等,各方融洽合作,项目后评价工作才能顺利进行。

10.1.2 工程项目后评价与工程项目前评价的区别

工程项目后评价与工程项目前评价有以下区别。

1. 在项目建设中所处的阶段不同

项目可行性研究和项目前评价属于项目前期工作,它决定项目是否可以投资。项目后评价是项目竣工投产并达到设计生产能力后对项目进行的再评价,是项目管理的延伸。

2. 比较的标准不同

项目可行性研究和项目前评价依据定额标准、国家参数来衡量建设项目的必要性、合理性和可行性。后评价主要是直接与项目前评价的预测情况或其他同类项目进行对比,检测项目的实际情况与预测情况的差距,并分析原因,提出改进措施。

3. 在投资决策中的作用不同

项目可行性研究和项目前评价直接作用于项目决策,项目前评价的结论是项目取舍的依据。后评价则是间接作用于项目投资决策,是投资决策的信息反馈。通过后评价反映出项目建设过程和投产阶段(乃至正常生产时期)出现的一系列问题,将各类信息反馈到投资决策部门,从而提高未来项目决策的科学化水平。

4. 评价的内容不同

项目可行性研究和前评价分析研究的内容是项目建设条件、设计方案、实施计划以及经济社会效果。后评价的主要内容除对前评价上述内容进行再评价外,还包括对项目决策、项目实施效率等进行评价以及对项目实际运营状况进行较深入的分析。

5. 组织实施上不同

项目可行性研究和前评价主要由投资主体或投资计划部门组织实施。后评价则由投资运行的监督管理机关或单独设立的后评价机构进行,以确保项目后评价的公正性和客观性。

10.1.3 工程项目后评价的作用

项目后评价对提高建设项目决策科学化水平、改进项目管理和提高投资效益等方面发挥着极其重要的作用。具体地说,项目后评价的作用主要表现在以下几个方面。

1. 总结项目管理的经验教训,提高项目管理的水平

由于建设项目管理是一项极其复杂的活动,它涉及银行、计划、主管、物资供应、施工等许多部门,因此项目能否顺利完成关键在于这些部门之间的配合与协调工作做得如何。通过项目后评价,对已经建成项目的实际情况进行分析研究,有利于指导未来项目的管理活动,从而提高项目管理的水平。

2. 提高项目决策科学化的水平

项目前评价是项目投资决策的依据,但前评价中所作的预测是否准确,需要后评价来检

验。通过建立完善的项目后评价制度和科学的方法体系,一方面可以增强前评价人员的责任感,提高项目预测的准确性;另一方面可以通过项目后评价的反馈信息,及时纠正项目决策中存在的问题,从而提高未来项目决策的科学化水平。

3.为国家投资计划、政策的制定提供依据

项目后评价能够发现宏观投资管理中的不足,从而国家可以及时地修正某些不适合经济发展的技术经济政策,修订某些已经过时的指标参数。同时还可根据反馈的信息,合理确定投资规模和投资流向,协调各产业,各部门之间及其内部的各种比例关系。此外,国家还可以充分地运用法律的、经济的、行政的手段,建立必要的法令、法规、各项制度和机构,促进投资管理的良性循环。我国基本建设程序尚缺乏对项目决策和实施效果的反馈环节,而项目后评价刚好弥补了这一弱点,它对我国基本建设程序的完善和健全,改进宏观决策将会起到越来越重要的作用。

4.为银行部门及时调整信贷政策提供依据

通过开展项目后评价,能及时发现项目建设资金使用中存在的问题,分析研究贷款项目成功或失败的原因,从而为银行部门调整信贷政策提供依据,并确保资金的按期回收。

5.可以对企业经营管理进行"诊断",促使项目运营状态的正常化

项目后评价是在项目运营阶段进行,因而可以分析和研究项目投产初期和达产时期的实际情况,比较实际情况与预测情况的偏离程度,探索产生偏差的原因,提出切实可行的措施,从而促使项目运营状态正常化,提高项目的经济效益和社会效益。

▷ 10.1.4 工程项目后评价的基本程序

由于项目规模、复杂程度不同,每个项目后评价的具体工作程序也有所区别,但从总的情况来看,一般项目的后评价都应遵循一个客观和循序渐进的过程。具体可以概括为以下几个步骤。

1.组织项目后评价机构

项目后评价组织机构由谁来组织项目后评价工作,是具体实施项目后评价首先要解决的问题。根据项目后评价的概念、特点和职能,我国项目后评价的组织机构应符合以下基本要求:

(1)满足客观性、公正性要求。

(2)具有反馈检查功能。

2.选择项目后评价的对象

原则上,对所有投资项目都要进行后评价,项目后评价应纳入管理程序之中。但实际上,往往由于条件的限制,只能有选择地确定评价对象。我国在选择进行项目后评价的对象时优先考虑以下类型项目:

(1)投产后本身经济效益明显不好的项目。

(2)国家急需发展的短线产业部门的投资项目。

(3)国家限制发展的长线产业部门的投资项目。

(4)投资额巨大,对国计民生有重大影响的项目。

(5)特殊项目。如国家重点投资的新技术开发项目、技术引进项目等。

3.**收集资料和选取数据**

项目后评价是以大量的数据、资料为依据的,这些材料的来源要可靠。一般由项目后评价者亲自调查整理,需要收集的数据和资料主要有:

(1)档案资料,如规划方案、项目建议书和批文、可行性研究报告、评估报告、设计任务书、初步设计材料和批文、施工图设计和批文、竣工验收报告、工程大事记、各种协议书和合同及有关厂址选择、工艺方案选择、设备方案选择的论证材料等。

(2)项目生产经营资料,主要是生产、销售、供应、技术、财务等部门的统计年度报告。

(3)分析预测用基础资料,主要是建设项目开工以来的有关利率、税种、税率、物价指数变化的有关资料。

(4)与项目有关的其他资料,如国家及地方的产业结构调整政策和长远规划;国家和地方颁布的规定和法律文件等。

4.**分析和加工收集的资料**

对所收集的资料进行汇总、整理和分析,对需要调整的资料要调整。此时往往需要进一步补充测算有关的资料,以满足验证的需要。

5.**评价及编制后评价报告**

编制各种评价报表及计算评价指标,并与前评价进行对比分析,找出差异及其原因。由评价组编制后评价报告。

6.**上报后评价报告**

把编制的正式后评价报告上报给组织后评价的部门。

10.2 工程项目后评价的内容和方法

10.2.1 工程项目后评价的内容

由于工程项目具有单件性的特点,因此各项目在类型、规模、复杂程度上都会有所不同,加上后评价目的也各不相同,因此评价的内容也并不完全一致。

1. **项目后评价的基本内容**

(1)项目立项决策的后评价。根据国民经济发展规划和国家制定的产业政策以及区域经济优势,结合项目的实际情况,检验项目建议书、可行性研究报告和项目评估报告的编制是否坚持了实事求是的原则,如果项目实施结果偏离预测目标较远,要分析产生偏差的原因,并提出相应的补救措施。

(2)项目生产建设条件的后评价。着重分析项目实施过程的建设条件,建成投产后的生产条件与当初项目评估决策时主要条件的变动,作出定性与定量分析,剖析重要差别的原因,并提出诊断建议。

(3)项目技术方案的后评价,即对工程设计方案、项目实施方案的再评价,以确认技术方案的先进性和适用性。

(4)项目经济后评价,包括项目财务后评价和项目国民经济后评价两个组成部分。

2．工程项目各阶段后评价的内容

(1)项目前期工作的后评价,主要包括项目立项条件再评价、项目决策程序和方法的再评价、项目勘察设计的再评价、项目前期工作管理的再评价等。

(2)项目实施的后评价,主要包括项目实施管理的再评价、项目施工准备工作的再评价、项目施工方式和施工项目管理的再评价、项目竣工验收和试生产的再评价、项目生产准备的再评价等。

(3)项目经营的后评价,主要包括生产经营管理的再评价、项目生产条件的再评价、项目达产情况的再评价、项目产出的再评价、项目经济后评价等。

▷ 10.2.2　工程项目后评价的方法

项目后评价工作包含的内容十分广泛,分析方法从总体上说是定量和定性相结合,其中主要的分析方法有对比分析法、逻辑框架法和成功度法等。

1．对比分析法

对比分析法也是后评价方法的一条基本原则,包括前后对比、有无对比和横向对比。

(1) 前后对比。一般情况下,前后对比是指将项目实施之前与完成之后的情况加以对比,以确定项目的作用与效益的一种对比方法。在项目后评价中,则是指将项目前期的可行性研究和评估的预测结论与项目的实际运行结果相比较,以发现变化和分析原因。这种对比用于揭示计划、决策和实施的质量,是项目过程评价应遵循的原则。

(2) 有无对比。有无对比是指将项目实际发生的情况与若干项目可能发生的情况进行对比,以度量项目的真实效益、影响和作用。对比的重点是要分清项目作用的影响与项目以外作用的影响。这种对比用于项目的效益评价和影响评价,是项目后评价的一个重要方法论原则。这里说的"有"和"无"指的是评价的对象,即计划、规划或项目。评价是通过对比实施项目所付出的资源代价与项目实施后产生的效果得出项目的好坏。方法论的关键是要求投入的代价与产出的效果口径一致。也就是说,所度量的效果要真正归因于项目。但是,很多项目,特别是大型社会经济项目,实施后的效果不仅仅是项目的效果和作用,还有项目以外多种因素的影响,因此,简单的前后对比不能得出项目真正的效果。

(3) 横向对比。横向对比是同一行业内类似项目相关指标的对比,用以评价项目的绩效或竞争力。

2.逻辑框架法

逻辑框架法(logical framework approach,LFA)是美国国际开发署在 1970 年开发并使用的一种设计、计划和评价的工具。目前已有三分之二的国际组织把该方法作为援助项目的计划、管理和后评价的主要方法。LFA 不是一种机械的方法或程序,而是一种综合、系统地研究问题的思维框架模式,这种方法有助于对关键因素和问题作出合乎逻辑的分析。

(1)逻辑框架法的含义。LFA 是一种概念化论述项目的方法,即用一张简单的框图来清晰地分析一个复杂项目的内涵和关系,使之更易理解。LFA 是将几个内容相关,必须同步考虑的动态因素组合起来,通过分析其相互之间的关系,从设计策划到目的、目标等方面来评价一项活动或工作。LFA 为项目计划者和评价者提供了一种分析框架,用以确定工作的范围和任务,并通过对项目目标和达到目标所需要的手段进行逻辑关系的分析。

(2)逻辑框架法的模式。LFA 的模式是一个 4×4 的矩阵,横行代表项目目标的层次(垂直逻辑),竖行代表如何验证这些目标是否达到(水平逻辑)。垂直逻辑用于分析项目计划做什么,弄清项目手段与结果之间的关系,确定项目本身和项目所在地的社会、物质、政治环境中的不确定因素。水平逻辑的目的是要衡量项目的资源和结果,确立客观的验证指标及其指标的验证方法来进行分析。水平逻辑要求对垂直逻辑 4 个层次上的结果做出详细说明。其基本模式见表 10-1。

表 10-1　逻辑框架法的模式

层次描述	客观验证指标	验证方法	重要外部条件
目标/影响	目标指标	监测和监督手段及方法	实现目标的主要条件
目的/作用	目的指标	监测和监督手段及方法	实现目的的主要条件
产出/结果	产出物定量指标	监测和监督手段及方法	实现产出的主要条件
投入/措施	投入物定量指标	监测和监督手段及方法	实现投入的主要条件

项目后评价通过应用 LFA 来分析项目原定的预期目标、各种目标的层次、目标实现的程度和原因,用以评价其效果、作用和影响。

10.3　工程项目各阶段的后评价

➤ 10.3.1　工程项目前期工作的后评价

1.工程项目前期工作后评价的任务与意义

项目前期工作亦称项目准备工作,包括从编制项目建议书到项目正式开工过程中的各项工作内容。对其进行后评价的主要任务是评价项目前期工作的绩效,分析和总结项目前期工作的经验教训。其意义在于分析研究项目投资实际效益与预测效益的偏差在多大程度上是由于前期工作失误所致,其原因何在,并为以后做好前期工作积累经验。

2.项目前期工作后评价的内容

(1)项目筹备工作的评价;

(2)项目决策的评价;

(3)厂址选择的评价;

(4)勘察设计工作的评价;

(5)"三通一平"工作的评价;

(6)资金落实情况的评价;

(7)物资落实情况的评价。

➢ 10.3.2　工程项目实施后评价

1.工程项目实施后评价的任务与意义

工程项目正式开工后,就意味着项目建设已经从前期工作转入实施阶段。工程项目的实施阶段包括从项目开工起到竣工验收、交付使用为止的全过程。对其进行后评价的主要任务是评价项目实施过程中各主要环节的工作绩效,分析和总结项目实施管理过程中的经验和教训;其意义在于分析和研究项目实际投资效益与预计效益的偏差在多大程度上是由项目实施过程中造成的,原因何在,为以后进一步改进项目管理工作积累经验。

2.项目实施后评价的内容

项目实施后评价的内容主要包括以下几个方面:

(1)项目开工的评价。分析和评价的内容主要有:

①项目开工条件是否具备,手续是否齐全,开工报告是否经过相关部门批准;

②项目实际开工时间与计划开工时间是否相符,提前或延迟的原因是什么,对整个项目建设乃至投资效益发挥的影响如何。

(2)项目变更情况的评价。分析和评价的主要内容有:

①项目范围变更与否,变更的原因是什么;

②项目设计变更与否,变更的原因是什么;

③项目范围变更,设计变更对项目建设工期、造价、质量的实际影响如何。

(3)项目施工组织与管理的评价。分析和评价的内容主要有:

①施工组织方式是否科学合理;

②是否推行了工程项目管理,效果如何;

③施工项目进度控制,其方法是否科学,成效如何;

④施工项目成本控制,其方法是否科学合理,成效如何;

⑤施工技术与方案制订的依据是什么,有何独到之处,对项目实施有何影响,有何主要经验。

(4)项目建设资金供应与使用情况的评价。分析和评价的主要内容有:

①建设资金供应是否适时适度,是否发生过施工单位停工待料或整个项目因资金不足而停建缓建的情况,其原因何在;

②建设资金运用是否符合国家财政信贷制度的规定,使用是否合理,能否充分挖掘建设单位内部潜力,精打细算地使用资金,以保证建设任务按期完成或提前完成;

③资金占用情况是否合理;

④考核和分析全部资金的实际作用效率。

(5)项目建设工期的评价。分析和评价的主要内容有:

①核实各单位工程实际开工、竣工日期,查明实际开工、竣工提前或推迟的原因并计算实际建设工期;

②计算实际建设工期变化率,主要是竣工项目定额工期率指标,并分析实际建设工期与计划工期产生偏差的原因;

③计算建筑安装单位工程的施工工期,以分析建设工期的变化。在进行项目建设工期后评价时,还应分析和研究投产前生产准备工作情况及其对建设工期的影响。

（6）项目建设成本的评价。分析和评价的主要内容有：

①主要实物工程量的实际数量是否超出预计数量，超出多少，原因何在；

②设备、工器具购置费用及工程建设其他费用是否与实际情况相符，设备的选型是否按设计中所列的规格、型号、质量标准采购，如果不一致，其原因何在？它对建设成本的增减有何影响；

③主要材料的实际消耗量是否与计划的情况相符，材料实际购进价格是否超出了概算中的预算价格，是否出现过因采购供应的材料，规格，质量达不到设计要求而造成浪费的现象，如果出现上述几种情况，原因是什么，对建设成本的增减有何影响；

④各项管理费用的取费标准是否符合国家的有关规定，是否与工程预算中的取费标准相一致，不一致的原因何在。

（7）项目工程质量和安全情况的评价。分析和评价的内容和步骤如下：

①计算实际工程质量合格品率、优良品率；

②将实际工程质量指标与合同文件规定的或设计规定的工程质量状况进行比较，找出偏差，进行分析；

③设备质量情况怎样，设备及安装工程质量能否保证投产后正常生产的需要；

④有无重大质量事故，产生事故的原因是什么；

⑤计算和分析工程质量事故的经济损失，包括计算返工损失率，因质量事故拖延建设工期所造成的实际损失，以及分析无法补救的工程质量事故对项目投产后投资效益的影响程度；

⑥工程安全情况，有无重大安全事故发生，其原因是什么，所带来的实际影响如何。

（8）项目竣工验收的评价。分析和评价的主要内容有：

①项目竣工验收组织工作及其效率，竣工验收委员会的成员组成是否符合国家的有关规定；

②项目竣工验收的程序是否符合国家有关规定；

③项目竣工验收是否遵守有关部门规定的验收标准；

④项目竣工验收各项技术资料是否齐全，是否按有关规定对各项技术资料进行系统整理；

⑤项目投资包干、招标投标等有关合同执行情况如何，合同不能履行的原因何在。项目投资包干、招标投标的具体形式有何特色，对今后改进项目管理有何经验教训；

⑥收尾工程和遗留问题的处理情况，处理方案实际执行情况如何；是否对投资效益有重大影响。

（9）同步建设的评价。分析和评价的主要内容有：

①相关项目在时间安排上是否同步，不同步的原因何在，对项目投资效益的发挥有何影响；

②建设项目所采用的技术与前、后续项目的技术水平是否同步，不同步的原因何在；对项目投资效益的发挥有何影响；

③相关项目之间的实际生产能力是否协调、配套，不配套的原因何在，对项目投资效益的发挥有何影响；

④建设项目内部各单项工程之间建设速度是否满足要求，技术水平和生产能力是否相配套，其原因何在；

⑤项目同步建设方面有何经验教训，并提出改进意见。

(10)项目生产能力和单位生产能力投资的评价。评价的主要内容有：

①项目实际生产能力有多大，与设计生产能力的偏差情况如何，产生原因是什么，对项目实际投资效益的发挥影响的程度如何；

②项目实际生产能力与产品实际成本的高低有何关系，项目所形成的生产规模是否处在最优的经济规模区间；

③项目实际生产能力与产品实际市场需求量的关系如何；

④项目实际生产能力与实际原材料来源和燃料、动力供应及交通运输条件是否相适应，应如何调整，对项目投资效益的影响程度如何。

项目实际单位生产能力投资是项目后评价的一个综合指标，它反映项目建设所取得的实际投资效果。它是竣工验收项目全部投资使用额与竣工验收项目形成的综合生产能力之间的比率。将它与设计概(预)算的单位生产能力造价比较，可以衡量项目建设成果的计划完成情况，综合反映项目建设的工作质量和投资使用的节约或浪费。与同行业、同规模的竣工项目比较，在消除不同建设条件因素后可以反映项目建设的管理水平。实际单位生产能力投资的评价可通过计算单位生产能力投资变化率来进行，以此来衡量项目实际单位生产能力投资与预计的或其他同类项目实际的单位生产能力投资的偏差程度，并具体分析产生偏差的原因。

▶ 10.3.3　项目运营后评价

1.项目运营后评价的目的与意义

项目运营后评价的目的是通过项目投产后的有关实际数据资料或重新预测的数据，衡量项目的实际经营情况和实际投资效益，并通过与预测情况或其他同类项目的对比，计算偏离程度，分析原因，系统地总结项目投资的经验教训，为进一步提高项目投资效益和经营水平提出切实可行的建议。项目运营后评价的意义和作用主要表现为以下几个方面：

(1)全面衡量项目实际投资效益；

(2)系统地总结项目投资的经验教训，指导未来项目投资活动；

(3)通过采取一些补救措施，提高项目运营的实际经济效益。

2.项目运营后评价的内容与方法

项目运营阶段包括从项目投产到项目生命周期末的全过程。由于项目后评价的时机一般选择在项目达到设计生产能力1~2年内，距离项目生命周期末还有一段较长的时间，因此项目的实际投资效益还未充分体现出来。所以项目运营后评价除了对项目实际运营状况进行分析和评价外，还需要根据投产后的实际数据来推测未来发展状况，对项目未来发展趋势进行科学的预测。其主要内容有以下几方面。

(1)企业经营管理状况的评价。

①企业投产以来经营管理机构的设置与调整情况，机构设置的原则是什么？是否科学合理？调整的依据是什么？调整前后运行效率的比较，是否适应企业生存和发展的需要等；

②企业管理领导班子情况；

③企业管理人员配备情况；

④经营管理的主要策略(市场开拓策略、质量策略、科技创新策略等)是什么？实施效果如何？

⑤企业现行管理规章制度的建立和实施情况；

⑥企业承包责任制情况；

⑦从企业经营管理中可以吸取哪些经验教训？并提出改善企业经营管理进一步发挥项目投资效益的切实可行的建议。

(2)项目产品方案的评价。

①项目投产后到项目后评价时为止的产品规格和品种的变化情况。

②产品方案调整对发挥项目投资效益有何影响？产品方案调整的成本有多大？新增成本带来的效益有多大？

③现行的产品方案是否适应消费对象的消费需求,现行产品方案与前评价或可行性研究时设计的产品方案相比,有多大程度的变化？产品方案的变化在多大程度上影响到项目投资效益？

④产品销售的方式有哪些？

(3)项目达产年限的评价。

项目达产年限是指投产的建设项目从投产之日起到其生产产量达到设计生产能力时所经历的全部时间,一般以年来表示。项目达产年限有设计达产年限与实际达产年限之分。设计达产年限是指在设计文件或可行性研究报告中所规定的项目达产年限;实际达产年限是指从项目投产起到实际产量达到设计生产能力时所经历的时间。建设项目的设计达产年限与实际达产年限由于受各种因素的影响难免出现不一致的情况,所以在项目后评价时有必要对项目达产年限进行单独评价。项目达产年限评价的内容和步骤是：

①计算项目实际达产年限；

②计算实际达产年限的变化情况,主要与设计的或者前评价预测的达产年限进行比较,可以以实际达产年限变化率或实际达产年限与设计或预测的达产年限的差值来表示；

③实际达产年限与设计达产年限相比发生变化的原因是什么；

④计算项目达产年限变化所带来的实际效益或损失；

⑤项目达产年限评价的结论是什么？其经验教训是什么？为促使项目早日达产,有何可行的对策措施？

(4)项目产品生产成本的评价。

产品生产成本是反映产品生产过程中物资资料和劳动力消耗的一个要指标,是企业在一定时期内,为研制、生产和销售一定数量的产品所支出的全部费用。项目产品生产成本的高低对项目投资效益的发挥会产生显著作用,生产成本高,则项目销售利润减少,项目投资效益降低;生产成本低,则项目销售利润增多,项目投资效益增多。项目后评价时,进行项目产品生产成本评价的目的在于考核项目的实际生产成本,衡量项目实际生产成本与预测生产成本的偏离程度,分析产生这种偏离的原因,为今后项目成本预测提供经验,同时为提高项目实际投资效益提出切实可行的建议。项目产品生产成本评价的内容和步骤如下：

①计算项目实际产品生产成本,包括生产总成本和单位生产成本,在项目后评价时,产品生产成本也可以不重新计算,而从企业有关财务报表中查得；

②分析总成本的构成及其变化情况；

③分析实际单位生产成本的构成及其变化情况；

④与项目前评价或可行性研究中的预测成本相比较,计算实际生产成本变化率并分析实际生产成本与预测成本的偏差及其产生的原因；

⑤项目实际生产成本发生变化对项目投资效益的影响程度有多大,降低项目实际生产成

本的有效措施是什么。

(5)项目产品销售利润的评价。

销售利润是综合反映项目投资效益的指标。对其进行评价的目的在于考核项目的实际产品销售利润和投产后各年产品销售利润额的变化情况,比较和分析实际产品销售利润与项目前评价或可行性研究中的预测销售利润的偏离程度及其原因,提出进一步提高项目产品销售利润,从而提高项目投资效益的有效措施。

产品销售利润评价的内容和程序如下:

①计算投产后历年实际产品销售利润起变化的原因;

②计算实际产品销售利润变化率;

③分析项目实际产品销售利润偏离预测产品销售利润的原因,计算各种因素对实际产品销售利润的影响程度;

④提高实际产品销售利润的对策和建议。

(6)项目经济后评价。

项目经济后评价是项目后评价的核心内容之一。项目经济后评价的目的是衡量项目投资的实际经济效果,比较和分析项目实际投资效益与预测投资效益的偏离程度及其原因;另一方面通过信息反馈,为今后提高项目决策科学化水平服务。经济后评价分为项目财务后评价和国民经济后评价两项内容。

(7)对项目可行性研究水平进行综合评价。

尽管在项目前期工作后评价和实施后评价中都已从某种角度对项目可行性研究水平作出过评价,但只有在项目运营后评价时,才有可能对项目可行性研究水平进行综合评价。因为项目运营阶段是项目实际投资效益发挥的时期,通过项目运营后评价,尤其是通过项目经济后评价,才能具体计算出项目的实际投资效益指标,这样才便于与可行性研究中的有关预测指标进行比较。项目可行性研究水平评价的内容主要是对项目可行性研究的内容和深度进行评价。

其评价的内容和步骤主要是:

①考核项目实施过程的实际情况与预测情况的偏差;

②考核项目预测因素的实际变化与预测情况的偏离程度,主要包括投资费用、产品产量、生产成本、销售收入、产品价格、市场需求、影子价格、国家参数和各项费率等的偏差;

③考核可行性研究各种假设条件与实际情况的偏差,主要包括产品销售量、通货膨胀率、贷款利率等的偏差;

④考核实际投资效益指标与预测投资效益指标的偏离程度,主要包括实际投资利润率,实际投资利税率,实际净现值,实际投资回收期,实际贷款偿还期,实际内部收益率等的变化;

⑤考核项目实际敏感性因素和敏感性水平;

⑥对可行性研究深度进行总体评价。评价方法是通过上述各项的考察,综合计算预测情况与实际情况的偏差幅度,然后根据设定的标准,评价可行性研究的深度。根据国外项目后评价情况,并结合我国的实际,可行性研究深度的评价标准应该是:

A.当偏离程度小于15%时,可行性研究深度符合合格要求;

B.当偏离程度在15%～25%时,可行性研究深度相当于预测可行性研究水平;

C.当偏离程度在25%～35%;可行性研究深度相当于编制项目建议书阶段的预测水平;

D.当偏离程度超过35%时,可行性研究的深度不合格。

⑦具体研究和分析项目实际可行性研究水平表现为⑥中 B,C,D 三种情况的原因,是预测依据不可靠,还是预测方法不科学,是预测人员素质差,还是人为干预所致,是预测水平所致,还是由客观环境演变造成的,等等;

⑧总结可供今后提高项目可行性研究水平的经验教训是什么。

思考与练习

1.项目后评价的特点是什么? 项目后评价与前评价的区别有哪些?

2.项目后评价有何作用?

3.现阶段,我国应对哪些项目进行后评价?

4.项目后评价有哪些方法?

5.项目前期工作与实施后评价的主要内容是什么?

6.项目运营后评价的主要内容是什么?

第11章　Excel 在工程经济学中的应用

本章学习要点

知识目标

1. 了解 Excel 中资金等值换算的函数；

2. 掌握应用 Excel 函数计算评价指标 Pt, Pt′, NPV, NPVR, NAV, IRR 的操作方法；

3. 了解运用 Excel 工作表确定设备的经济寿命；

4. 熟悉 Excel 在盈亏平衡分析中的应用，并学会绘制盈亏平衡分析图；

5. 熟悉应用 Excel 进行单因素敏感性分析，并学会绘制单因素敏感性分析图；

6. 学会利用 Excel 计算财务评价指标，进行项目经济评价。

能力目标

1. 能够运用 Excel 进行相关指标的计算；

2. 能够运用 Excel 进行不确定性分析，并绘制相应分析图；

3. 能够运用 Excel 进行财务评价。

11.1　运用 Excel 进行资金等值换算

Microsoft Excel 2010 提供了很多种预定义函数，它们具有强大的数据计算和数据分析功能。应该注意的是，在 Excel 中，对函数涉及金额的参数是有特别规定的：支出的款项，如向银行存入款项，用负数表示；收入的款项，如利息收入，用正数表示。

➤ 11.1.1　终值计算函数

在 Excel 中，计算终值的函数是 FV。其语法为：FV(Rate,Nper,Pmt,Pv,Type)。

其中，Rate——利率；

Nper——总投资期（或付款期）数；

Pmt——各期支付的金额，在整个投资期内不变。若该参数为 0 或省略不填，则函数值为复利终值（即已知现值求终值）；

Pv——现值,若该参数为 0 或省略不填,则函数值为年金终值(即已知年金求终值),Pmt 和 Pv 不能同时为 0 或省略;

Type——取值为数字 0 或 1,当 Type 取值为 0 或忽略时,表示收付款时间是期末,当 Type 取值为 1 时,表示收付款时间是期初。

1. 利用 FV 函数计算复利终值——已知现值求终值

【例 11-1】 现在把 500 元存入银行,银行年利率为 4%,计算 3 年后该笔资金的实际价值。

解:(1)启动 Excel 软件。点击主菜单栏上的"公式"→"插入函数"命令(也可直接点击编辑栏上的"f_x"按钮),弹出"插入函数"对话框,在"或选择类别(C)"中选择"财务",在下面的函数名中选择"FV"。然后点击"确定"按钮。

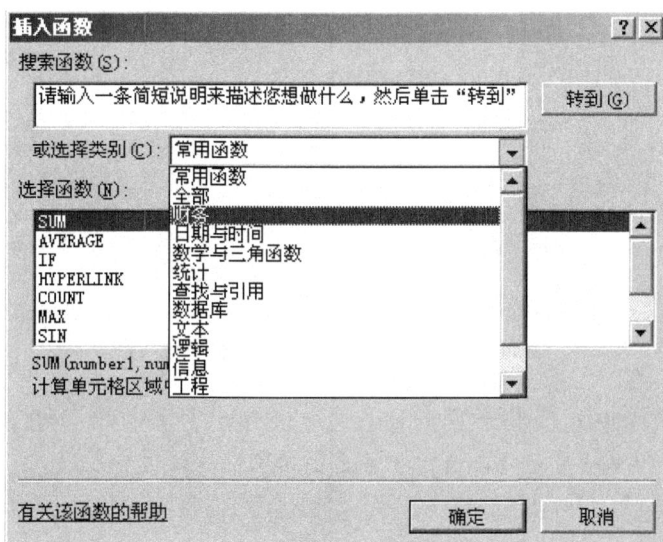

图 11-1 FV 函数例 11-1 计算步骤(1)

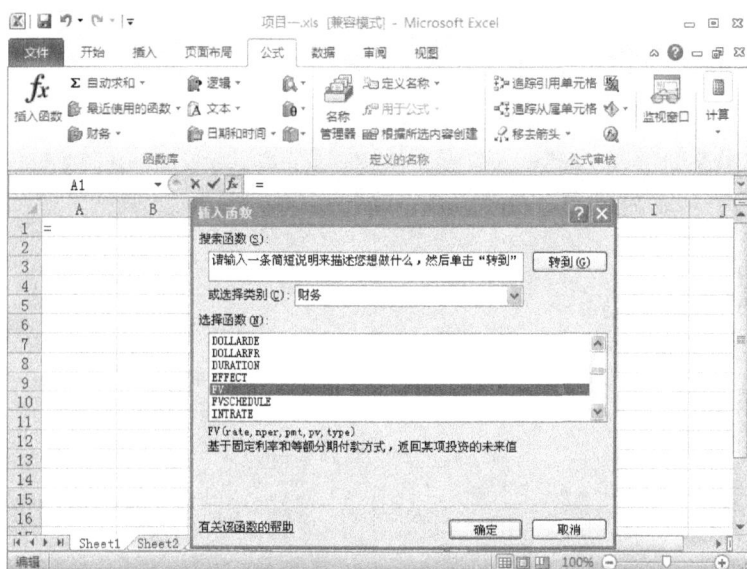

图 11-2 FV 函数例 11-1 计算步骤(2)

（2）在弹出的 FV 函数对话框中，Rate 栏输入 4％，Nper 栏输入 3，Pv 栏输入－500（向银行存入款项，用负数表示）。也可以直接在 A1 单元格中输入公式"＝FV（4％，3，，－500）"，然后点击"确定"按钮。

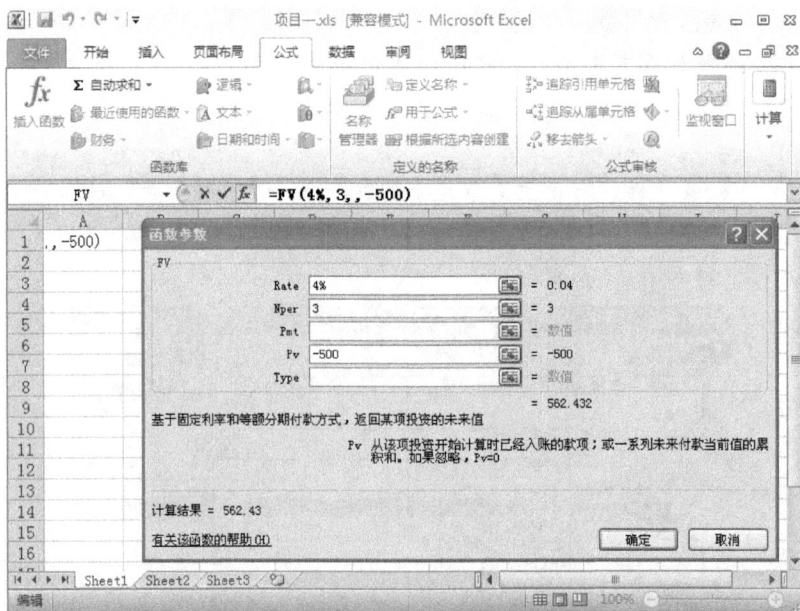

图 11－3　FV 函数例 11－1 计算步骤（3）

（3）在 A1 单元格中自动显示计算结果为 562.43，即：3 年后该笔资金的实际价值为 562.43元（Excel 的计算结果可能与通过查系数手算所得结果略有区别，这与系数保留小数位数有关）。

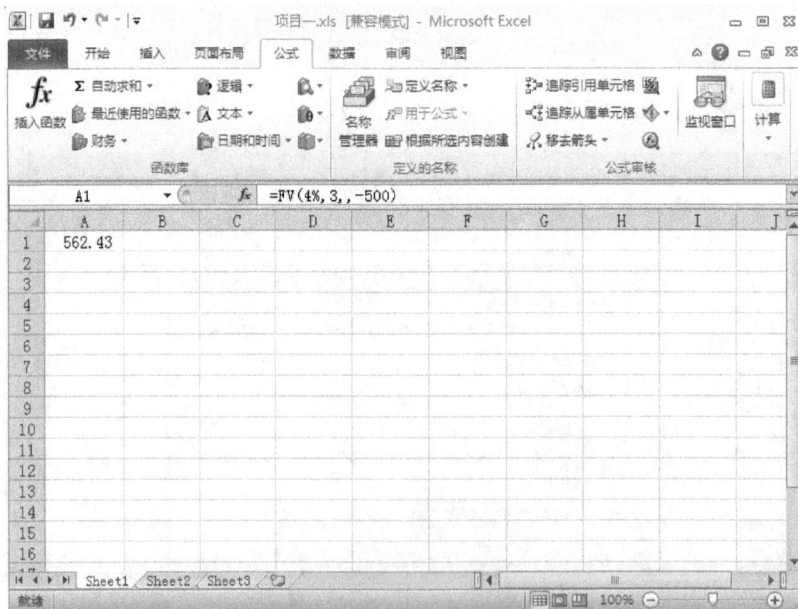

图 11－4　FV 函数例 11－1 计算步骤（4）

2.利用 FV 函数计算年金终值——已知年金求终值

【例 11-2】 某大型工程项目每年末投资 2 亿元,5 年建成,年利率为 7%,求 5 年末的实际累计总投资额。

解:(1)启动 Excel 软件。点击主菜单栏上的"公式"→"插入函数"命令(也可直接点击编辑栏上的"f_x"按钮),弹出"插入函数"对话框,在"或选择类别(C)"中选择"财务",在下面的函数名中选择"FV"。然后点击"确定"按钮。

(2)在弹出的 FV 函数对话框中,Rate 栏输入 7%,Nper 栏输入 5,Pmt 栏输入−2,也可以直接在 A2 单元格中输入公式"=FV(7%,5,−2)",然后点击"确定"按钮。

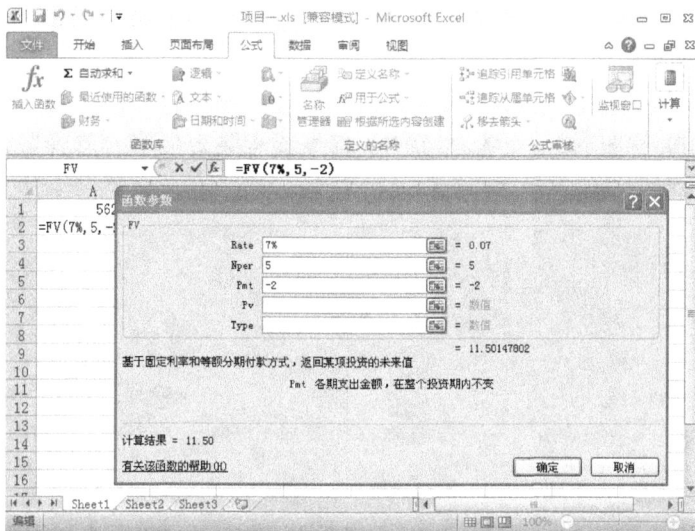

图 11-5　FV 函数例 11-2 计算步骤(1)

(3)在 A2 单元格中自动显示计算结果为 11.50,即:5 年末的实际累计总投资额为 11.50 亿元。这一结果与手算结果相符。

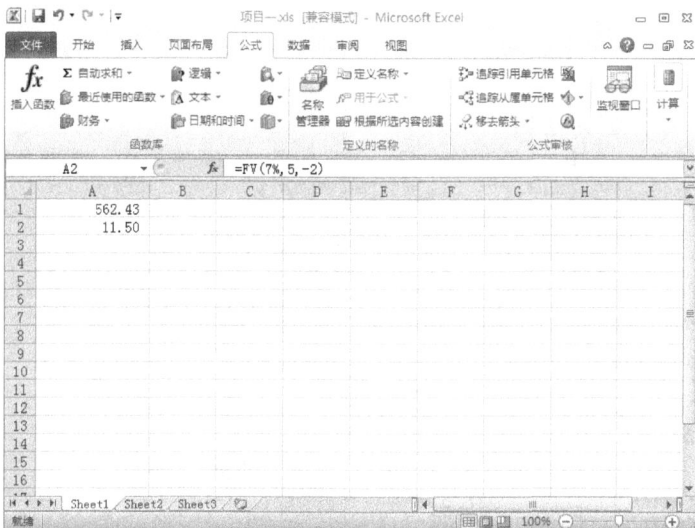

图 11-6　FV 函数例 11-2 计算步骤(2)

➤ 11.1.2 现值计算函数

在 Excel 中,计算现值的函数是 PV。其语法为:PV(Rate,Nper,Pmt,Fv,Type)。

其中,Rate、Nper、Pmt、Fv、Type 的含义与 FV 函数中的参数含义相同。

Fv——未来值,或在最后一次付款期后获得的一次性偿还额。

在 PV 函数中,若 Pmt 参数为 0 或省略,则函数值为复利现值(即已知终值求现值);若 Fv 参数为 0 或省略,则函数值为年金现值(即已知年金求现值)。

1. 利用 PV 函数计算复利现值——已知终值求现值

【例 11-3】 某企业 6 年后需要一笔 500 万元的资金,以作为某项固定资产的更新款项,若已知年利率为 8%,问现在应存入银行多少钱?

解:(1)启动 Excel 软件。点击主菜单栏上的"公式"→"插入函数"命令(也可直接点击编辑栏上的"f_x"按钮),弹出"插入函数"对话框,在"或选择类别(C)"中选择"财务",在下面的函数名中选择"PV"。然后点击"确定"按钮。

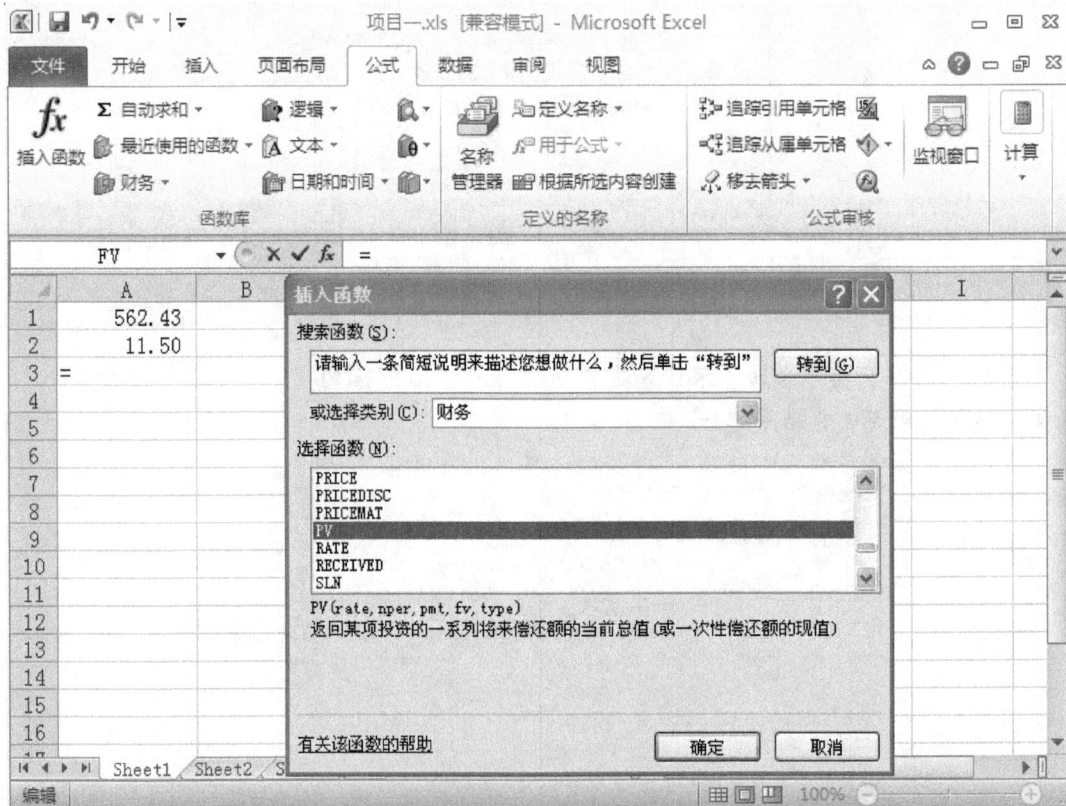

图 11-7 PV 函数例 11-3 计算步骤(1)

(2)在弹出的 PV 函数对话框中,Rate 栏输入 8%,Nper 栏输入 6,Fv 栏输入 500,也可以直接在 A3 单元格中输入公式"=PV(8%,6,,500)",然后点击"确定"按钮。

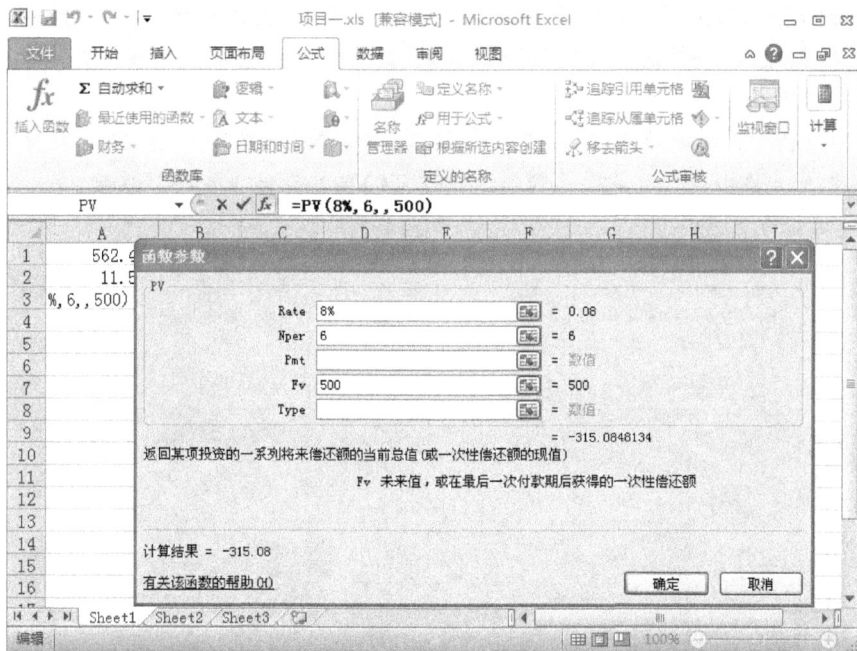

图 11-8 PV 函数例 11-3 计算步骤(2)

(3)在 A3 单元格中自动显示计算结果为－315.08,即:现在应存入银行 315.08 万元。

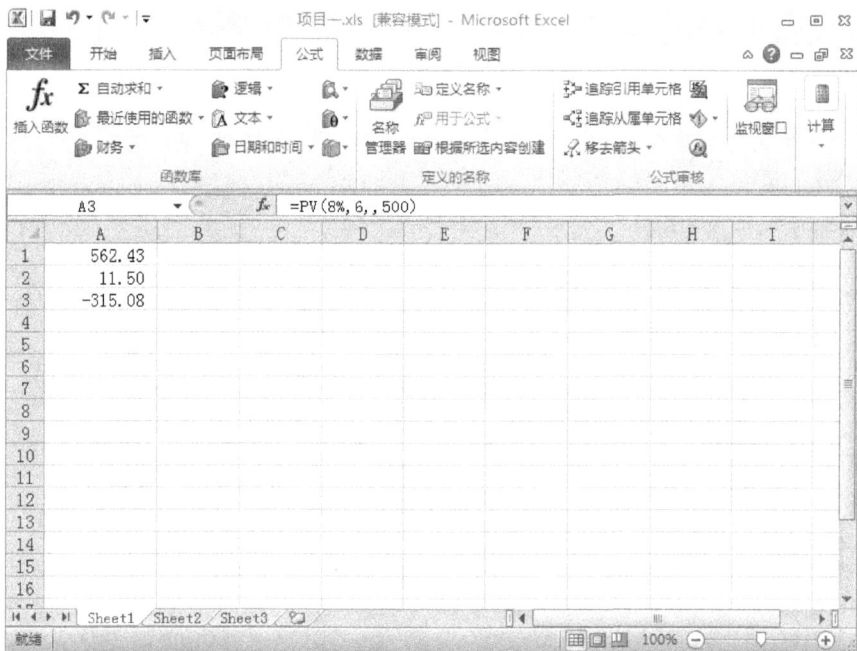

图 11-9 PV 函数例 11-3 计算步骤(3)

2.利用 PV 函数计算年金现值——已知年金求现值

【**例 11-4**】 设立一项基金,计划从现在开始的 10 年内,每年年末从基金中提取 50 万元,若已知年利率为 10%,问现在应存入基金多少钱?

解:(1)启动 Excel 软件。点击主菜单栏上的"公式"→"插入函数"命令(也可直接点击编辑栏上的"f_x"按钮),弹出"插入函数"对话框,在"或选择类别(C)"中选择"财务",在下面的函数名中选择"PV"。然后点击"确定"按钮。

(2)在弹出的 PV 函数对话框中,Rate 栏输入 10%,Nper 栏输入 10,Pmt 栏输入 50,也可以直接在 A4 单元格中输入公式"=PV(10%,10,50)",然后点击"确定"按钮。

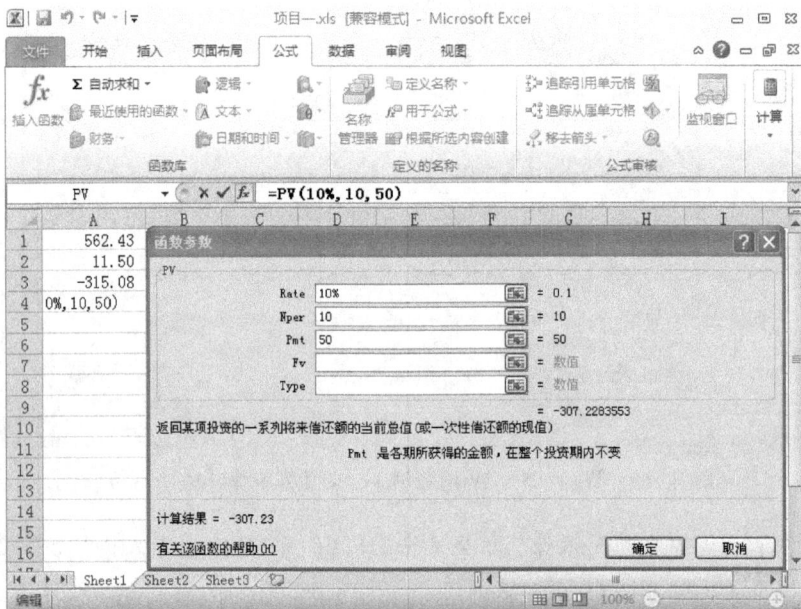

图 11-10 PV 函数例 11-4 计算步骤(1)

(3)在 A4 单元格中自动显示计算结果为-307.23,即:现在应存入基金 307.23 万元。

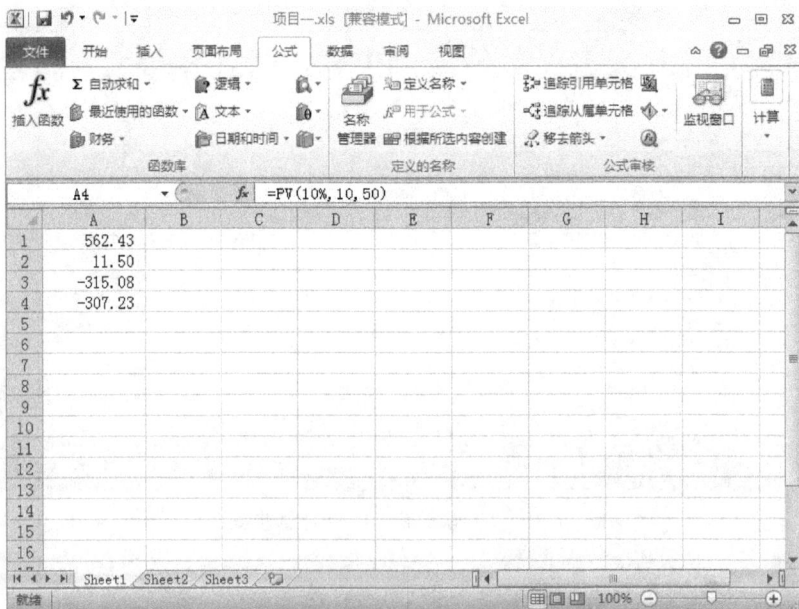

图 11-11 PV 函数例 11-4 计算步骤(2)

➤ 11.1.3 偿债基金和资金回收计算函数

在 Excel 中,计算年金的函数是 PMT。其语法为:PMT(Rate,Nper,Pv,Fv,Type)。其中,Rate、Nper、Pv、Fv、Type 的含义与 FV、PV 函数中的参数含义相同。

小提示

Rate 和 Nper 的单位应一致。例如,同样是 4 年期年利率为 12% 的贷款,如果按月支付,Rate 应为 12%÷12,Nper 应为 4×12;如果按年支付,Rate 应为 12%,Nper 为 4。

1.利用 PMT 函数计算偿债基金——已知终值求年金

【例 11-5】 某企业 5 年后需要一笔 50 万元的资金用于固定资产的更新改造,如果年利率为 5%,问从现在开始该企业每年应存入银行多少钱?

解:(1)启动 Excel 软件。点击主菜单栏上的"公式"→"插入函数"命令(也可直接点击编辑栏上的"f_x"按钮),弹出"插入函数"对话框,在"或选择类别(C)"中选择"财务",在下面的函数名中选择"PMT"。然后点击"确定"按钮。

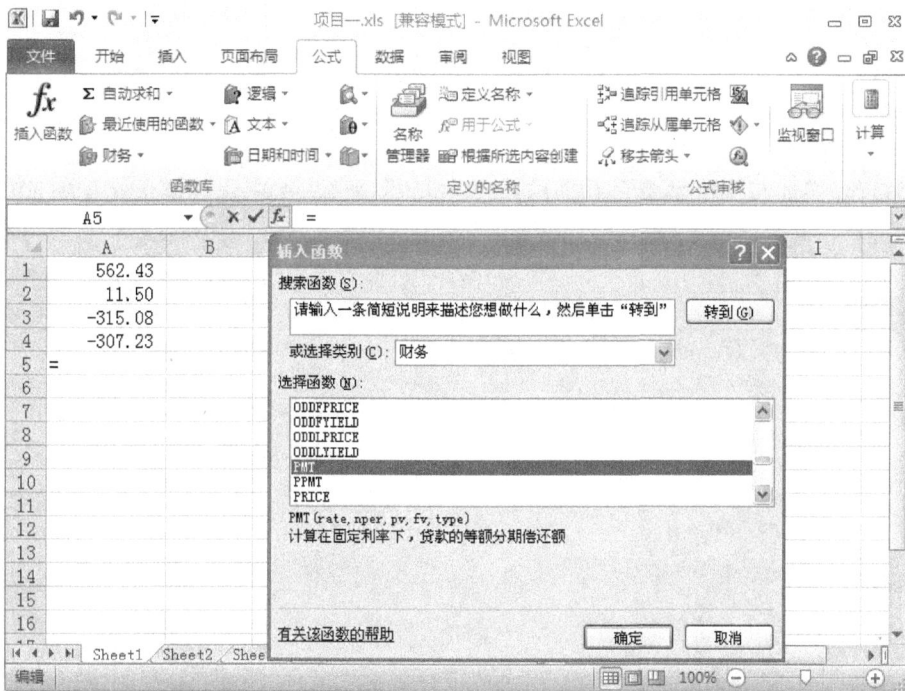

图 11-12 PMT 函数例 11-5 计算步骤(1)

(2)在弹出的 PMT 函数对话框中,Rate 栏输入 5%,Nper 栏输入 5,Fv 栏输入 50,也可以直接在 A5 单元格中输入公式"= PMT(5%,5,,50)",然后点击"确定"按钮。

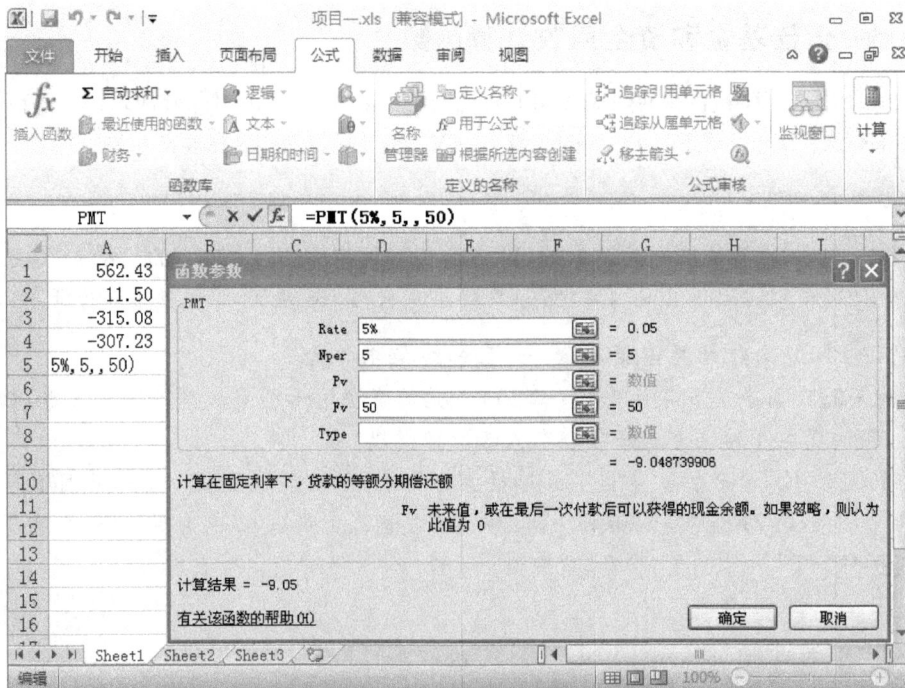

图 11-13　PMT 函数例 11-5 计算步骤(2)

（3）在 A5 单元格中自动显示计算结果为－9.05，即：从现在开始该企业每年应存入银行 9.05 万元。

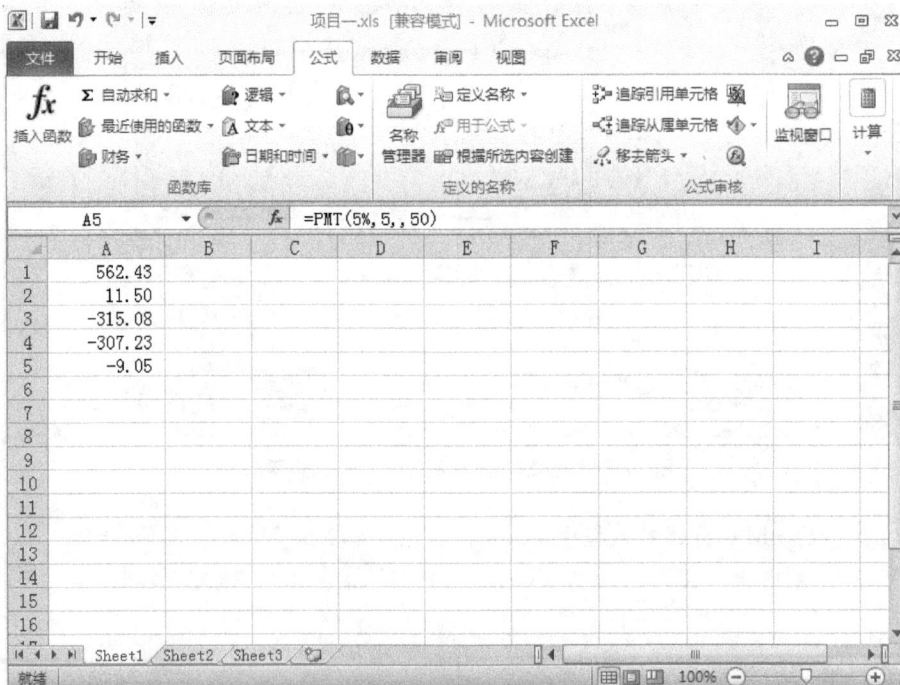

图 11-14　PMT 函数例 11-5 计算步骤(3)

2. 利用 PMT 函数进行资金回收计算——已知现值求年金

【例 11-6】 某项目投资 100 万元,计划在 8 年内全部收回投资,若已知年利率为 8%,问该项目每年平均净收益至少应达到多少?

解: (1)启动 Excel 软件。点击主菜单栏上的"公式"→"插入函数"命令(也可直接点击编辑栏上的"f_x"按钮),弹出"插入函数"对话框,在"或选择类别(C)"中选择"财务",在下面的函数名中选择"PMT"。然后点击"确定"按钮。

(2)在弹出的 PMT 函数对话框中,Rate 栏输入 8%,Nper 栏输入 8,Pv 栏输入 -100,也可以直接在 A6 单元格中输入公式"=PMT(8%,8,-100)",然后点击"确定"按钮。

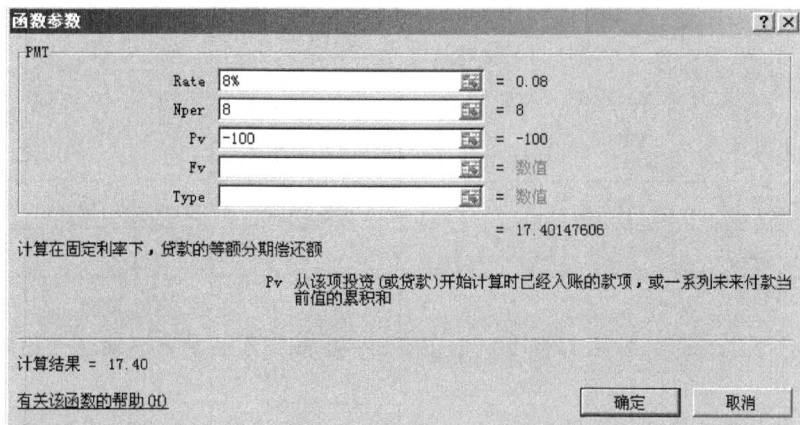

图 11-15   PMT 函数例 11-6 计算步骤(1)

(3)在 A6 单元格中自动显示计算结果为 17.40,即:该项目每年平均净收益至少应达到 17.40 万元。

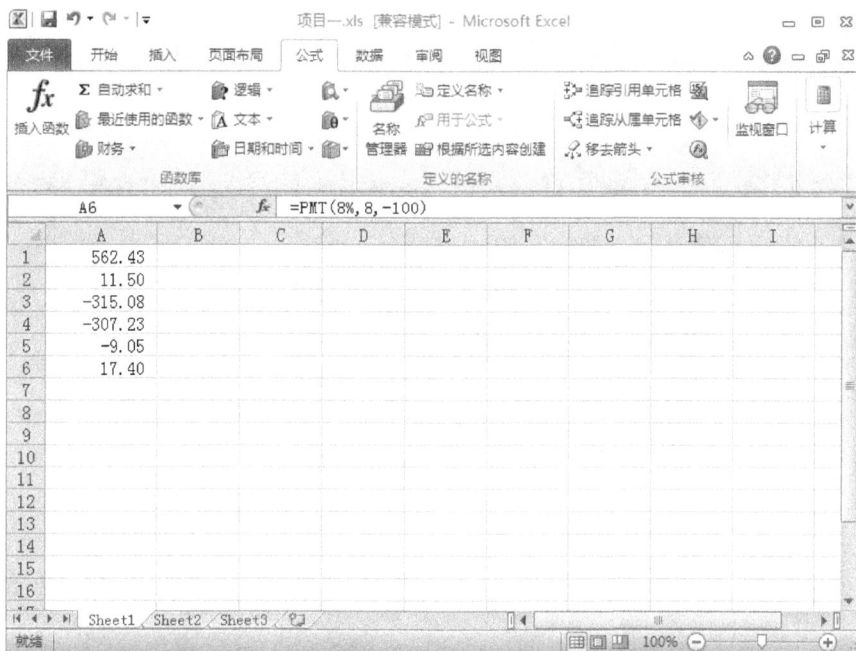

图 11-16   PMT 函数例 11-6 计算步骤(2)

11.2 运用 Excel 计算经济评价指标

在 Excel 中有对工程经济评价指标计算非常有用的财务分析函数,投资决策时,可以借助 Excel 软件计算工程经济指标,代替长而复杂的公式,提高项目经济评价的效率。

11.2.1 用 Excel 求静态投资回收期 Pt

用 Excel 求静态投资回收期 Pt,没有专门的函数,但利用 Excel 工作表计算静态投资回收期,比较方便准确,下面通过一个实例演示其求解方法。

【例 11 - 7】 某项目的净现金流量如表 11 - 1 所示,求该技术方案的静态投资回收期。

表 11 - 1　某项目净现金流量表　　　　　　　　单位:万元

计算期	0	1	2	3	4	5	6
净现金流量	—120	30	30	30	30	30	30

解:(1)启动 Excel 软件,根据表 11 - 1 在 Excel 中建立项目的净现金流量表,见图 11 - 17 所示;

(2)计算累计净现金流量。具体做法是:在单元格 B3 中输入公式"=B2",在单元格 C3 中输入公式"=B3+C2",按回车键,再次选中 C3,拖动 C3 右下角的填充柄直至 H3。

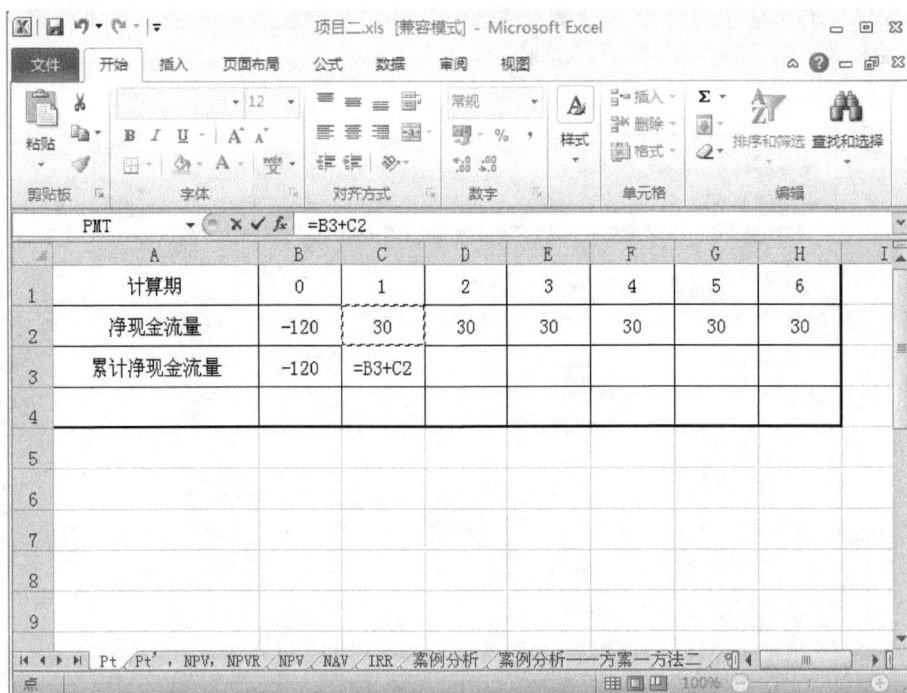

图 11 - 17　例 11 - 7 计算步骤(1)

(3)计算静态投资回收期 Pt。具体做法是：在单元格 B4 中输入公式"＝G1－1＋F3/G2"，得到静态投资回收期为 4 年。

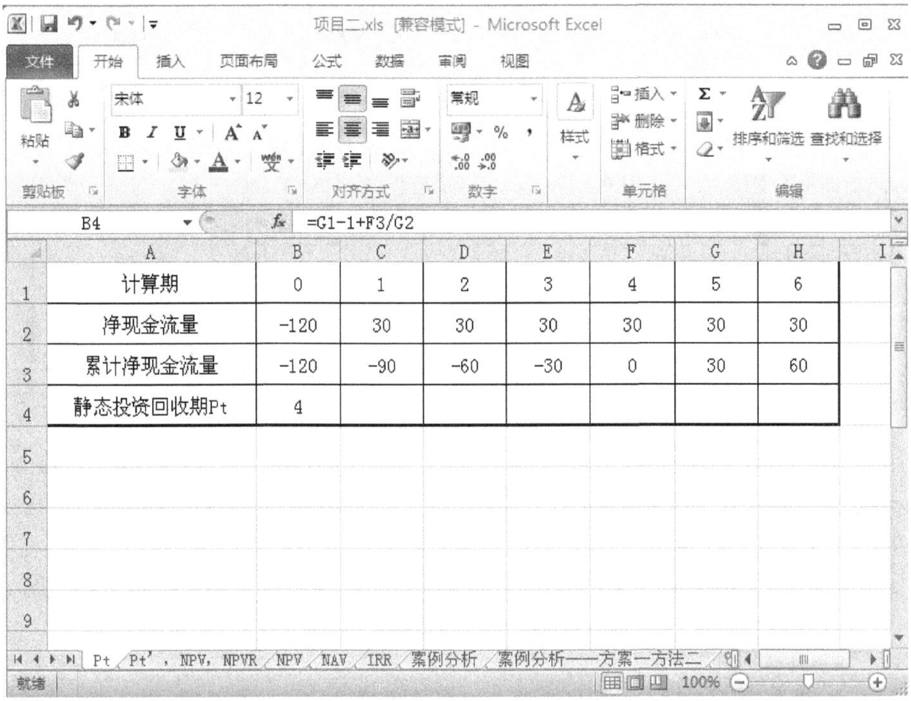

图 11－18　例 11－7 计算步骤(2)

▷ 11.2.2　用 Excel 求动态投资回收期 Pt′

用 Excel 求动态投资回收期 Pt′，也没有专门的函数，下面通过一个实例演示其在 Excel 中的求解方法。

【例 11－8】 某项目净现金流量如表 11－2 所示，基准收益率 $i_c = 10\%$。试计算动态投资回收期。

表 11－2　某项目净现金流量表　　　　　　单位：万元

计算期	0	1	2	3	4	5	6	7
净现金流量	－100	－40	50	40	40	40	50	40

解：(1)启动 Excel 软件，根据表 11－2 在 Excel 中建立项目的净现金流量表；

(2)计算净现金流量的现值 PV：在单元格 B3 中输入公式"＝PV(10%,B1,,－B2)"，按回车键，得到结果为－100，再次选中 B3 单元格，拖动其右下角的填充柄直至 I3。

小提示

此处在 PV 函数中，输入 FV 值时需在单元格前加"－"，保持计算结果仍然是负值。

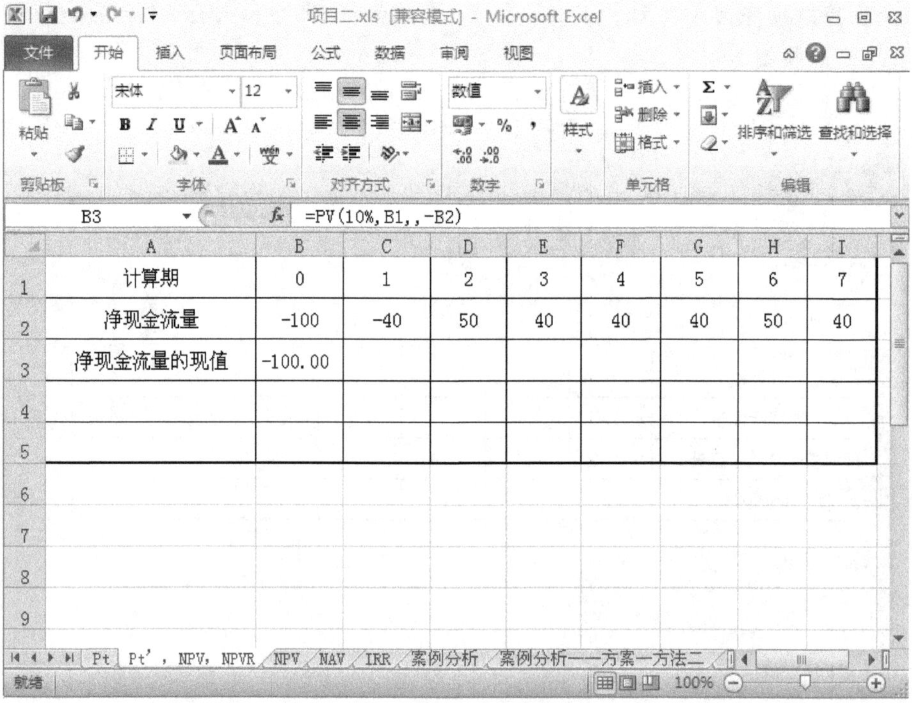

	A	B	C	D	E	F	G	H	I
1	计算期	0	1	2	3	4	5	6	7
2	净现金流量	-100	-40	50	40	40	40	50	40
3	净现金流量的现值	-100.00							
4									
5									

图 11-19　例 11-8 计算步骤(1)

(3)计算累计净现金流量的现值：与计算静态投资回收期中的累计净现金流量的方法相同。

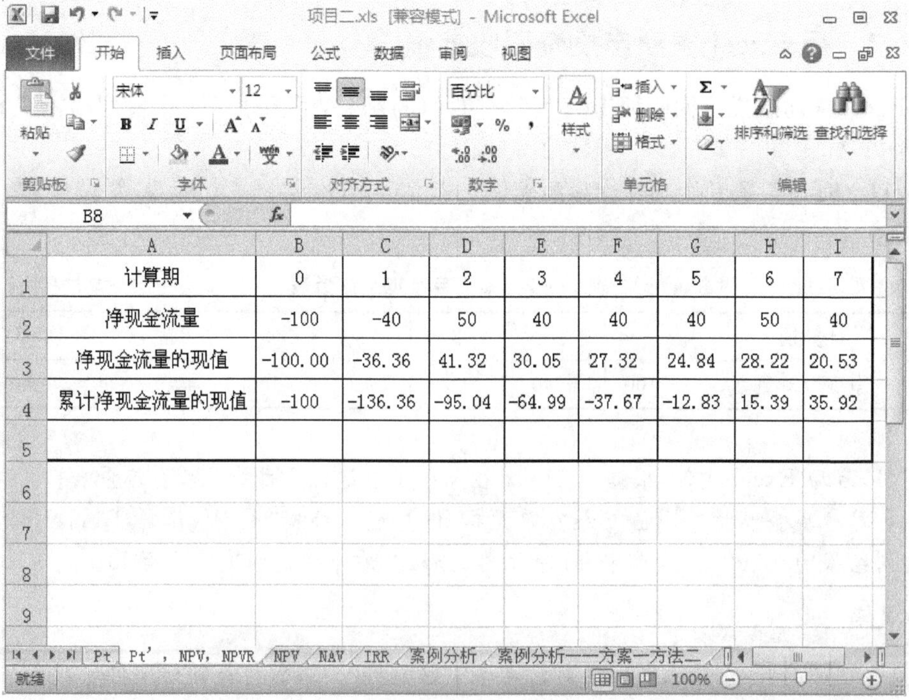

	A	B	C	D	E	F	G	H	I
1	计算期	0	1	2	3	4	5	6	7
2	净现金流量	-100	-40	50	40	40	40	50	40
3	净现金流量的现值	-100.00	-36.36	41.32	30.05	27.32	24.84	28.22	20.53
4	累计净现金流量的现值	-100	-136.36	-95.04	-64.99	-37.67	-12.83	15.39	35.92
5									

图 11-20　例 11-8 计算步骤(2)

(4)计算动态投资回收期 Pt′:在单元格 B5 中输入公式"=H1-1-G4/H3",得到动态投资回收期为 5.45 年(保留两位小数)。

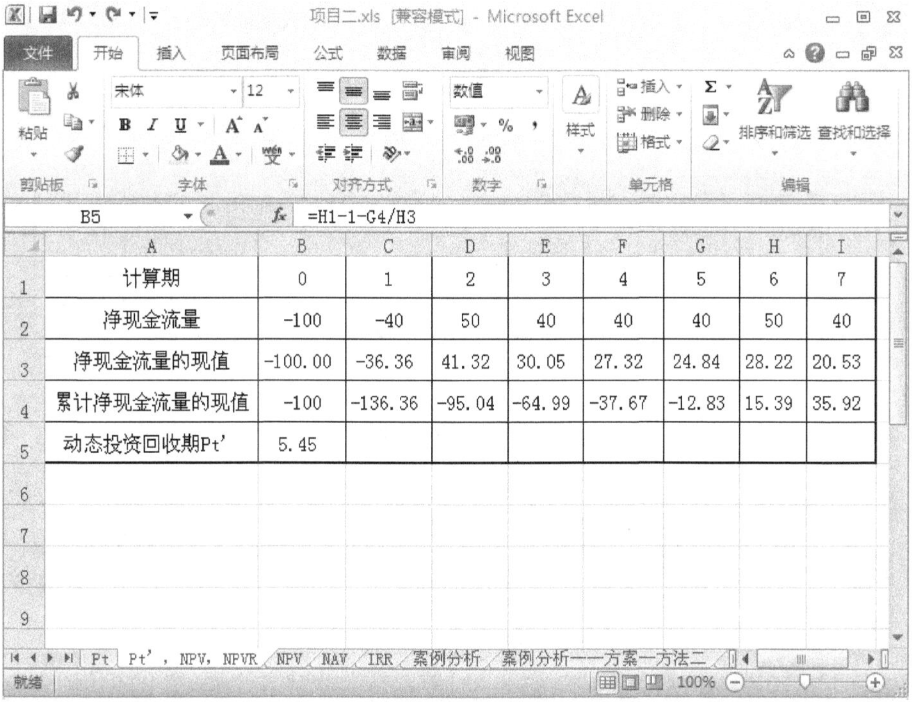

	A	B	C	D	E	F	G	H	I
1	计算期	0	1	2	3	4	5	6	7
2	净现金流量	-100	-40	50	40	40	40	50	40
3	净现金流量的现值	-100.00	-36.36	41.32	30.05	27.32	24.84	28.22	20.53
4	累计净现金流量的现值	-100	-136.36	-95.04	-64.99	-37.67	-12.83	15.39	35.92
5	动态投资回收期Pt′	5.45							

图 11-21 例 11-8 计算步骤(3)

11.2.3 用 Excel 求净现值 NPV

在 Excel 中,净现值函数是 NPV,其语法为:NPV(Rate,Value1,Value2,Value3,…)。

其中,Rate——利率或折现率;

Value1,Value2,Value3,…——不同年份的净现金流量。

小提示

Value1,Value2,Value3,…在时间上必须具有相等间隔,并且都发生在期末,其顺序代表现金流的顺序,输入时一定要按正确的顺序输入支出值和收益值。此外,NPV 函数中,如果投资发生在第 1 年初,也就是第 0 年末,那么这一现金流量不能作为 NPV 函数的参数,而应该单独将其(负值)与该函数的计算结果相加,从而得到该项目的净现值。

【例 11-9】 求例 11-8 中项目的净现值,并判断项目是否可行。

解:(1)启动 Excel 软件。点击主菜单栏上的"公式"→"插入函数"命令(也可直接点击编辑栏上的"f_x"按钮),弹出"插入函数"对话框,在"或选择类别(C)"中选择"财务",中选择"财务",在下面的函数名中选择"NPV"。然后点击"确定"按钮。

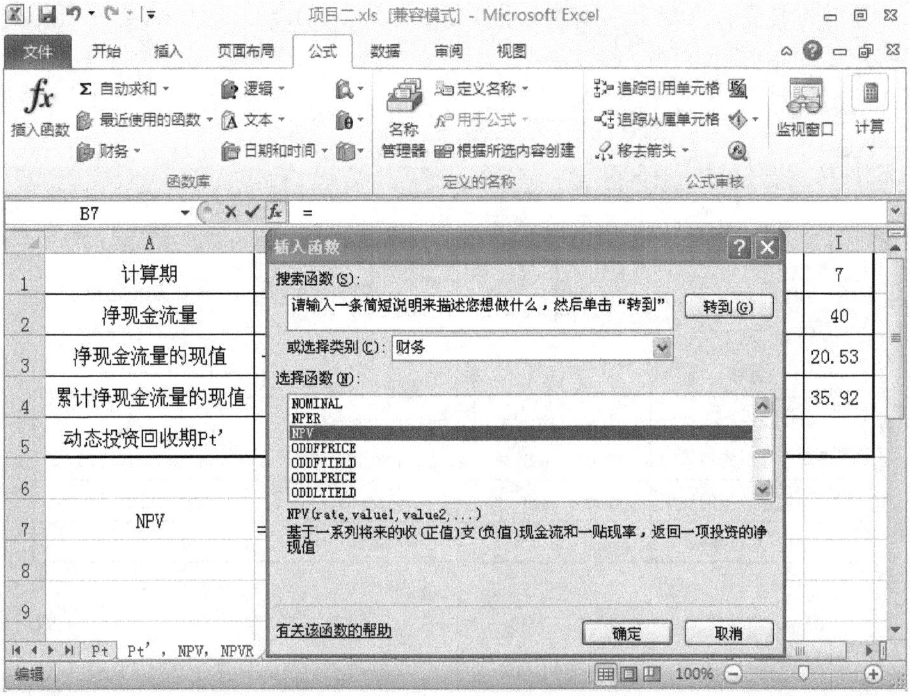

图 11-22 例 11-9 计算步骤(1)

(2)在弹出的 NPV 函数对话框中,Rate 栏输入 10%,Value1 栏输入 C2:I2,也可单击红色箭头处,从 Excel 工作簿里选取数据,点回车键。

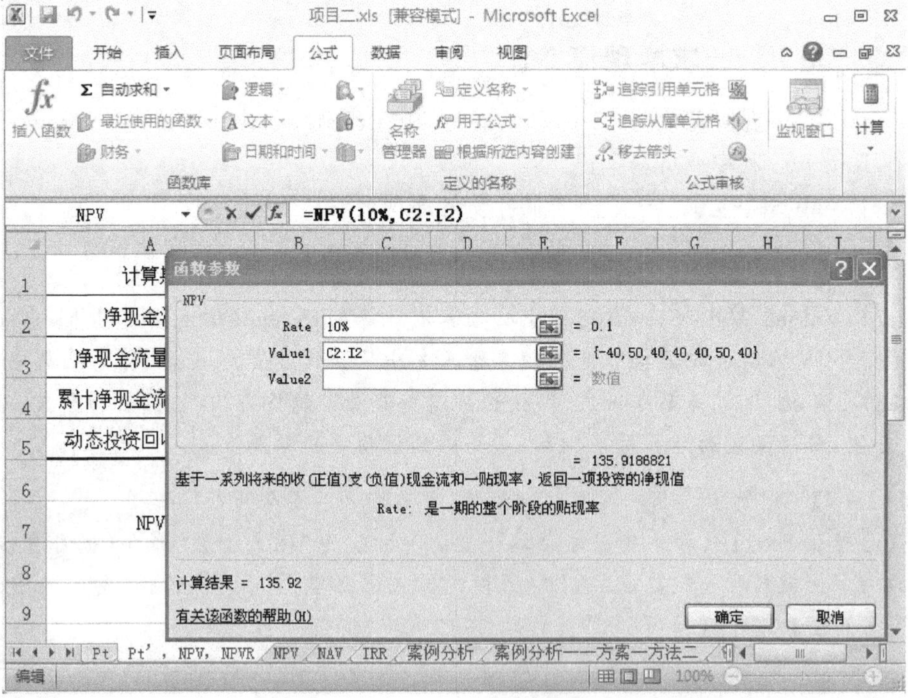

图 11-23 例 11-9 计算步骤(2)

点"确认"按钮,计算结果为 135.92 万元。

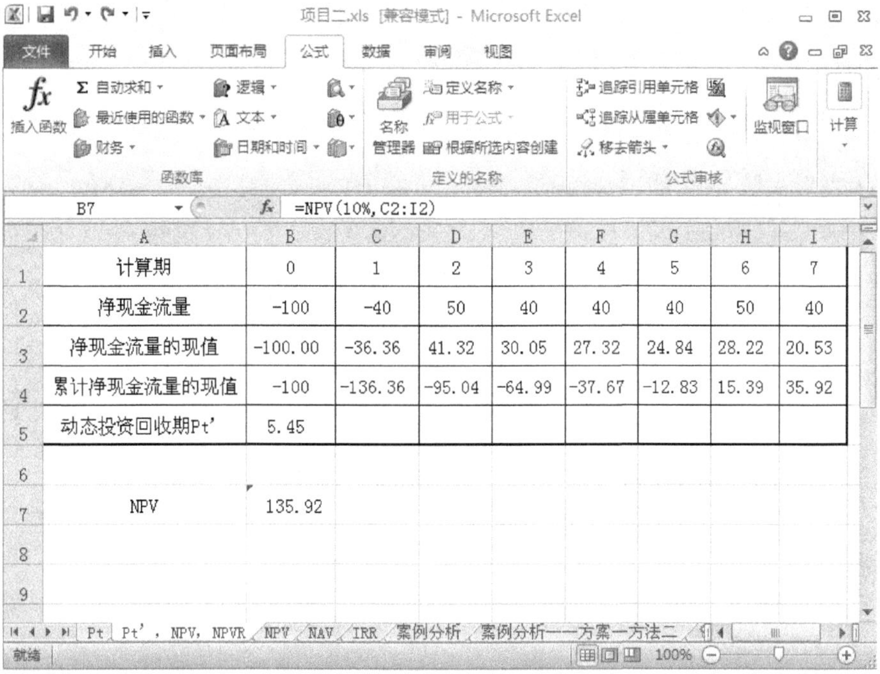

图 11-24 例 11-9 计算步骤(3)

此时,净现值中没有包含第一年年初的投资额,因此需修改 B7 单元格的公式,将 B2 与上一计算结果相加,如图 11-25 所示。

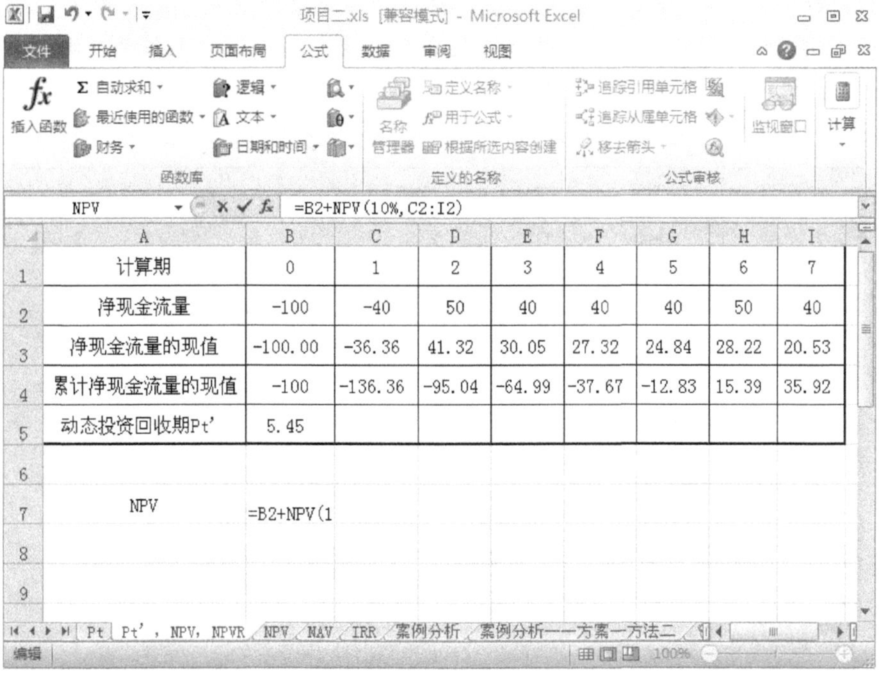

图 11-25 例 11-9 计算步骤(4)

或:直接在 B7 单元格中输入"=B2+NPV(10%,C2:I2)",得到净现值为 35.92。因为净现值大于 0,因此项目可行。

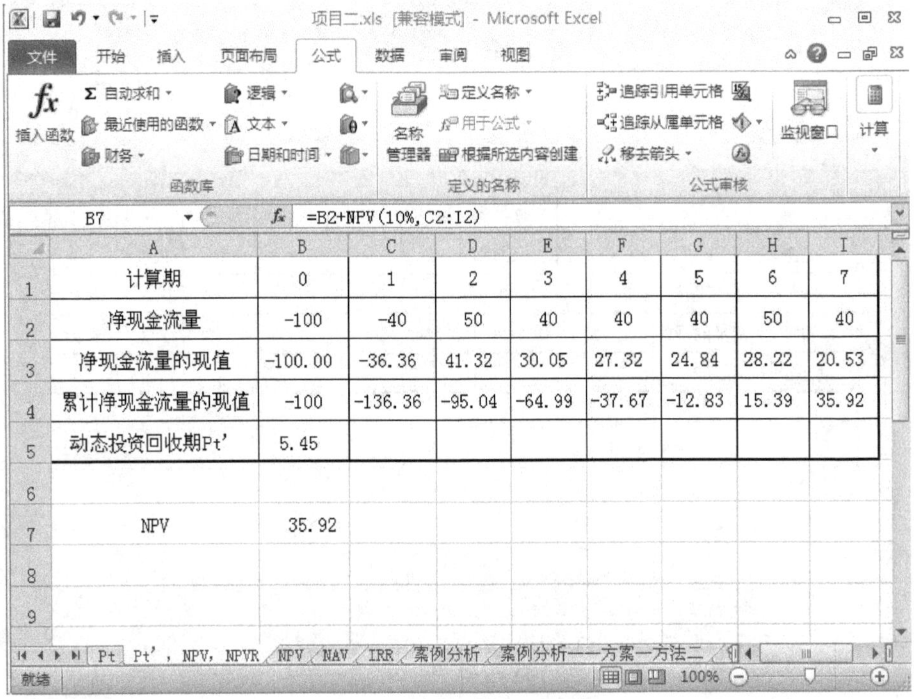

图 11-26 例 11-9 计算步骤(5)

【例 11-10】 一个寿命期为 5 年的项目,要求收益率必须达到 12%。现有两种方案可供选择,方案 A 的投资为 900 万元,方案 B 的投资为 1450 万元,两方案每年可带来的净收入见表 11-3 所示,试计算两种方案的净现值。

表 11-3 方案的净现金流量表   单位:万元

计算期	0	1	2	3	4	5
方案 A	−900	340	340	340	340	340
方案 B	−1450	400	400	400	400	400

解:(1)启动 Excel 软件,根据表 11-3 在 Excel 中建立方案的净现金流量表;

(2)计算方案 A 的 NPV:在 H3 单元格中输入"=B3+NPV(B1,C3:G3)",得到净现值为 325.62 万元。

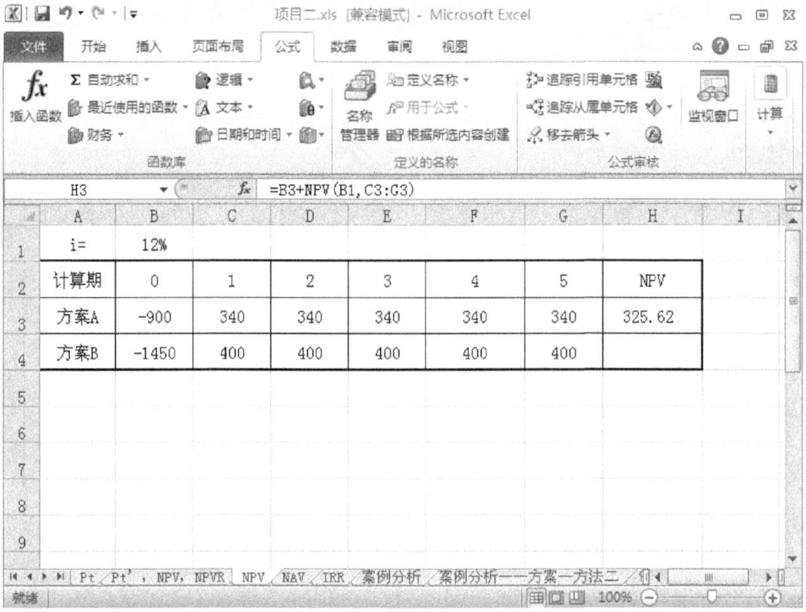

图 11-27 例 11-10 计算步骤(1)

(3)计算方案 B 的 NPV：在 H4 单元格中输入"＝B4＋NPV(B1,C4：G4)"，得到净现值为
－8.09 万元。

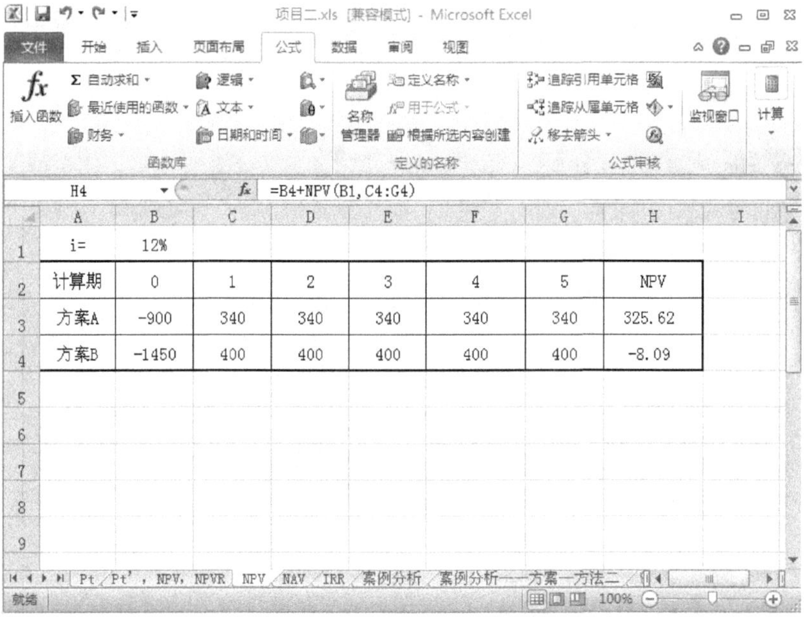

图 11-28 例 11-10 计算步骤(2)

11.2.4 用 Excel 求净现值率 NPVR

用 Excel 求净现值率 NPVR，通过一个实例演示其求解方法。

【例 11-11】 求例 11-8 中项目的净现值率。

解：在 B8 单元格中输入"＝B7/ABS(C4)"，得到该项目的净现值率为 26.34%。其中，ABS( )函数为求绝对值函数。

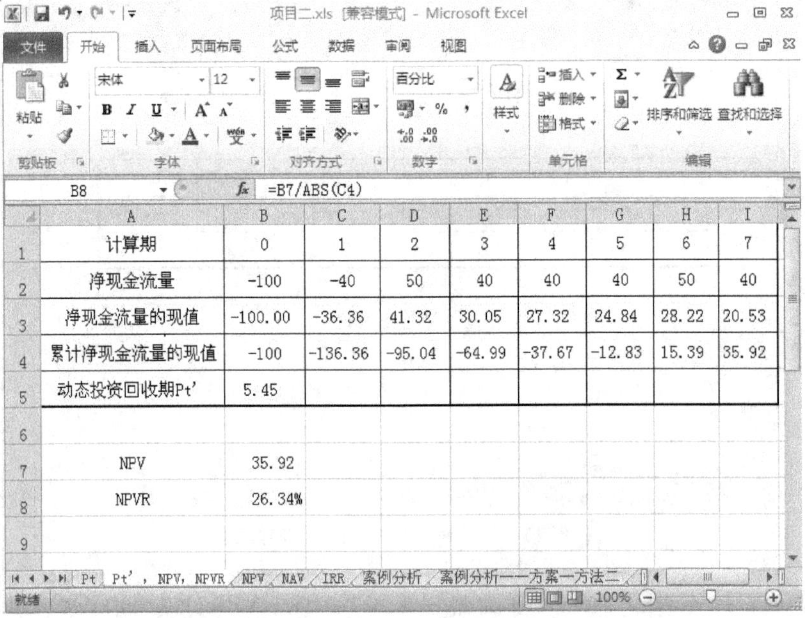

B8 =B7/ABS(C4)

	A	B	C	D	E	F	G	H	I
1	计算期	0	1	2	3	4	5	6	7
2	净现金流量	-100	-40	50	40	40	40	50	40
3	净现金流量的现值	-100.00	-36.36	41.32	30.05	27.32	24.84	28.22	20.53
4	累计净现金流量的现值	-100	-136.36	-95.04	-64.99	-37.67	-12.83	15.39	35.92
5	动态投资回收期Pt'	5.45							
6									
7	NPV	35.92							
8	NPVR	26.34%							
9									

图 11－29　例 11－11 计算步骤(1)

或者：在 B9 单元格中输入"＝B7/ABS(B2＋PV(10%，C1，，－C2))"，得到该项目的净现值率为 26.34%。

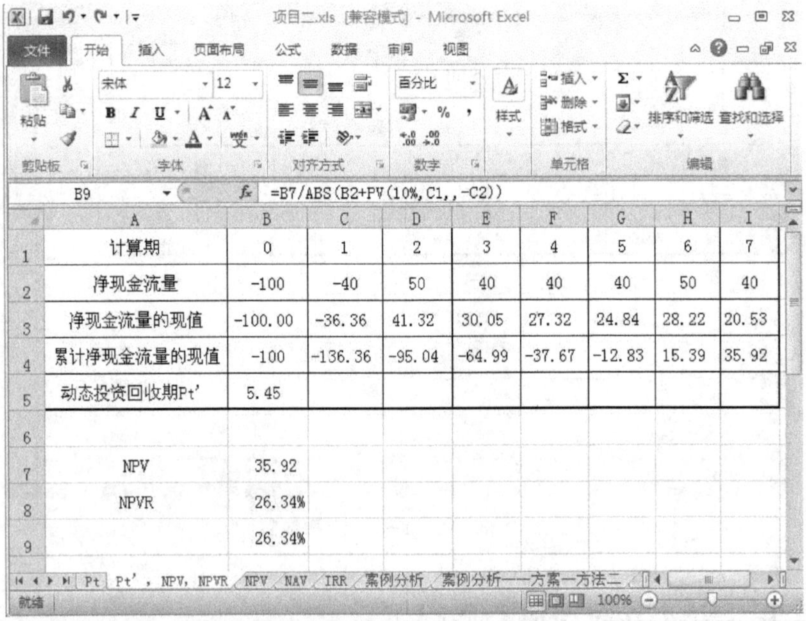

B9 =B7/ABS(B2+PV(10%,C1,,-C2))

	A	B	C	D	E	F	G	H	I
1	计算期	0	1	2	3	4	5	6	7
2	净现金流量	-100	-40	50	40	40	40	50	40
3	净现金流量的现值	-100.00	-36.36	41.32	30.05	27.32	24.84	28.22	20.53
4	累计净现金流量的现值	-100	-136.36	-95.04	-64.99	-37.67	-12.83	15.39	35.92
5	动态投资回收期Pt'	5.45							
6									
7	NPV	35.92							
8	NPVR	26.34%							
9		26.34%							

图 11－30　例 11－11 计算步骤(2)

▷ 11.2.5　用 Excel 求净年值 NAV

用 Excel 求净年值 NAV,可以先计算出净现值 NPV,再用 PMT 函数求出净年值 NAV。

【例 11-12】　已知 A、B 两种设备均能满足使用要求,A 设备的市场价为 150 万元,使用寿命为 4 年,每年可带来收入 50 万元;B 设备的市场价为 240 万元,使用寿命为 6 年,每年可带来收入 60 万元,试在基准折现率为 10% 的条件下选择经济上有利的方案。

解:(1)启动 Excel 软件,在 Excel 中建立方案的净现金流量表。

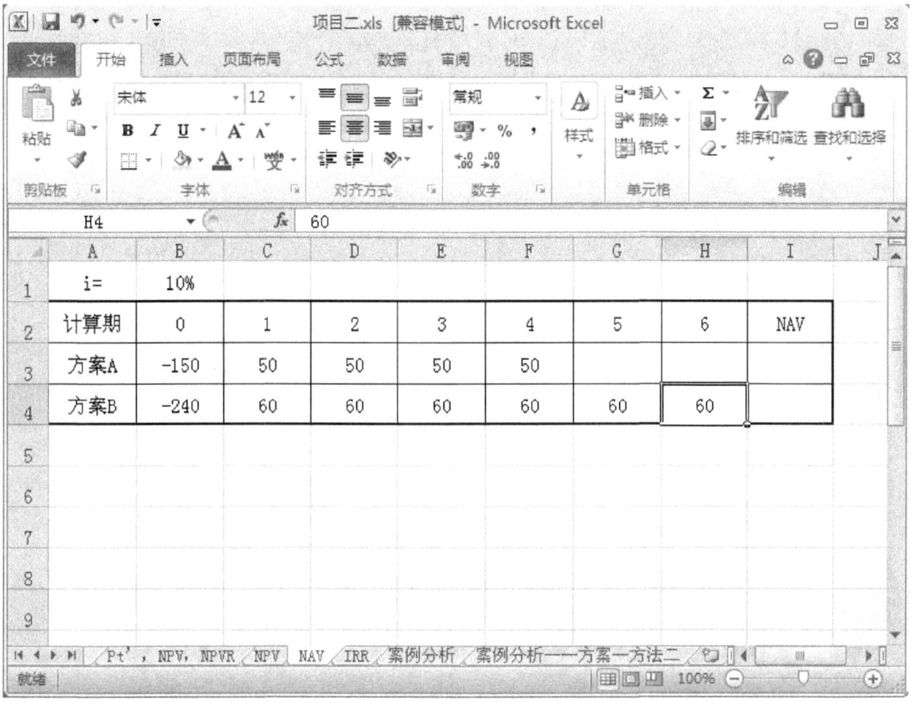

图 11-31　例 11-12 计算步骤(1)

(2)计算方案 A 的净年值:在 I3 单元格输入"＝PMT(B1,F2,－(B3＋NPV(B1,C3∶F3)))",运行后得到计算结果为 2.68 万元。

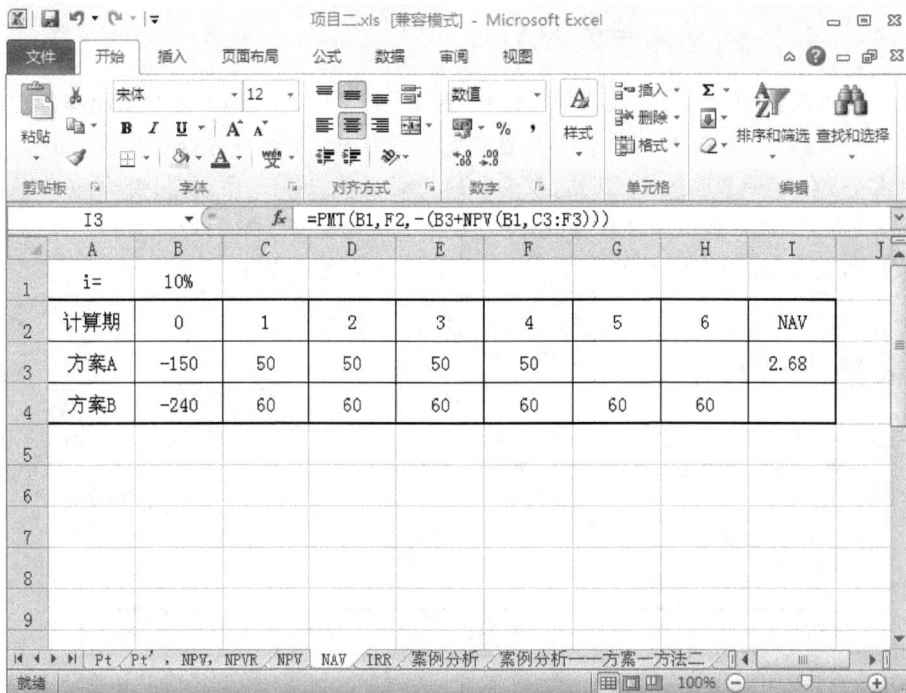

图 11-32 例 11-12 计算步骤(2)

（3）计算方案 B 的净年值：在 I4 单元格输入"＝PMT(B1,H2,－(B4＋NPV(B1,C4：H4)))"，运行后得到计算结果为 4.89 万元。

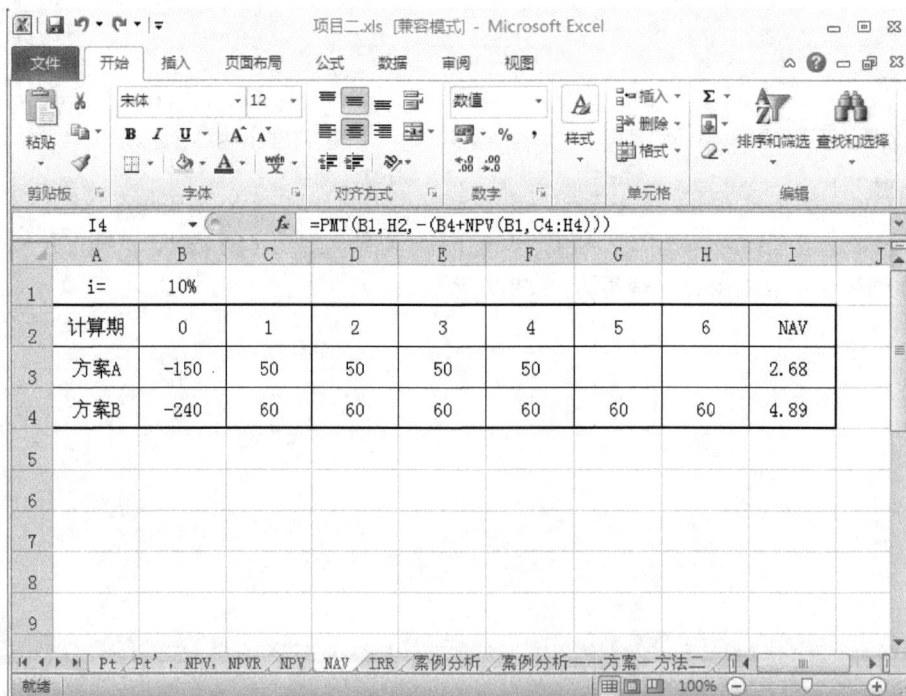

图 11-33 例 11-12 计算步骤(3)

因为 $NAV_B > NAV_A$，因此，方案 B 在经济上更为有利。

➤ 11.2.6　用 Excel 求内部收益率 IRR

在 Excel 中，内部收益率函数是 IRR。其语法为 IRR(Values,Guess)。

其中，Values——数组或含有数值的单元格的引用。Values 必须包含至少一个正值和一个负值，且应按现金流的顺序输入。如果数组或引用，包含文本、逻辑值或空白单元格，这些数值将被忽略。

Guess——内部收益率的猜测值，是确定的计算起点。如果忽略，则为 0.1(10%)。

小提示

Excel 使用迭代法计算函数 IRR 从 Guess 开始，函数 IRR 不断修正收益率，直至结果的精度达到 0.00001%。如果函数 IRR 经过 20 次迭代，仍未找到结果，则返回错误值#NUM!。如果函数 IRR 返回错误值#NUM!，或结果没有靠近期望值，可以给 Guess 换一个值再试一下。

【例 11-13】 已知某方案第零年投资 2000 元，第一年收益为 300 元，第二、第三、第四年均获收益 500 元，第五收益为 1200 元，试计算该方案的内部收益率。

解：(1)启动 Excel 软件，在 Excel 中建立方案的净现金流量表，如图 11-34 所示。

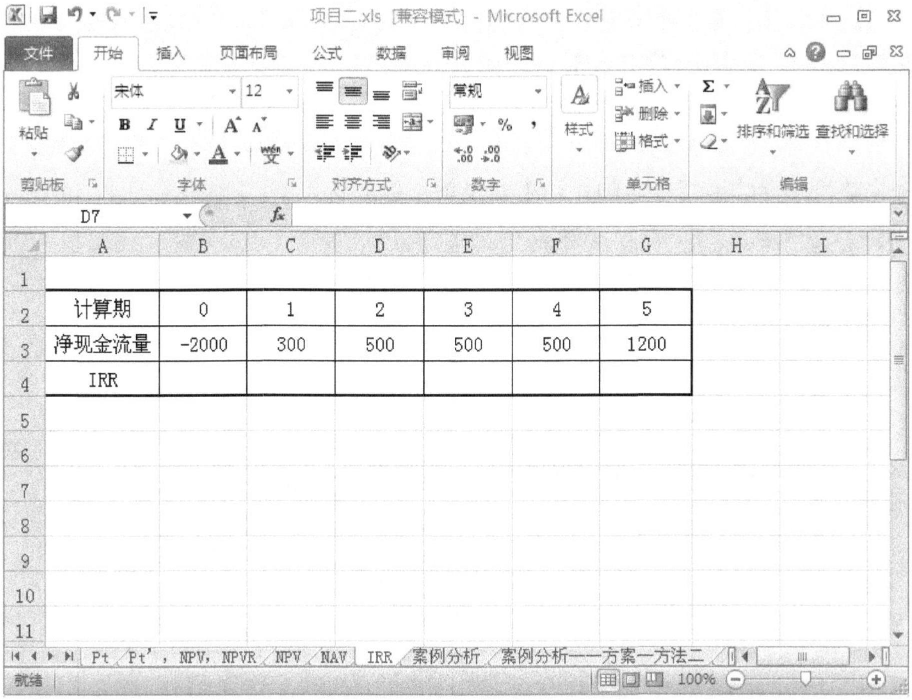

图 11-34　例 11-13 计算步骤(1)

(2)计算方案的内部收益率：在单元格 B4 中输入"=IRR(B3：G3)"，点击回车键，得到内部收益率为 12.35%。

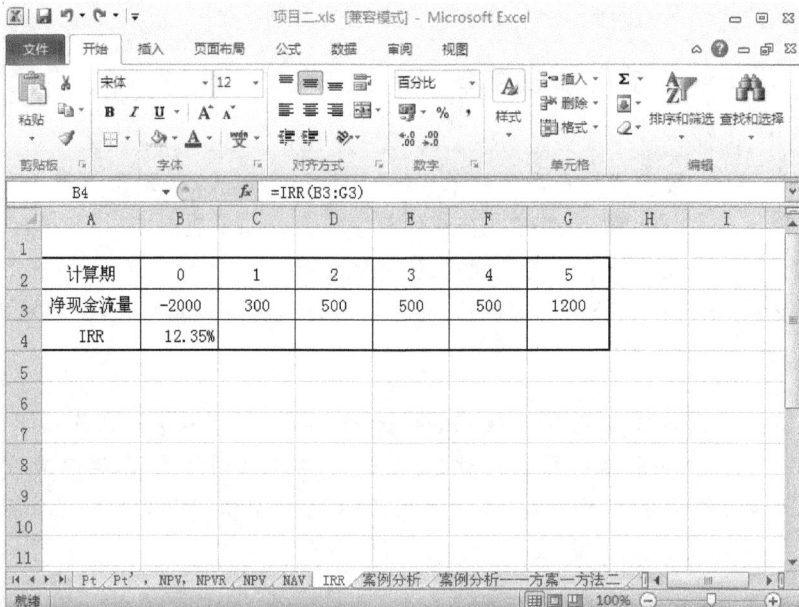

图 11-35　例 11-13 计算步骤(2)

如果不建立方案的净现金流量表,也可采用以下操作计算内部收益率:

启动 Excel 软件。点击主菜单栏上的"公式"→"插入函数"命令(也可直接点击编辑栏上的"f_x"按钮),弹出"插入函数"对话框,在"函数分类"栏中选择"财务",在下面的函数名中选择"IRR"。然后点击"确定"按钮。在弹出的对话框中 Value 栏内输入一组净现金流量,两头用大括号"{}",中间用逗号隔开,即"{-2000,300,500,500,500,1200}",单击"确定",将 IRR 的计算结果放到 Excel 工作簿中的任一单元格内。

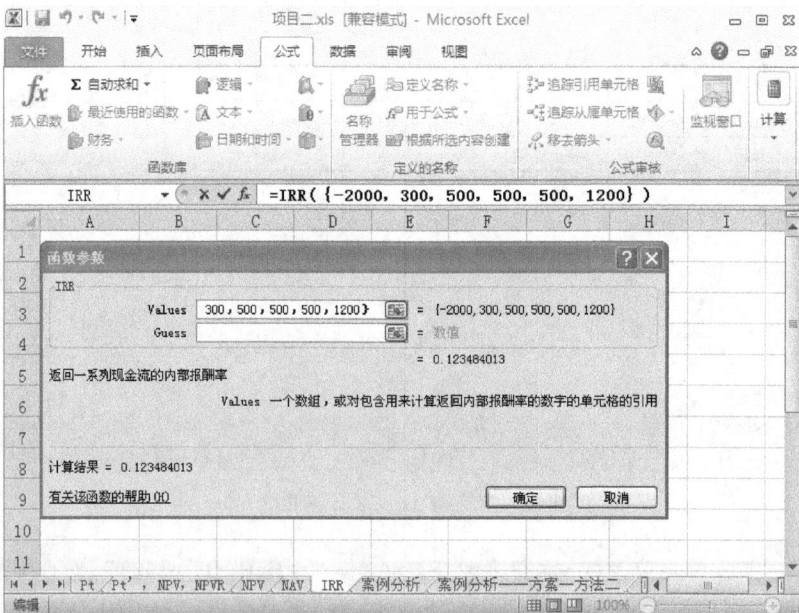

图 11-36　例 11-13 计算步骤(3)

其计算结果与插入法的计算结果一致。显然,利用 Excel 使 IRR 的计算不仅相当简便,而且十分准确,大大提高了工作效率。

➤ 11.2.7　案例分析

【例 11-14】　某项目有两个方案可供选择。方案一:寿命期 8 年,第 1 年投资 100 万,第 2 年到第 8 年的年净收益为 25 万元;方案二:寿命期 6 年,第 1 年投资 300 万,第 2 年到第 6 年的年净收益为 100 万元;利率 10%。试根据静态投资回收期、动态投资回收期、净现值、净现值率、净年值、内部收益率指标对两个方案进行比较。

解:

1. 在 Excel 中建立方案一的净现金流量表。

图 11-37　例 11-14 计算步骤(1)

(1)计算静态投资回收期。

计算累计净现金流量:在单元格 B4 中输入公式"=B3",在单元格 C4 中输入公式"=B4+C3",按回车键,再次选中 C4,拖动 C4 右下角的填充柄直至 I4。

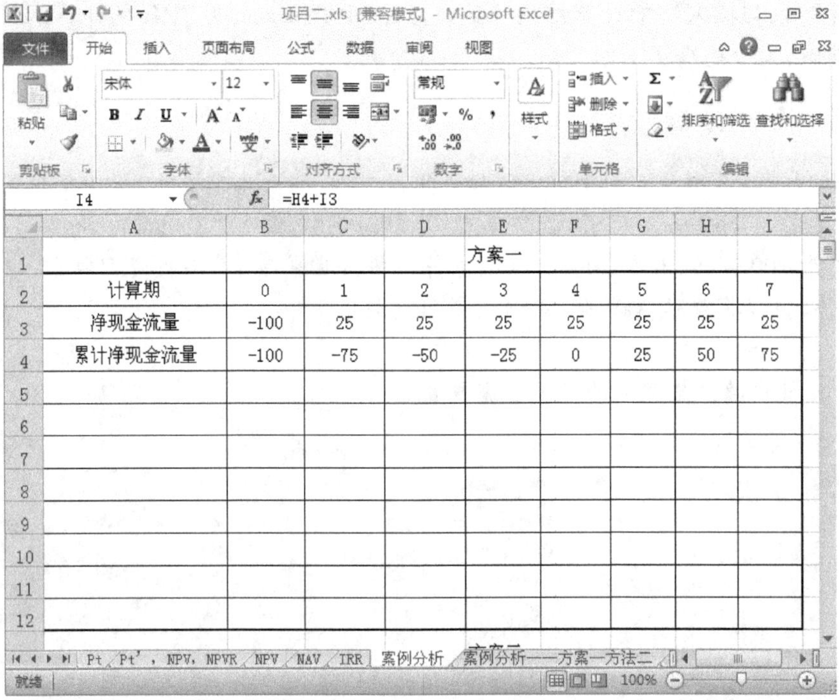

	A	B	C	D	E	F	G	H	I
1					方案一				
2	计算期	0	1	2	3	4	5	6	7
3	净现金流量	-100	25	25	25	25	25	25	25
4	累计净现金流量	-100	-75	-50	-25	0	25	50	75

图 11-38　例 11-14 计算步骤(2)

计算静态投资回收期 Pt：在单元格 B5 中输入公式“=G2-1-F4/G3”，得到静态投资回收期为 4 年。

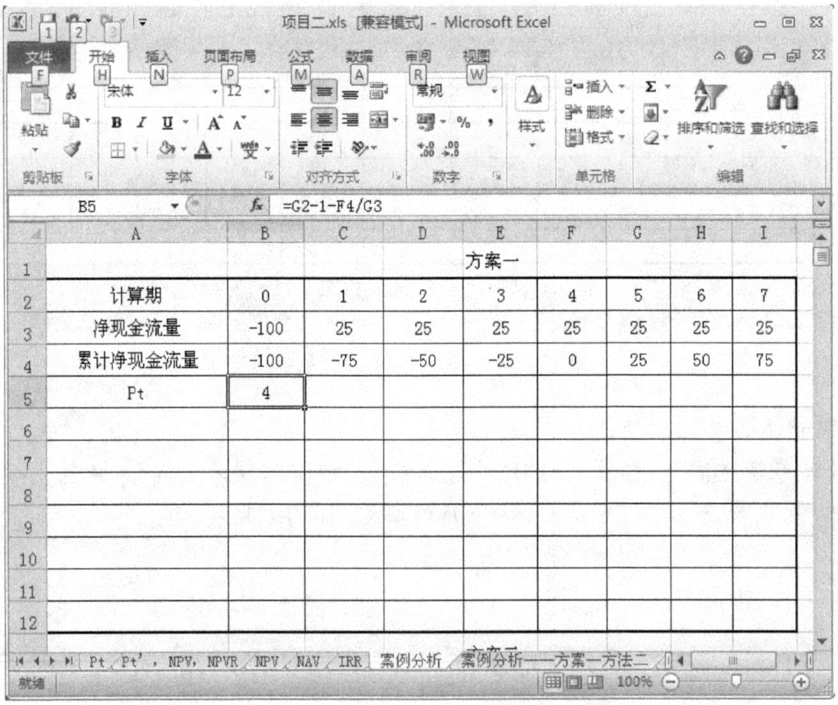

	A	B	C	D	E	F	G	H	I
1					方案一				
2	计算期	0	1	2	3	4	5	6	7
3	净现金流量	-100	25	25	25	25	25	25	25
4	累计净现金流量	-100	-75	-50	-25	0	25	50	75
5	Pt	4							

图 11-39　例 11-14 计算步骤(3)

(2)计算动态投资回收期。

计算净现金流量的现值PV：在单元格B6中输入公式"＝PV(10％,B2,,－B3)"，按回车键，得到结果为－100，再次选中B6单元格，拖动其右下角的填充柄直至I6。

图11-40　例11-14计算步骤(4)

计算净现金流量的现值PV，还可以采用另一种方法：在单元格B6中输入公式"＝B3"；在单元格C6中输入公式"＝NPV(10％,C3)"（即在Rate中输入"10％"，在Value1中输入"C3"）；在单元格D6中输入公式"＝NPV(10％,,D3)"（即在Rate中输入"10％"，在Value1留空白，在Value2中输入"D3"）；以此类推，直至I6。

图11-41　例11-14计算步骤(5)

计算累计净现金流量的现值：与计算静态投资回收期中的累计净现金流量的方法相同。

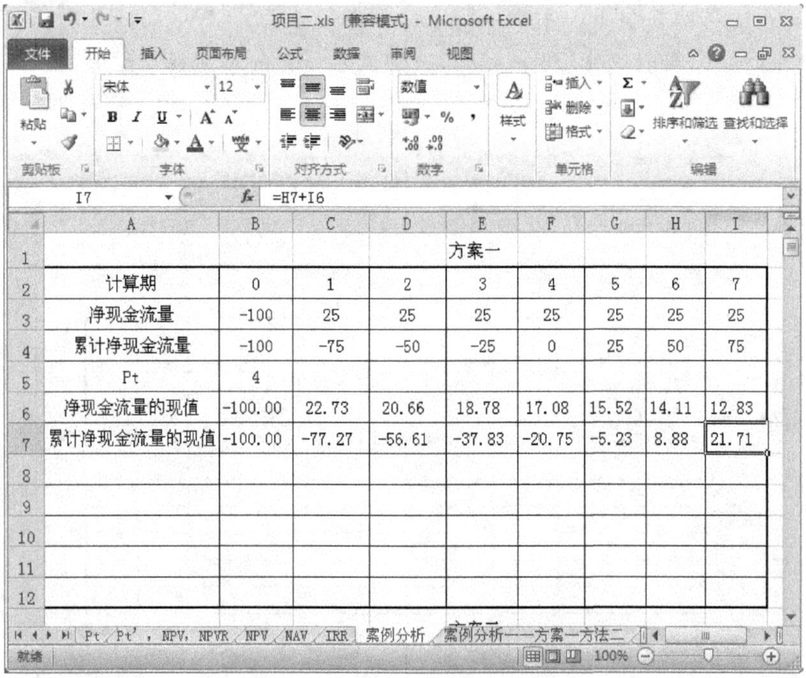

	A	B	C	D	E	F	G	H	I
1					方案一				
2	计算期	0	1	2	3	4	5	6	7
3	净现金流量	-100	25	25	25	25	25	25	25
4	累计净现金流量	-100	-75	-50	-25	0	25	50	75
5	Pt	4							
6	净现金流量的现值	-100.00	22.73	20.66	18.78	17.08	15.52	14.11	12.83
7	累计净现金流量的现值	-100.00	-77.27	-56.61	-37.83	-20.75	-5.23	8.88	21.71

图 11-42 例 11-14 计算步骤(6)

计算动态投资回收期 Pt′：在单元格 B8 中输入公式"＝H2－1－G7/H6"，得到动态投资回收期为 5.37 年(保留两位小数)。

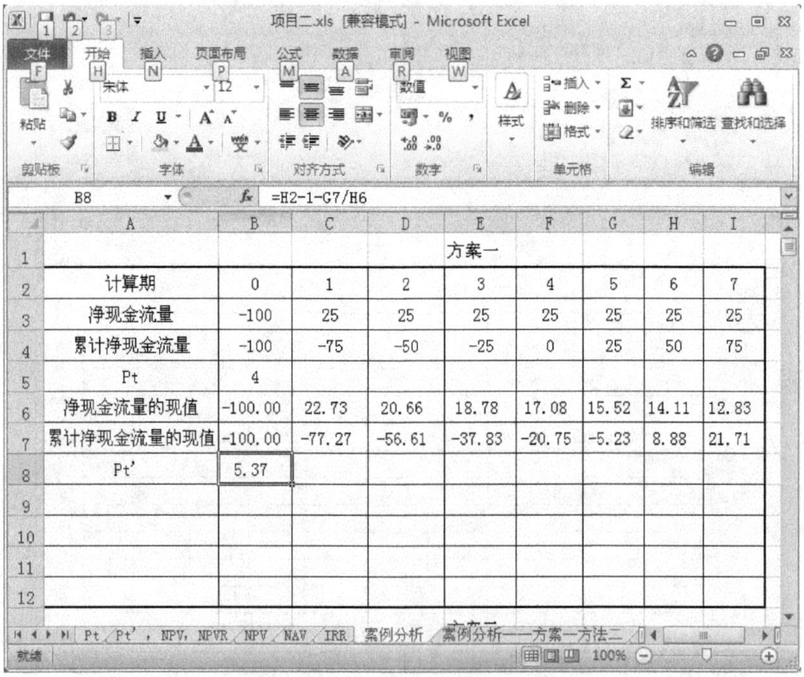

	A	B	C	D	E	F	G	H	I
1					方案一				
2	计算期	0	1	2	3	4	5	6	7
3	净现金流量	-100	25	25	25	25	25	25	25
4	累计净现金流量	-100	-75	-50	-25	0	25	50	75
5	Pt	4							
6	净现金流量的现值	-100.00	22.73	20.66	18.78	17.08	15.52	14.11	12.83
7	累计净现金流量的现值	-100.00	-77.27	-56.61	-37.83	-20.75	-5.23	8.88	21.71
8	Pt′	5.37							

图 11-43 例 11-14 计算步骤(7)

(3)计算净现值。

在单元格 B9 中输入公式“=B3+NPV(10%,C3:I3)”,得到净现值为 21.71。

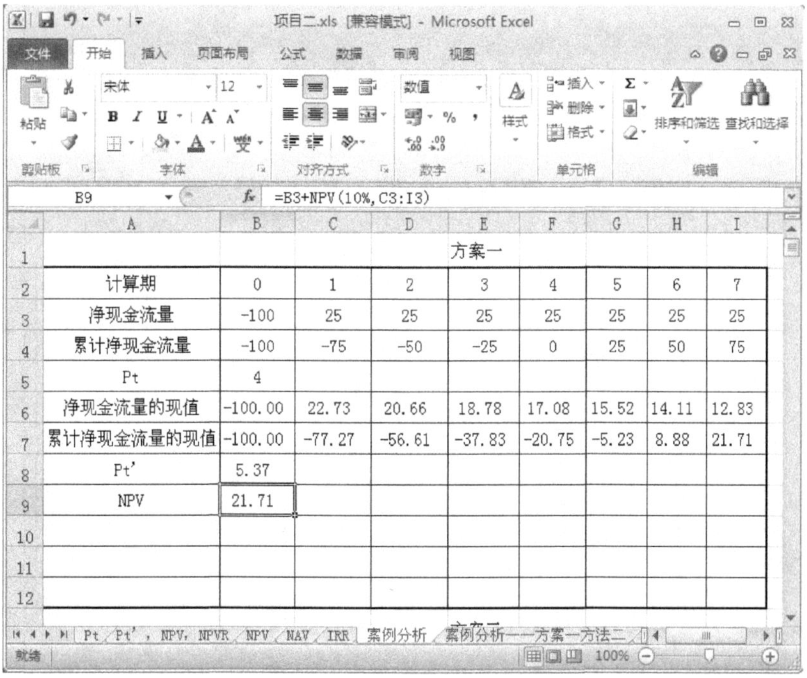

	方案一							
计算期	0	1	2	3	4	5	6	7
净现金流量	-100	25	25	25	25	25	25	25
累计净现金流量	-100	-75	-50	-25	0	25	50	75
Pt	4							
净现金流量的现值	-100.00	22.73	20.66	18.78	17.08	15.52	14.11	12.83
累计净现金流量的现值	-100.00	-77.27	-56.61	-37.83	-20.75	-5.23	8.88	21.71
Pt'	5.37							
NPV	21.71							

图 11-44　例 11-14 计算步骤(8)

(4)计算净现值率。

在单元格 B10 中输入公式“=B9/100”,得到净现值率为 0.22。

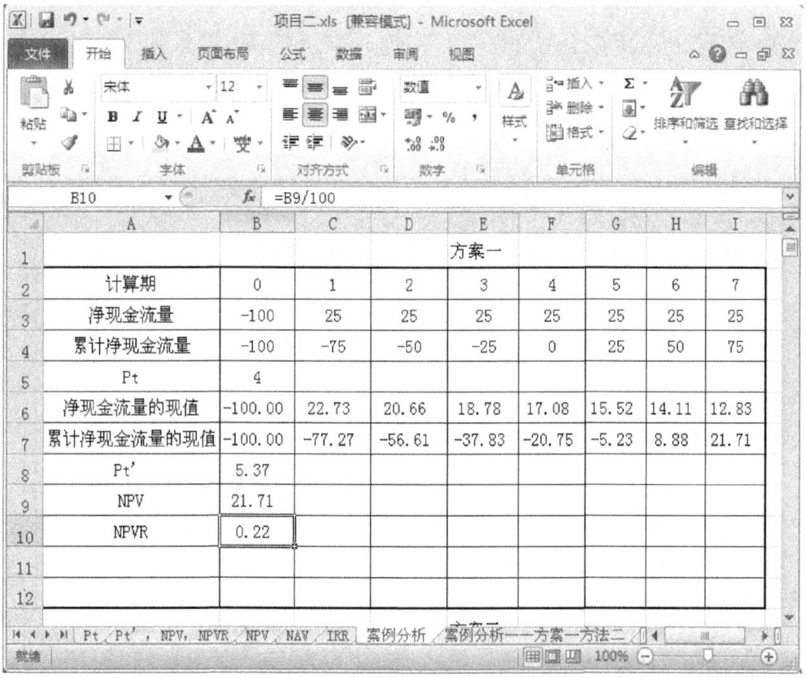

	方案一							
计算期	0	1	2	3	4	5	6	7
净现金流量	-100	25	25	25	25	25	25	25
累计净现金流量	-100	-75	-50	-25	0	25	50	75
Pt	4							
净现金流量的现值	-100.00	22.73	20.66	18.78	17.08	15.52	14.11	12.83
累计净现金流量的现值	-100.00	-77.27	-56.61	-37.83	-20.75	-5.23	8.88	21.71
Pt'	5.37							
NPV	21.71							
NPVR	0.22							

图 11-45　例 11-14 计算步骤(9)

(5)计算净年值。

在单元格B11中输入公式“=PMT(10%,7,-B9)”，得到净年值为4.46。

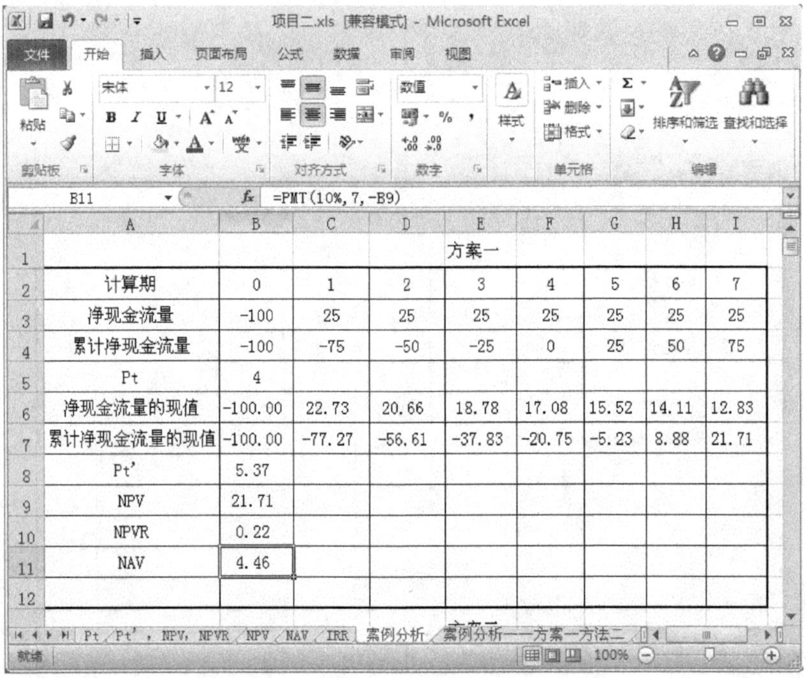

B11　=PMT(10%,7,-B9)

	A	B	C	D	E	F	G	H	I
1					方案一				
2	计算期	0	1	2	3	4	5	6	7
3	净现金流量	-100	25	25	25	25	25	25	25
4	累计净现金流量	-100	-75	-50	-25	0	25	50	75
5	Pt	4							
6	净现金流量的现值	-100.00	22.73	20.66	18.78	17.08	15.52	14.11	12.83
7	累计净现金流量的现值	-100.00	-77.27	-56.61	-37.83	-20.75	-5.23	8.88	21.71
8	Pt'	5.37							
9	NPV	21.71							
10	NPVR	0.22							
11	NAV	4.46							
12									

图11-46　例11-14计算步骤(10)

(6)计算内部收益率。

在单元格B12中输入公式“=IRR(B3：I3)”，得到内部收益率为16%。

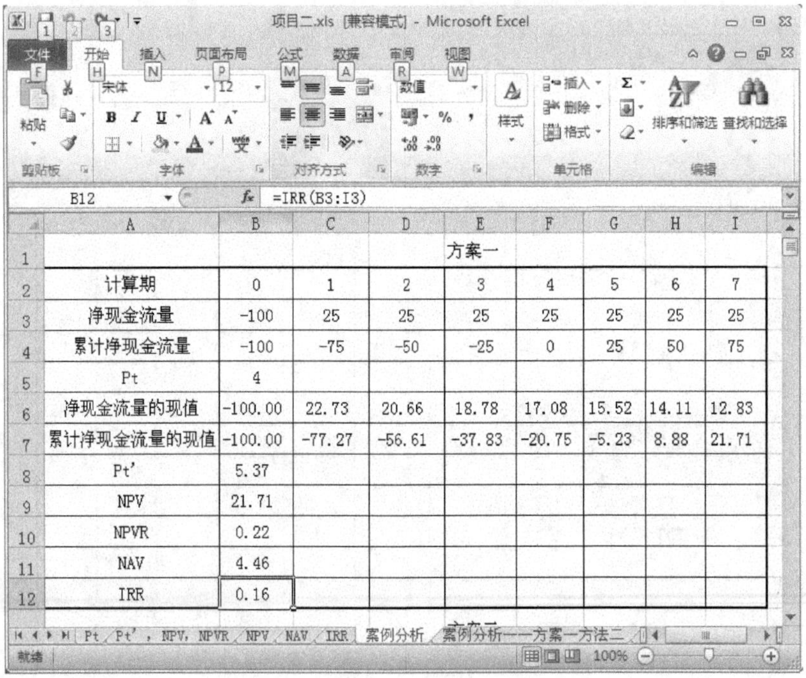

B12　=IRR(B3:I3)

	A	B	C	D	E	F	G	H	I
1					方案一				
2	计算期	0	1	2	3	4	5	6	7
3	净现金流量	-100	25	25	25	25	25	25	25
4	累计净现金流量	-100	-75	-50	-25	0	25	50	75
5	Pt	4							
6	净现金流量的现值	-100.00	22.73	20.66	18.78	17.08	15.52	14.11	12.83
7	累计净现金流量的现值	-100.00	-77.27	-56.61	-37.83	-20.75	-5.23	8.88	21.71
8	Pt'	5.37							
9	NPV	21.71							
10	NPVR	0.22							
11	NAV	4.46							
12	IRR	0.16							

图11-47　例11-14计算步骤(11)

2. 在 Excel 中建立方案二的净现金流量表。

(1)计算静态投资回收期。

计算累计净现金流量:在 B16 中输入公式"=B15",在 C16 中输入公式"=B16+C15",按回车键,再次选中 C16 单元格,拖动其右下角的填充柄直至 G16。计算静态投资回收期 Pt:在 B17 中输入公式"=F14-1-E16/F15",得到静态投资回收期为 3 年。

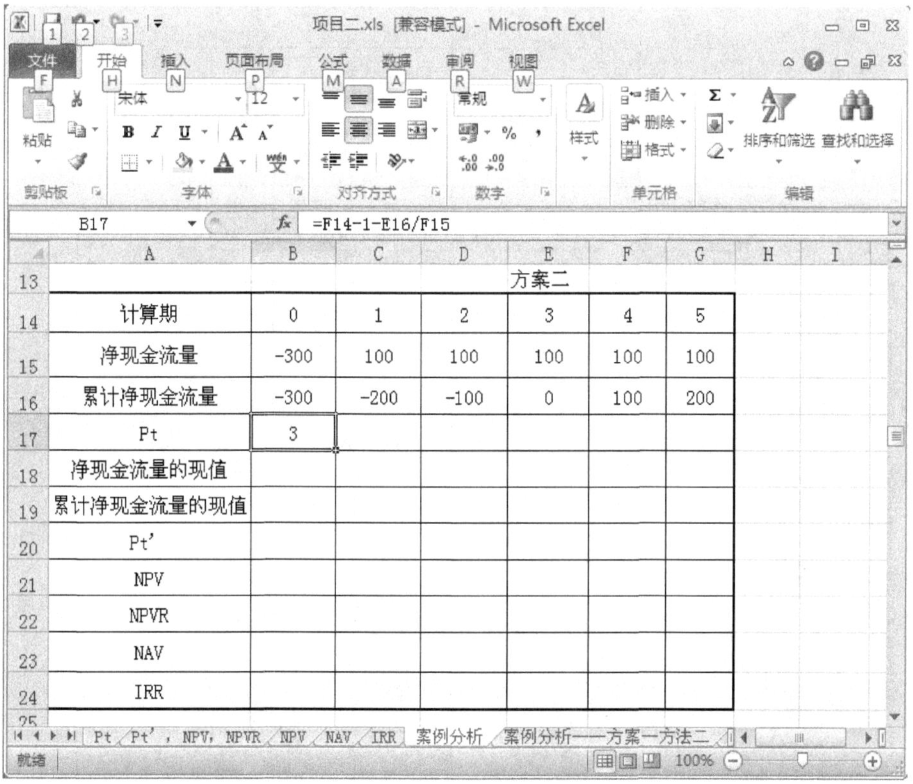

	B	C	D	E	F	G
			方案二			
计算期	0	1	2	3	4	5
净现金流量	-300	100	100	100	100	100
累计净现金流量	-300	-200	-100	0	100	200
Pt	3					
净现金流量的现值						
累计净现金流量的现值						
Pt'						
NPV						
NPVR						
NAV						
IRR						

图 11-48 例 11-14 计算步骤(12)

(2)计算动态投资回收期。

计算净现金流量的现值 PV:在 B18 中输入公式"=B15",在 C18 中输入公式"=PV(10%,C14,,-C15)",按回车键,得到结果为 90.91,再次选中 C18 单元格,拖动其右下角的填充柄直至 G18。计算累计净现金流量的现值,与计算静态投资回收期中累计净现金流量的方法相同。

计算动态投资回收期 Pt′:在 B20 中输入公式"=F14-1-E19/F18",得到动态投资回收期为 3.75 年(保留两位小数)。

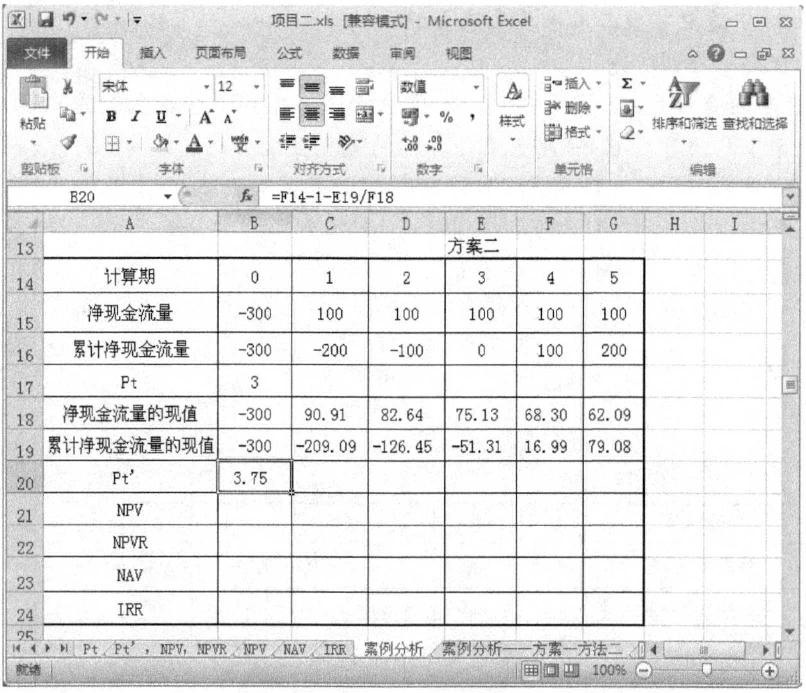

图 11-49　例 11-14 计算步骤(13)

(3)计算净现值。

在 B21 中输入公式"＝B15＋NPV(10％,C15：G15)",得到净现值为 79.08。

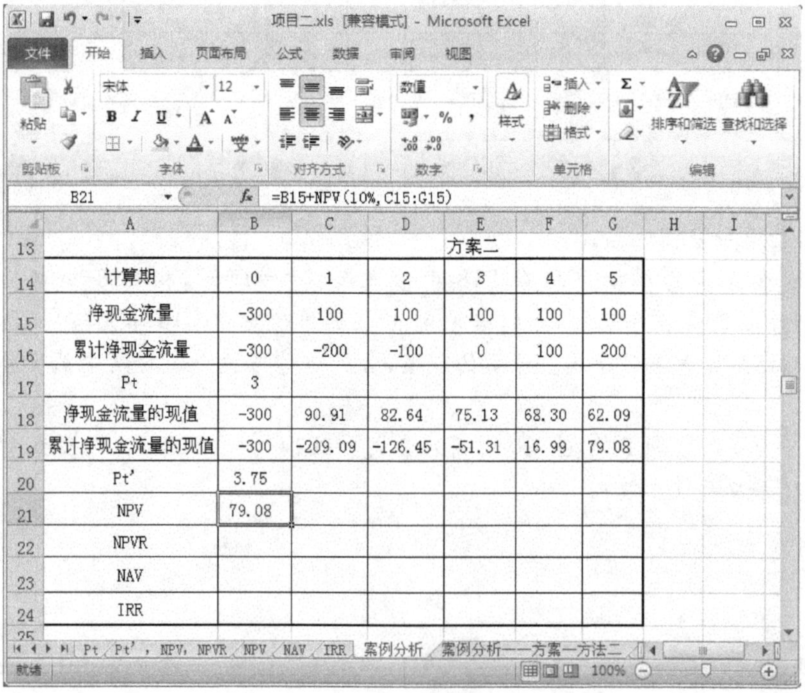

图 11-50　例 11-14 计算步骤(14)

(4)计算净现值率。

在 B22 中输入公式"＝B21/300"，得到净现值率为 0.26。

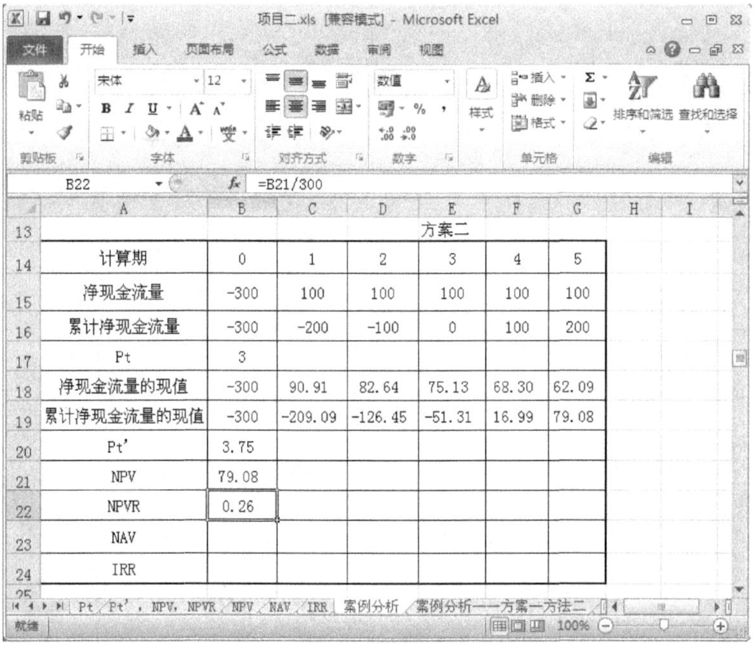

图 11-51　例 11-14 计算步骤(15)

(5)计算净年值。

在 B23 中输入公式"＝PMT(10％,5,－B21)"，得到净年值为 20.86。

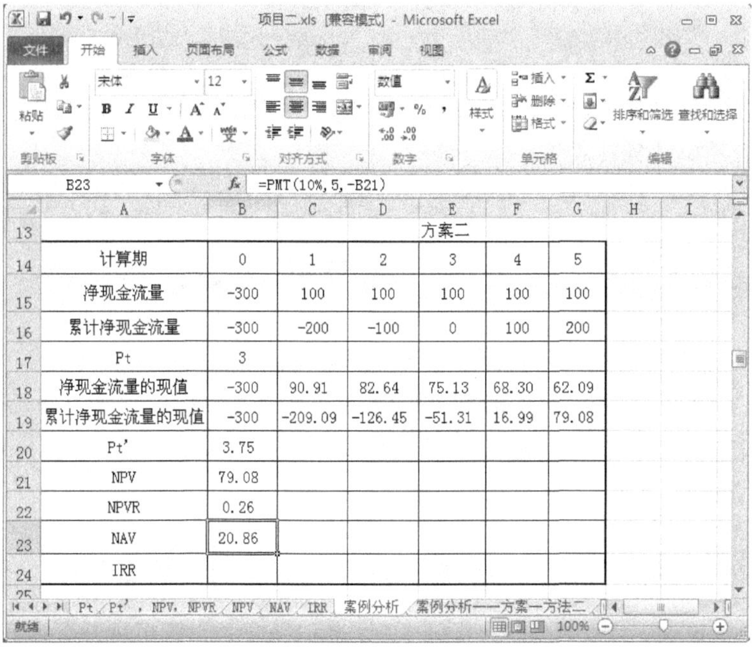

图 11-52　例 11-14 计算步骤(16)

(6)计算内部收益率。

在 B24 中输入公式"＝IRR(B15：G15)",得到内部收益率为20%。

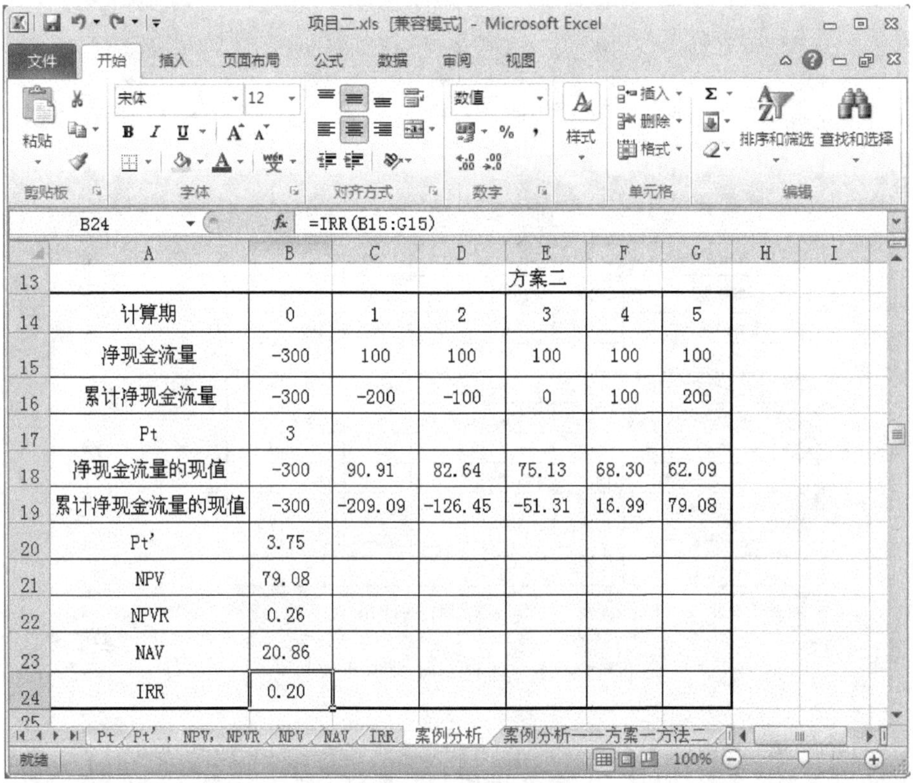

项目二.xls [兼容模式] - Microsoft Excel

| 文件 | 开始 | 插入 | 页面布局 | 公式 | 数据 | 审阅 | 视图 |

B24 f_x =IRR(B15:G15)

	A	B	C	D	E	F	G	H	I
13					方案二				
14	计算期	0	1	2	3	4	5		
15	净现金流量	-300	100	100	100	100	100		
16	累计净现金流量	-300	-200	-100	0	100	200		
17	Pt	3							
18	净现金流量的现值	-300	90.91	82.64	75.13	68.30	62.09		
19	累计净现金流量的现值	-300	-209.09	-126.45	-51.31	16.99	79.08		
20	Pt′	3.75							
21	NPV	79.08							
22	NPVR	0.26							
23	NAV	20.86							
24	IRR	0.20							
25									

Pt Pt′, NPV, NPVR NPV NAV IRR 案例分析 案例分析——方案一方法二

图 11-53   例 11-14 计算步骤(17)

结论:就以上6个指标而言,方案二均优于方案一,所以应选择方案二。

从上面的例子可以看出,利用 Excel 来计算 NPV 和 IRR,会起到事半功倍的效果,轻松之间就省去了繁杂手工计算的烦恼。

11.3   运用 Excel 计算设备经济寿命

【例 11-15】   下面通过一个实例演示其操作方法。

设已知某机器设备初始投资额为80000元,使用年限为10年,根据过去记录,随着使用时间延长其年使用费用会逐年增加而期末残值会逐年减少,其年使用费用和估计残值见表11-4。

1.求该设备的经济寿命;

2.如果考虑资金时间价值(年利率10%),求该设备的经济寿命。

表 11-4　设备年使用费和残值　　　　　　　　　单位:元

年限	1	2	3	4	5	6	7	8	9	10
年使用费用	10000	12000	14000	16000	18000	22000	26000	30000	34000	38000
残值	40000	30000	25000	20000	15000	11000	7000	5000	3000	1000

解:

1.求该设备的经济寿命。

(1)打开 Excel 工作表,编制表格,输入已知数据。

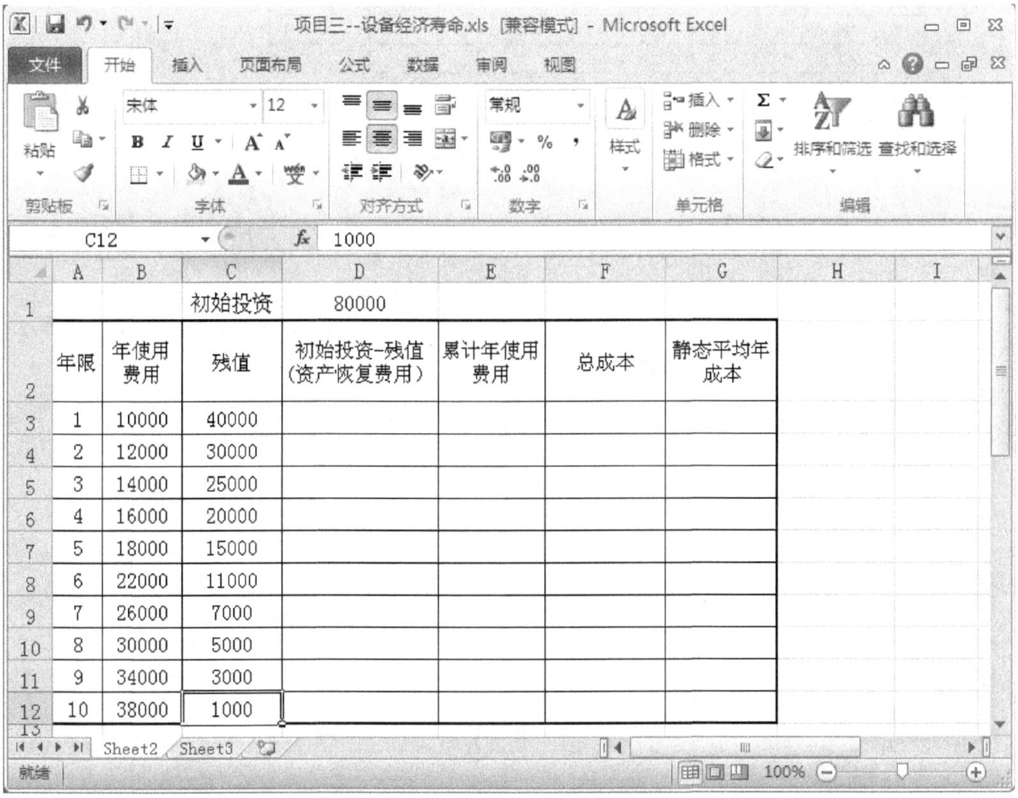

图 11-54　例 11-15 计算步骤(1)

(2)计算"初始投资—残值(资产恢复费用)":在 D3 单元格中输入"=＄D＄1—C3",按回车键,再次选中 D3,拖动 D3 右下角的填充柄直至 D12。

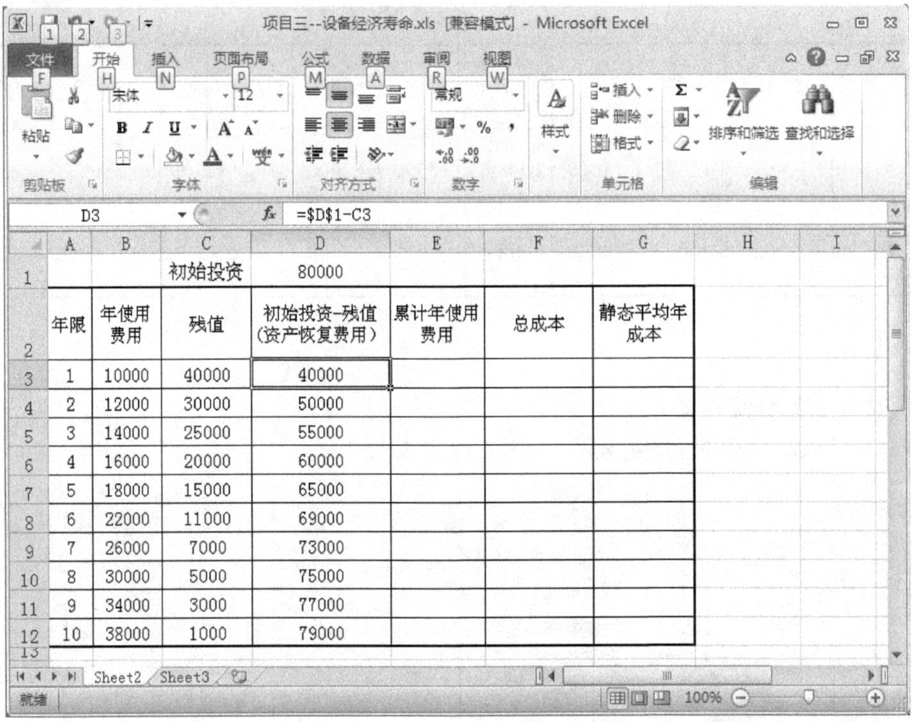

	A	B	C	D	E	F	G
1			初始投资	80000			
2	年限	年使用费用	残值	初始投资-残值（资产恢复费用）	累计年使用费用	总成本	静态平均年成本
3	1	10000	40000	40000			
4	2	12000	30000	50000			
5	3	14000	25000	55000			
6	4	16000	20000	60000			
7	5	18000	15000	65000			
8	6	22000	11000	69000			
9	7	26000	7000	73000			
10	8	30000	5000	75000			
11	9	34000	3000	77000			
12	10	38000	1000	79000			

图 11－55　例 11－15 计算步骤(2)

(3)计算累计年使用费用：在 E3 中输入"＝B3"，在 E4 中输入"＝ B4＋E3"，按回车键，再次选中 E4，拖动其右下角的填充柄直至 E12。

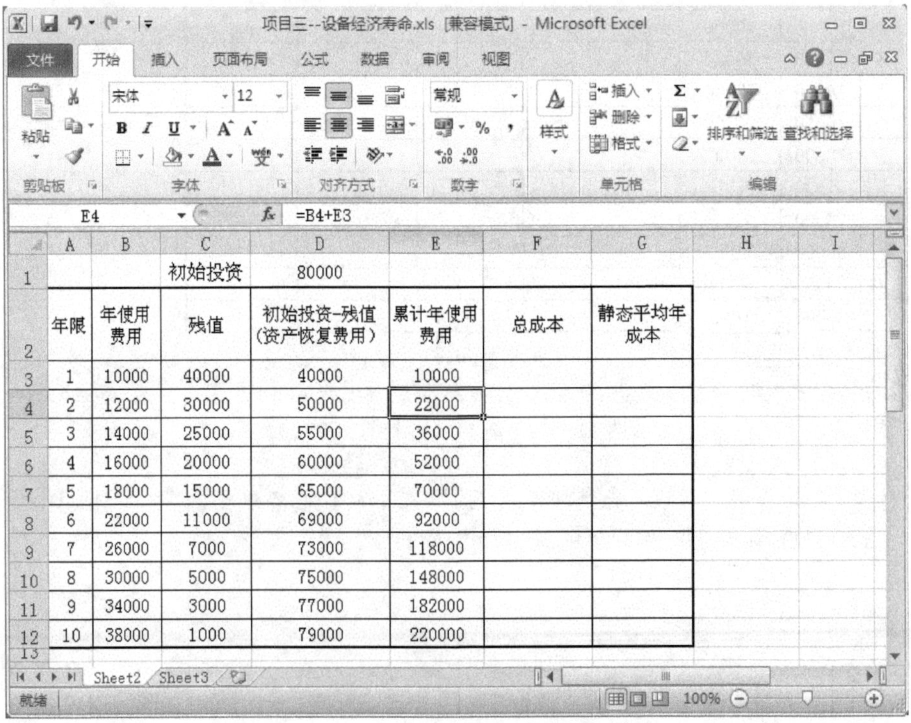

	A	B	C	D	E	F	G
1			初始投资	80000			
2	年限	年使用费用	残值	初始投资-残值（资产恢复费用）	累计年使用费用	总成本	静态平均年成本
3	1	10000	40000	40000	10000		
4	2	12000	30000	50000	22000		
5	3	14000	25000	55000	36000		
6	4	16000	20000	60000	52000		
7	5	18000	15000	65000	70000		
8	6	22000	11000	69000	92000		
9	7	26000	7000	73000	118000		
10	8	30000	5000	75000	148000		
11	9	34000	3000	77000	182000		
12	10	38000	1000	79000	220000		

图 11－56　例 11－15 计算步骤(3)

(4)计算总成本：在 F3 中输入"＝D3＋E3"，按回车键，再次选中 F3，拖动其右下角的填充柄直至 F12。

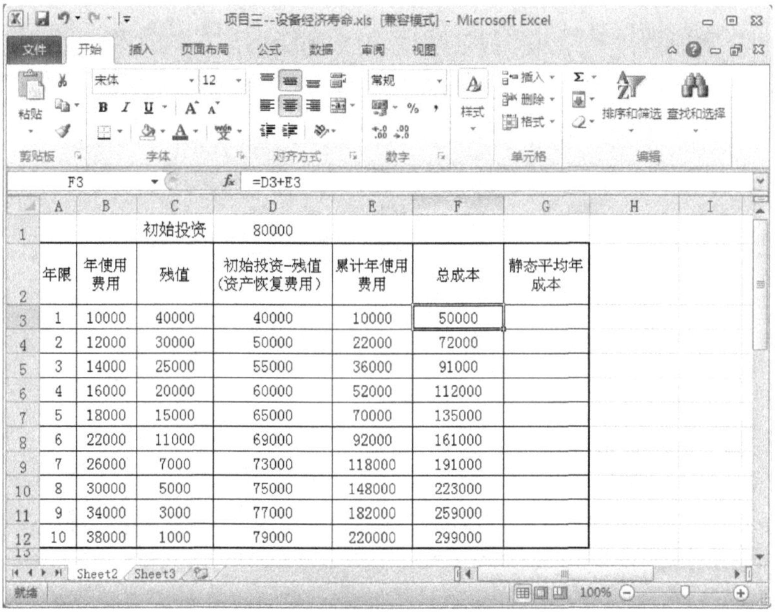

	A	B	C	D	E	F	G
1			初始投资	80000			
2	年限	年使用费用	残值	初始投资-残值（资产恢复费用）	累计年使用费用	总成本	静态平均年成本
3	1	10000	40000	40000	10000	50000	
4	2	12000	30000	50000	22000	72000	
5	3	14000	25000	55000	36000	91000	
6	4	16000	20000	60000	52000	112000	
7	5	18000	15000	65000	70000	135000	
8	6	22000	11000	69000	92000	161000	
9	7	26000	7000	73000	118000	191000	
10	8	30000	5000	75000	148000	223000	
11	9	34000	3000	77000	182000	259000	
12	10	38000	1000	79000	220000	299000	

图 11－57　例 11－15 计算步骤(4)

(5)计算静态平均年成本：在 G3 中输入"＝F3/A3"，按回车键，再次选中 G3，拖动其右下角的填充柄直至 G12。

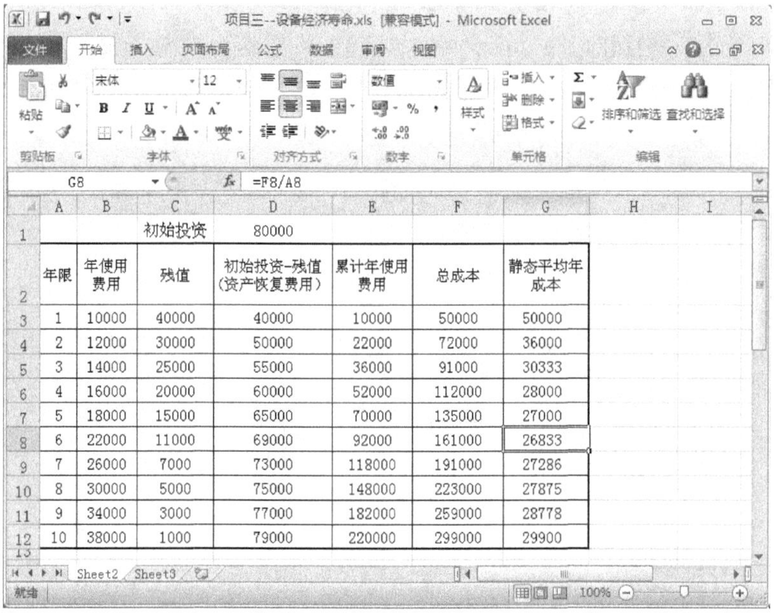

	A	B	C	D	E	F	G
1			初始投资	80000			
2	年限	年使用费用	残值	初始投资-残值（资产恢复费用）	累计年使用费用	总成本	静态平均年成本
3	1	10000	40000	40000	10000	50000	50000
4	2	12000	30000	50000	22000	72000	36000
5	3	14000	25000	55000	36000	91000	30333
6	4	16000	20000	60000	52000	112000	28000
7	5	18000	15000	65000	70000	135000	27000
8	6	22000	11000	69000	92000	161000	26833
9	7	26000	7000	73000	118000	191000	27286
10	8	30000	5000	75000	148000	223000	27875
11	9	34000	3000	77000	182000	259000	28778
12	10	38000	1000	79000	220000	299000	29900

图 11－58　例 11－15 计算步骤(5)

根据以上计算结果，设备使用到第 6 年末时，静态平均年总成本最低，为 26833 元，经济寿命为 6 年。

工程经济

2.如果考虑资金时间价值(年利率10%),则计算结果如下:

(1)打开 Excel 工作表,编制表格,输入已知数据。

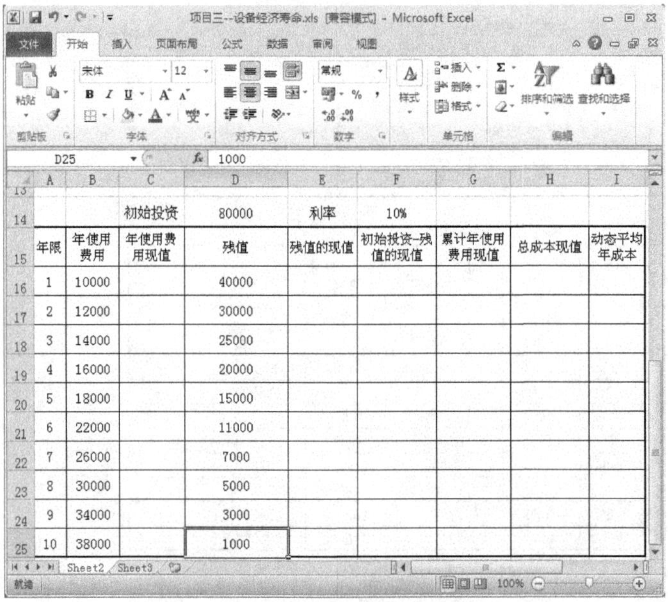

图 11-59 例 11-15 计算步骤(6)

(2)计算年使用费用的现值:选定 C16 单元格,点击编辑栏上的"f_x"按钮,弹出"插入函数"对话框,在"函数分类"栏中选择"财务",在下面的函数名中选择"PV",然后点击"确定"按钮。在新弹出的 PV 函数框内输入相关数据,Rate 栏内输入"＄F＄14",Nper 栏内输入"A16",Fv 栏内输入"－B16",最后点击"确定",C16 单元格内即显示第一年年使用费用的现值。再次选中 C16,拖动其右下角的填充柄直至 C25,获得各年年使用费用的现值。

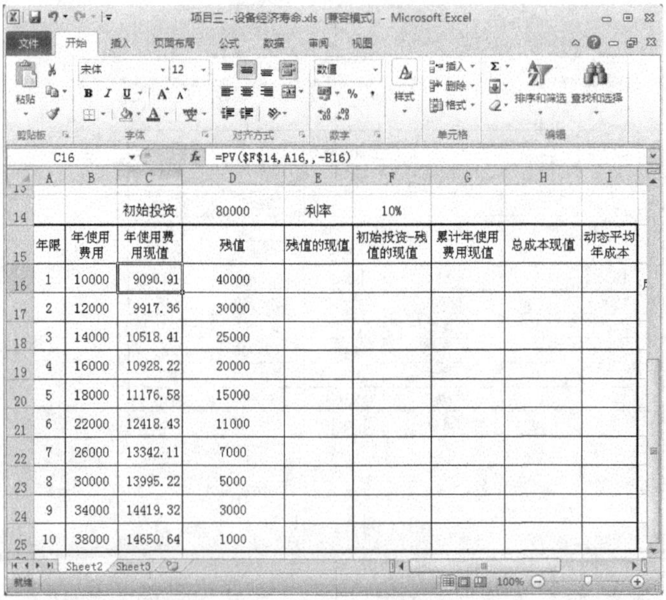

图 11-60 例 11-15 计算步骤(7)

— 190 —

(3)计算残值的现值:方法同上。

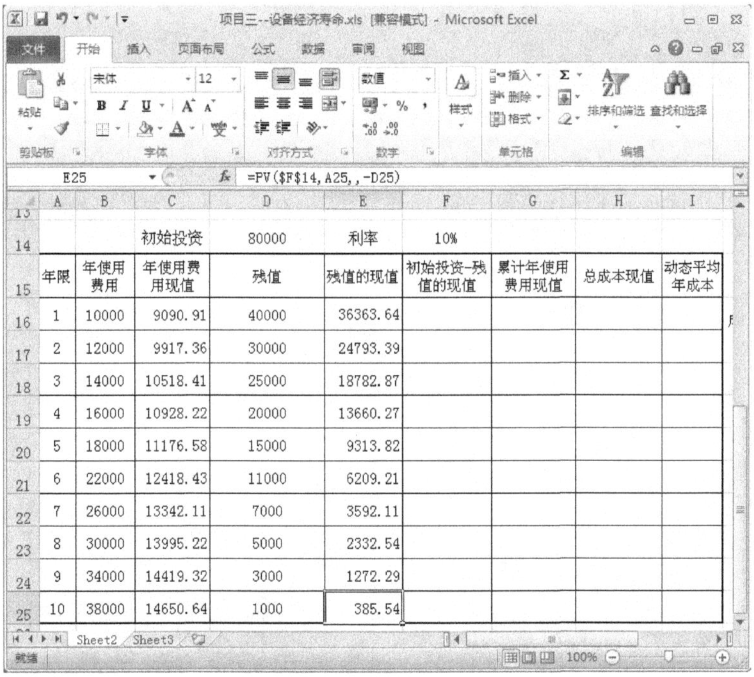

	初始投资	80000	利率	10%				
年限	年使用费用	年使用费用现值	残值	残值的现值	初始投资-残值的现值	累计年使用费用现值	总成本现值	动态平均年成本
1	10000	9090.91	40000	36363.64				
2	12000	9917.36	30000	24793.39				
3	14000	10518.41	25000	18782.87				
4	16000	10928.22	20000	13660.27				
5	18000	11176.58	15000	9313.82				
6	22000	12418.43	11000	6209.21				
7	26000	13342.11	7000	3592.11				
8	30000	13995.22	5000	2332.54				
9	34000	14419.32	3000	1272.29				
10	38000	14650.64	1000	385.54				

图 11-61　例 11-15 计算步骤(8)

(4)计算“初始投资一残值的现值”:在 F16 单元格中输入“=$D$14-E16”,按回车键,再次选中 F16,拖动 F16 右下角的填充柄直至 F25。

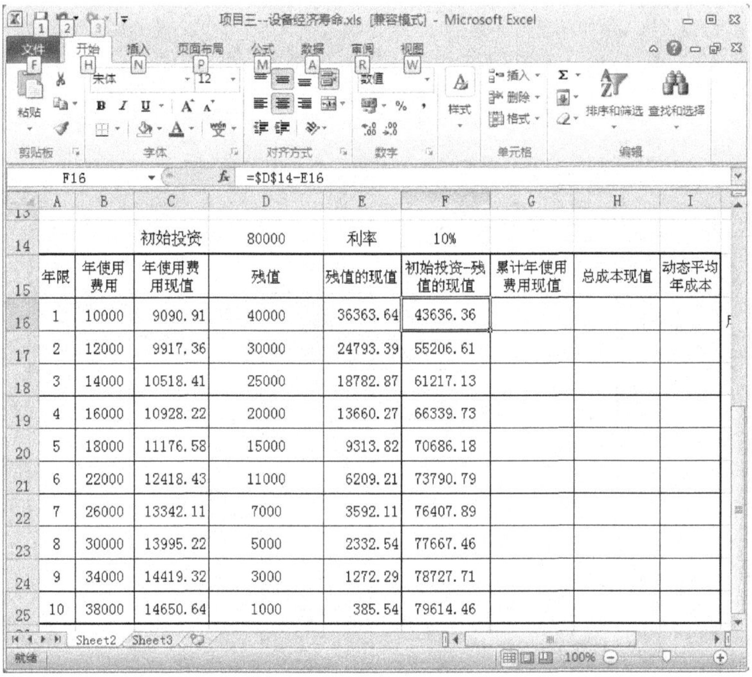

	初始投资	80000	利率	10%				
年限	年使用费用	年使用费用现值	残值	残值的现值	初始投资-残值的现值	累计年使用费用现值	总成本现值	动态平均年成本
1	10000	9090.91	40000	36363.64	43636.36			
2	12000	9917.36	30000	24793.39	55206.61			
3	14000	10518.41	25000	18782.87	61217.13			
4	16000	10928.22	20000	13660.27	66339.73			
5	18000	11176.58	15000	9313.82	70686.18			
6	22000	12418.43	11000	6209.21	73790.79			
7	26000	13342.11	7000	3592.11	76407.89			
8	30000	13995.22	5000	2332.54	77667.46			
9	34000	14419.32	3000	1272.29	78727.71			
10	38000	14650.64	1000	385.54	79614.46			

图 11-62　例 11-15 计算步骤(9)

(5)计算累计年使用费用现值:在 G16 中输入"=C16",在 G17 中输入"= G16+C17",按回车键,再次选中 G17,拖动其右下角的填充柄直至 G25。

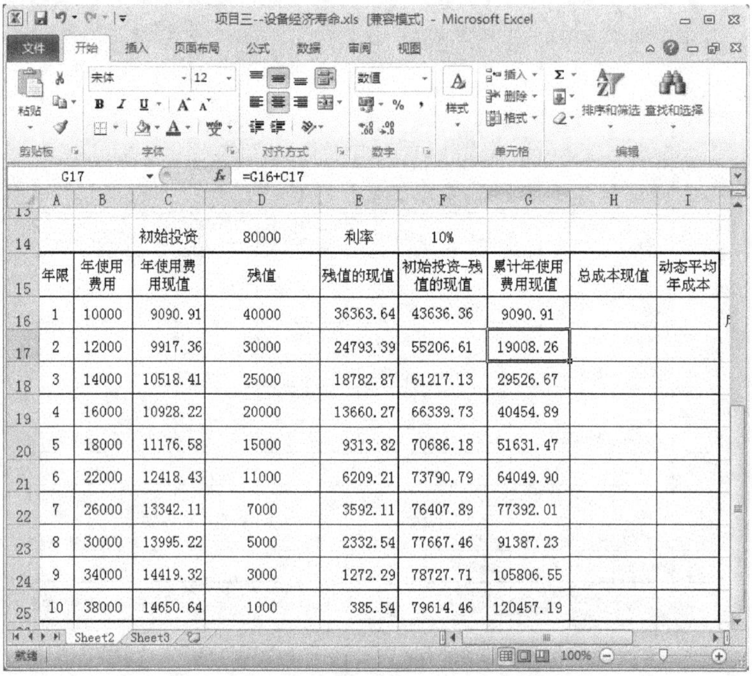

		初始投资	80000	利率	10%			
年限	年使用费用	年使用费用现值	残值	残值的现值	初始投资-残值的现值	累计年使用费用现值	总成本现值	动态平均年成本
1	10000	9090.91	40000	36363.64	43636.36	9090.91		
2	12000	9917.36	30000	24793.39	55206.61	19008.26		
3	14000	10518.41	25000	18782.87	61217.13	29526.67		
4	16000	10928.22	20000	13660.27	66339.73	40454.89		
5	18000	11176.58	15000	9313.82	70686.18	51631.47		
6	22000	12418.43	11000	6209.21	73790.79	64049.90		
7	26000	13342.11	7000	3592.11	76407.89	77392.01		
8	30000	13995.22	5000	2332.54	77667.46	91387.23		
9	34000	14419.32	3000	1272.29	78727.71	105806.55		
10	38000	14650.64	1000	385.54	79614.46	120457.19		

图 11-63 例 11-15 计算步骤(10)

(6)计算总成本现值:在 H16 中输入"=F16+G16",按回车键,再次选中 H16,拖动其右下角的填充柄直至 H25。

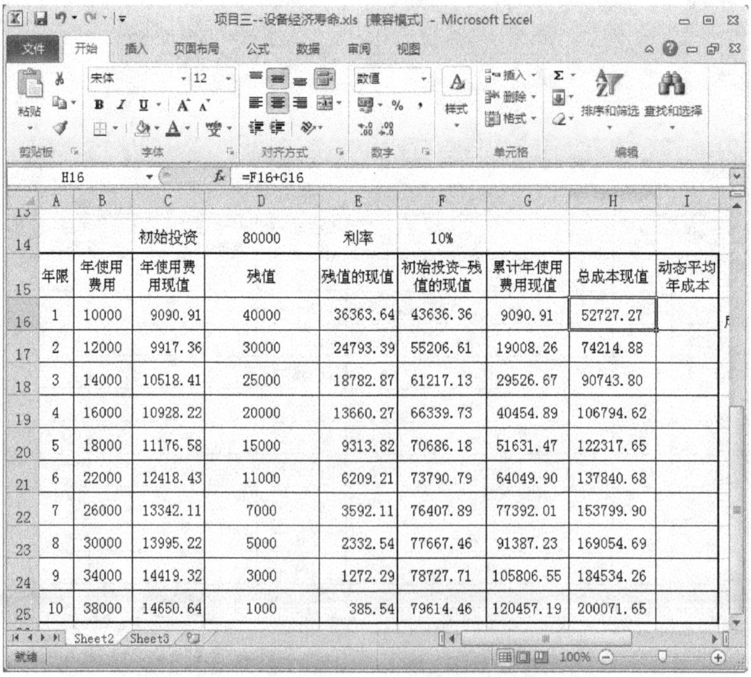

		初始投资	80000	利率	10%			
年限	年使用费用	年使用费用现值	残值	残值的现值	初始投资-残值的现值	累计年使用费用现值	总成本现值	动态平均年成本
1	10000	9090.91	40000	36363.64	43636.36	9090.91	52727.27	
2	12000	9917.36	30000	24793.39	55206.61	19008.26	74214.88	
3	14000	10518.41	25000	18782.87	61217.13	29526.67	90743.80	
4	16000	10928.22	20000	13660.27	66339.73	40454.89	106794.62	
5	18000	11176.58	15000	9313.82	70686.18	51631.47	122317.65	
6	22000	12418.43	11000	6209.21	73790.79	64049.90	137840.68	
7	26000	13342.11	7000	3592.11	76407.89	77392.01	153799.90	
8	30000	13995.22	5000	2332.54	77667.46	91387.23	169054.69	
9	34000	14419.32	3000	1272.29	78727.71	105806.55	184534.26	
10	38000	14650.64	1000	385.54	79614.46	120457.19	200071.65	

图 11-64 例 11-15 计算步骤(11)

(7)计算动态平均年成本：在 I16 中输入“＝PMT($F$14,A16,－H16,,1)”，按回车键，再次选中 I16，拖动其右下角的填充柄直至 I25。

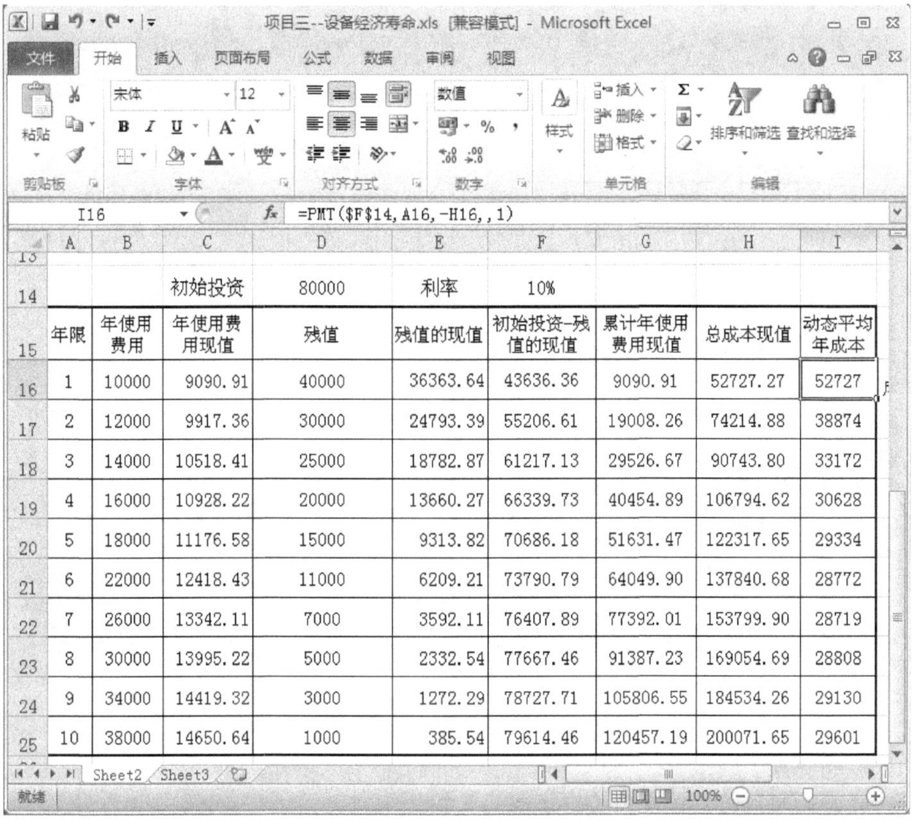

I16 =PMT($F$14,A16,-H16,,1)

		初始投资	80000	利率	10%			
年限	年使用费用	年使用费用现值	残值	残值的现值	初始投资-残值的现值	累计年使用费用现值	总成本现值	动态平均年成本
1	10000	9090.91	40000	36363.64	43636.36	9090.91	52727.27	52727
2	12000	9917.36	30000	24793.39	55206.61	19008.26	74214.88	38874
3	14000	10518.41	25000	18782.87	61217.13	29526.67	90743.80	33172
4	16000	10928.22	20000	13660.27	66339.73	40454.89	106794.62	30628
5	18000	11176.58	15000	9313.82	70686.18	51631.47	122317.65	29334
6	22000	12418.43	11000	6209.21	73790.79	64049.90	137840.68	28772
7	26000	13342.11	7000	3592.11	76407.89	77392.01	153799.90	28719
8	30000	13995.22	5000	2332.54	77667.46	91387.23	169054.69	28808
9	34000	14419.32	3000	1272.29	78727.71	105806.55	184534.26	29130
10	38000	14650.64	1000	385.54	79614.46	120457.19	200071.65	29601

图 11－65　例 11－15 计算步骤(12)

根据以上计算结果，第 7 年平均年成本最低为 28719 元，所以考虑资金时间价值，其经济寿命为 7 年。

11.4　运用 Excel 进行盈亏平衡分析

下面通过一个实例演示其操作方法。

【例 11－16】 某项目年设计生产能力为 4000 件，单位产品售价为 50 元，固定成本为 30000 元，单位产品变动成本为 35 元。求以产量、生产能力利用率、销售价格、单位产品变动成本表示的盈亏平衡点，并以产量为研究对象绘制盈亏平衡分析图。

解：(1)打开 Excel 工作表，编制如图 11－66 所示表格。

(2)在有关单元格内输入以下内容：

C7：＝C4/(C3－C5)　　　　C8：＝C7/C2

C9：＝C5＋C4/C2　　　　C10：＝C3－C4/C2

结果如图 11－67 所示。

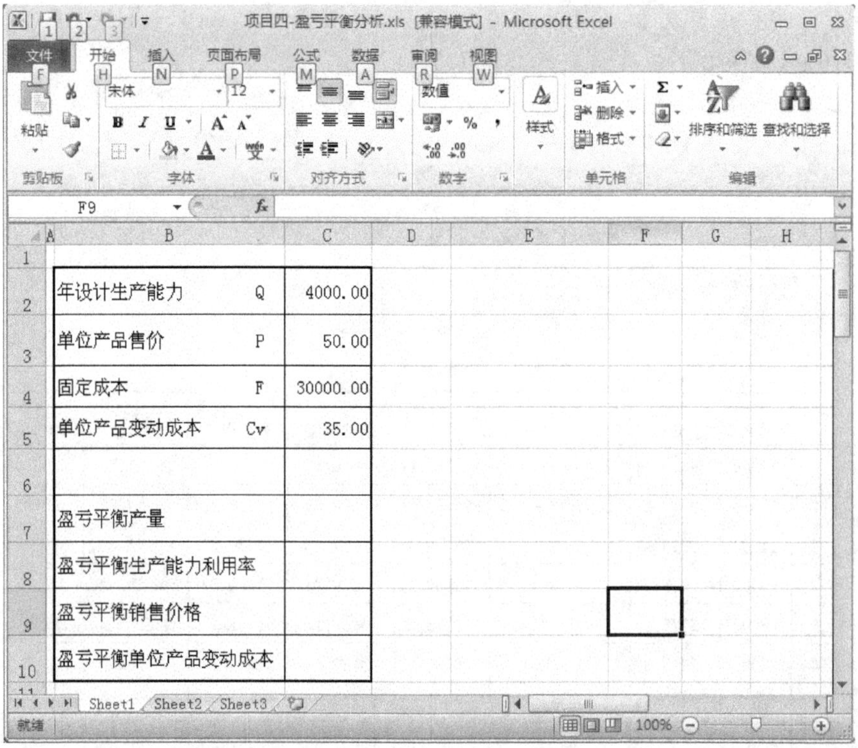

图 11-66 例 11-16 计算步骤(1)

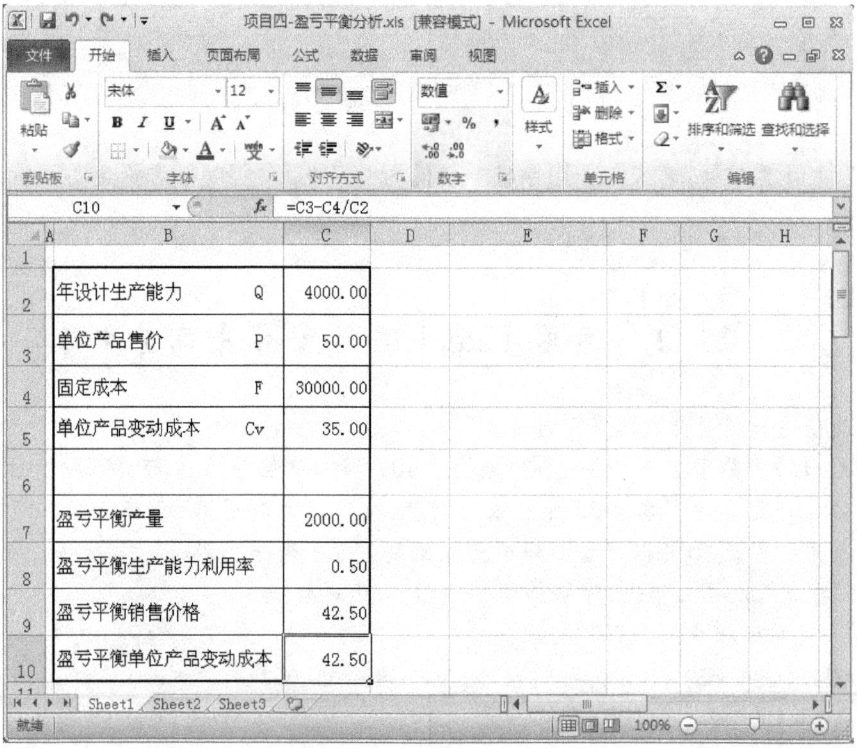

图 11-67 例 11-16 计算步骤(2)

(3)绘制盈亏平衡分析图。

①建立如图11-68所示工作表。

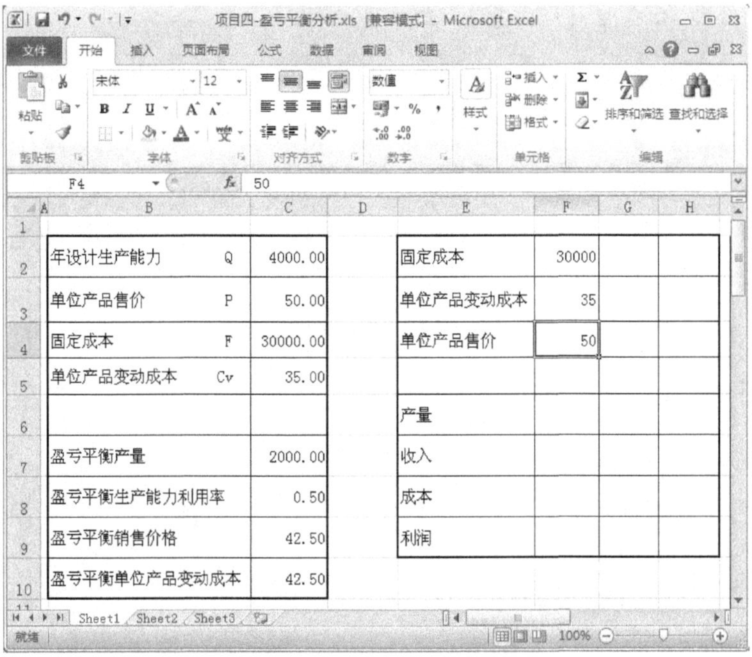

图11-68 例11-16计算步骤(3)

②为了作图需要,我们应界定销量的开始值和终止值。本例中设开始值为0,终止值为4000,中间值为2000。在F6中输入"0",G6中输入"2000",H6中输入"4000"。在F7中输入"=F4*F6",F8中输入"=F2+F3*F6",F9中输入"=F7-F8"。

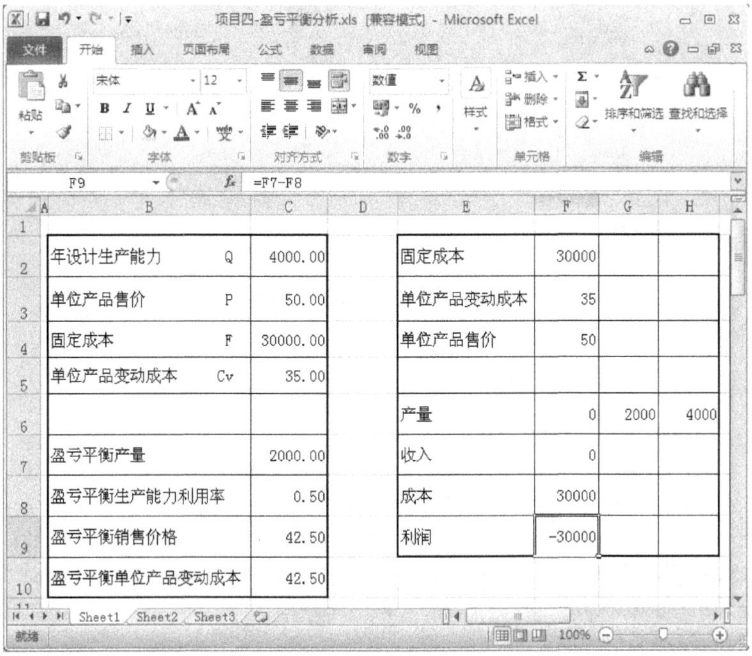

图11-69 例11-16计算步骤(4)

③选中 F2 至 F4 区域,拖拽其右下角的填充柄至单元格 H4(这一操作是为了方便下一步计算)。选中 F7 至 F9 区域,拖拽其右下角的填充柄至单元格 H9。此时 G7 至 H9 区域就出现了与产量 2000 和 4000 相对应的收入、成本和利润。

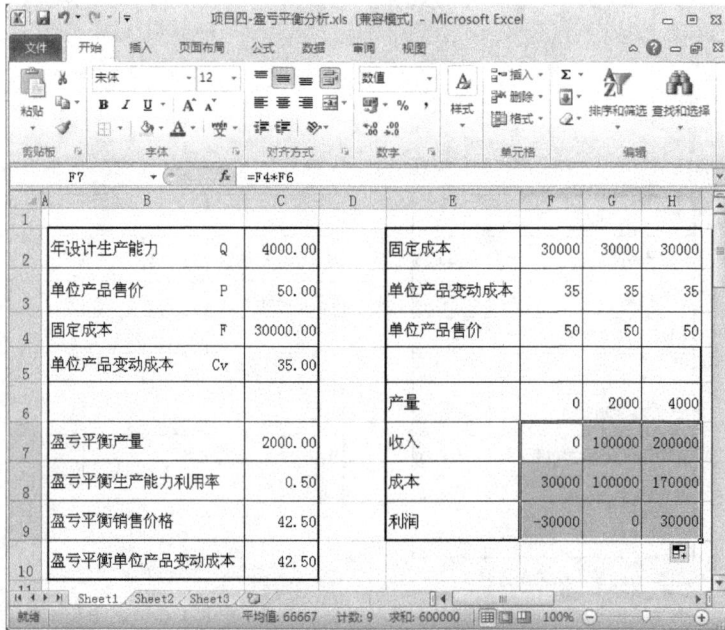

图 11-70　例 11-16 计算步骤(5)

④选中 F7 至 H9 区域,点击主菜单栏上的"插入"命令,选择图表中的"折线图—二维折线图—折线图",在"图表布局"中选择"布局 10",并将其移动至右边空白区域。

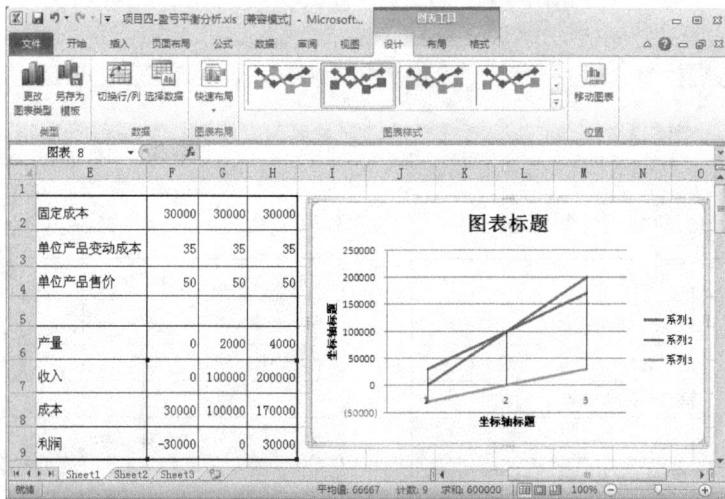

图 11-71　例 11-16 计算步骤(6)

鼠标左键单击"图表标题",将其修改为"盈亏平衡分析图",修改水平方向"坐标轴标题"为"产量",垂直方向为"收入/成本/利润",如图 11-72 所示。

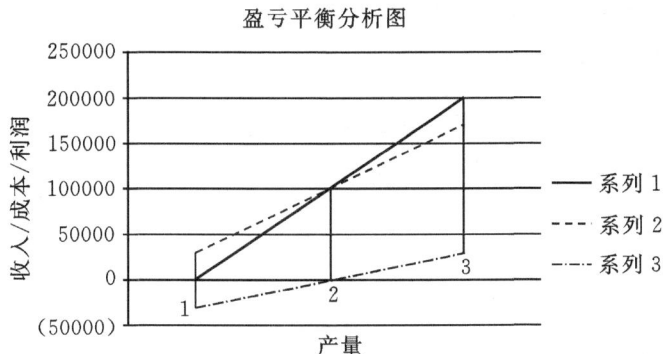

图11-72　例11-16计算步骤(7)

在图表区域点击鼠标右键,选择"选择数据",在弹出的"选择数据源"对话框中,选中"图例项(系列)(S)"中"系列1",单击"编辑"按钮,在弹出的"编辑数据系列"对话框,"系列名称"中输入"收入",点击"确定"按钮。同样的办法,修改"系列2"、"系列3"分别为"成本"、"利润"。点击"水平(分类)轴标签(C)"下方的"编辑"按钮,在弹出的"轴标签"对话框中,点击红色箭头图标,选定表格中F6至F9区域,点击回车键,点"确定"按钮,再次点击"确定",得到盈亏平衡分析图,见图11-73。

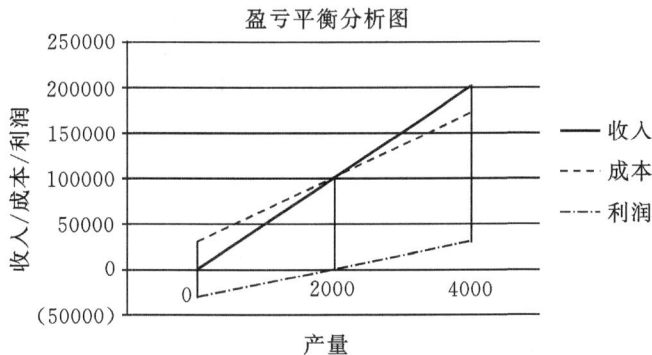

图11-73　例11-16计算步骤(8)

11.5　运用 Excel 进行敏感性分析

下面通过一个实例演示其操作方法。

【例11-17】 某投资方案设计年生产能力为10万台,计划项目投产时总投资为1200万元,其中建设投资为1150万元,流动资金为50万元;预计产品价格为39元/台;销售税金及附加为销售收入的10%;年经营成本为140万元;方案寿命期为10年;到期时预计固定资产余值为50万元,基准折现率为10%,试就投资额、单位产品价格、经营成本等影响因素对该投资方案做单因素敏感性分析。

解:(1)打开 Excel 工作表,编制如图11-74所示表格。

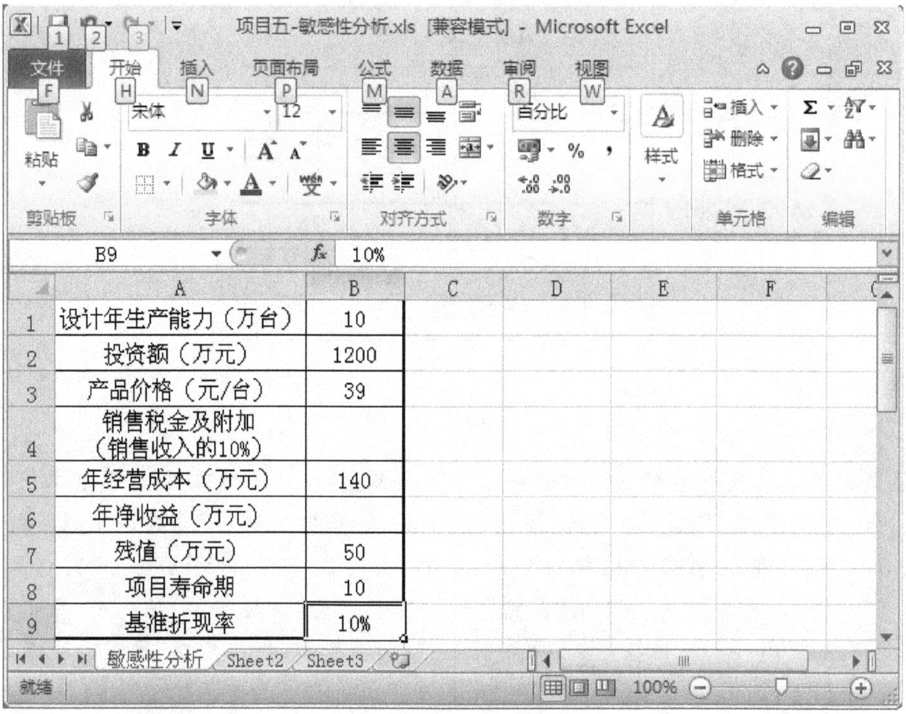

	A	B
1	设计年生产能力（万台）	10
2	投资额（万元）	1200
3	产品价格（元/台）	39
4	销售税金及附加（销售收入的10%）	
5	年经营成本（万元）	140
6	年净收益（万元）	
7	残值（万元）	50
8	项目寿命期	10
9	基准折现率	10%

图 11－74　例 11－17 计算步骤(1)

(2)计算销售税金及附加：在单元格 B4 中输入“＝B3＊B1＊10％”。

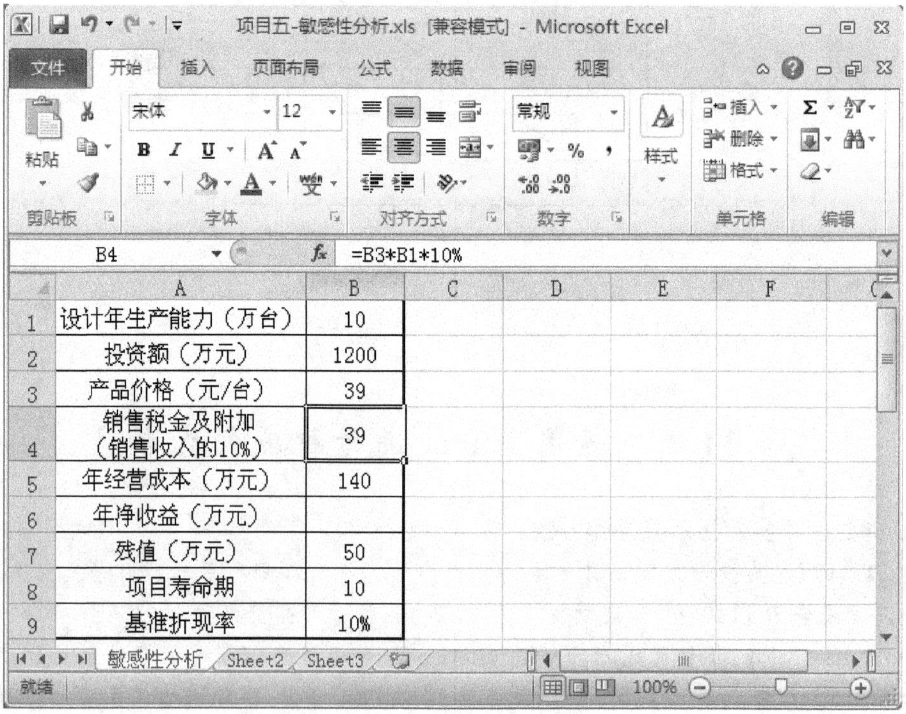

	A	B
1	设计年生产能力（万台）	10
2	投资额（万元）	1200
3	产品价格（元/台）	39
4	销售税金及附加（销售收入的10%）	39
5	年经营成本（万元）	140
6	年净收益（万元）	
7	残值（万元）	50
8	项目寿命期	10
9	基准折现率	10%

图 11－75　例 11－17 计算步骤(2)

(3)计算年净收益：在单元格 B6 中输入"＝B3＊B1－B4－B5"。

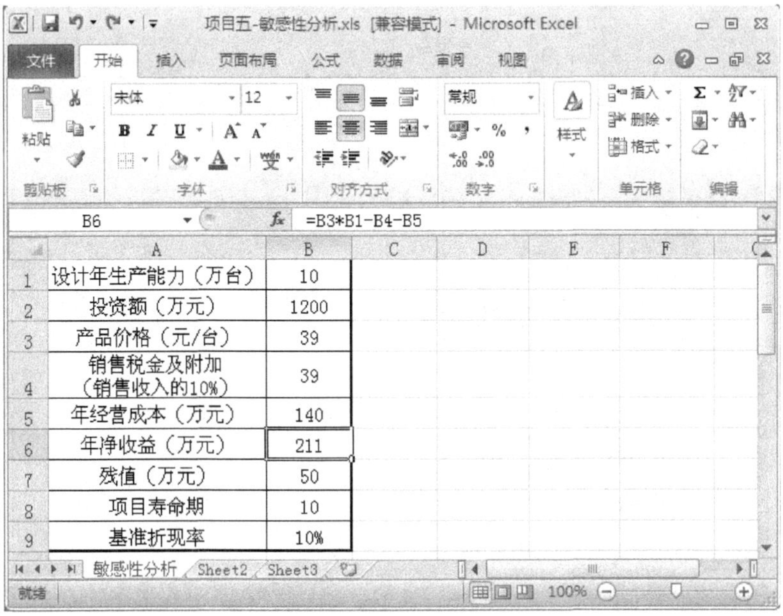

图 11-76　例 11-17 计算步骤(3)

(4)计算项目 NPV：在单元格 B11 中输入"＝－B2＋PV(B9,B8,－B6)＋PV(B9,B8,,－B7)"。

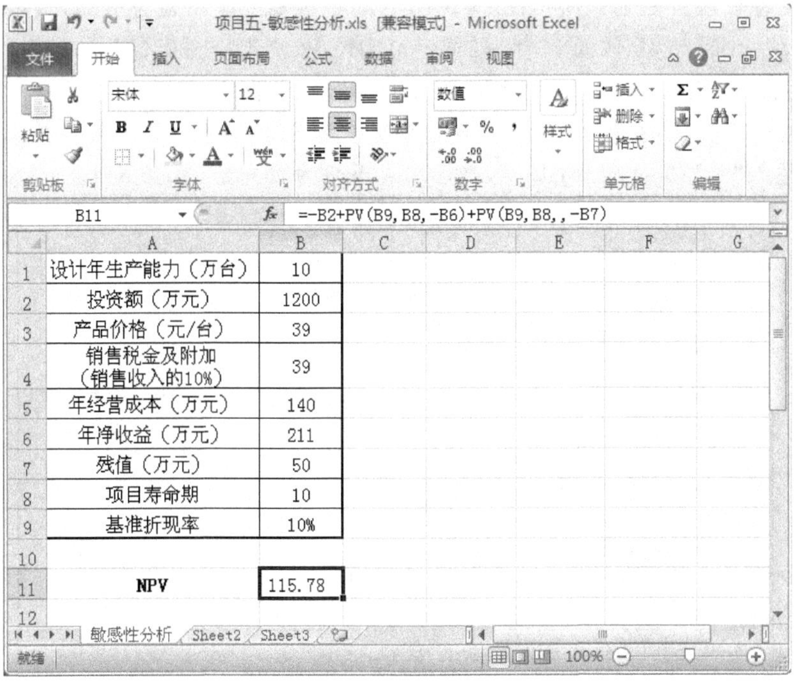

图 11-77　例 11-17 计算步骤(4)

或在单元格 B12 中输入"＝－B2＋NPV(B9,B6,B6,B6,B6,B6,B6,B6,B6,B6,(B6＋B7))"，同样得到该项目的 NPV 为 115.78 万元。

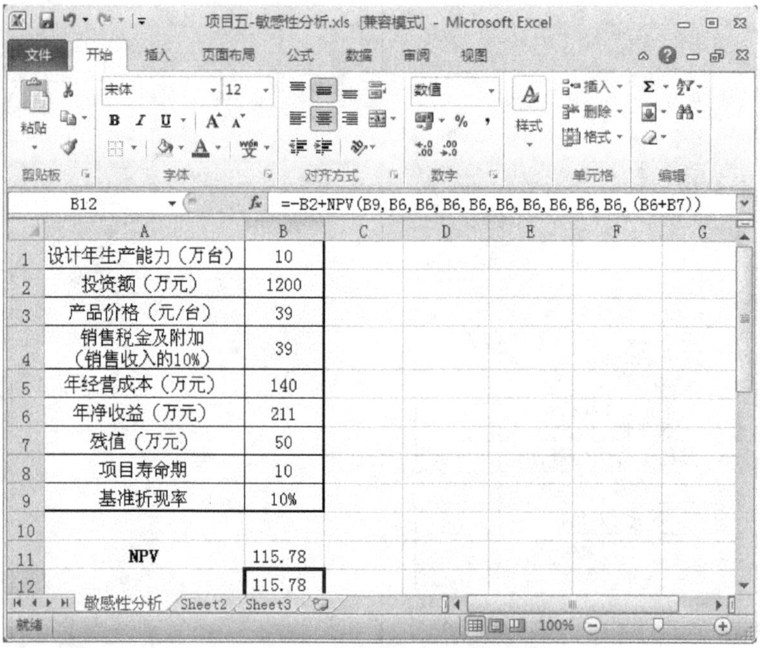

图 11-78　例 11-17 计算步骤(5)

(5)分析投资额的敏感性。

①首先填写各因素变化率:在 B13 至 F13 区域中生成一个初值为-20%,终值为20%,步长为 10%的数据系列。具体操作为:在单元格 B13 中输入"-20%",在单元格 C13 中输入"-10%",选中 B13 至 C13 区域,拖动其右下角的填充柄,直至 F13。

②填写投资额变动:在第 14 行形成投资额变动相应百分比后的数值。具体操作为:在单元格 B14 中输入"＝1200﹡(1＋B13)",拖动其右下角的填充柄,直至 F14。

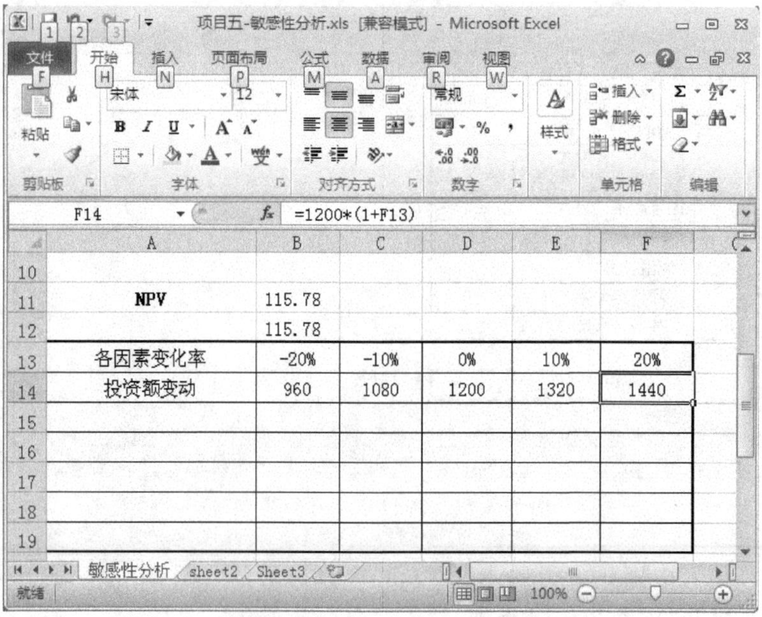

图 11-79　例 11-17 计算步骤(6)

③进行模拟运算：在单元格 A15 中输入"＝B11"，从而使该单元格与函数所在的单元格 B11 建立起一个相等的链接关系。这就是告诉 Excel：随后所要做的敏感性分析是针对单元格 B11 进行的。选中 A14 至 F15 区域，单击"数据"—"数据工具"组的"模拟分析"—"模拟运算表"，弹出"模拟运算表"对话框，如图 11－80 所示。点击"输入引用行的单元格"编辑框右侧的"▦"图标，选择单元格 B2，再点击"▦"，返回对话框，"输入引用列的单元格"编辑框保持空白，然后点击"确定"。这样 B15 至 F15 区域就出现了与 B14 至 F14 区域中各个投资额相对应的 NPV 值（小数位数按需进行调整），如图 11－81 所示。

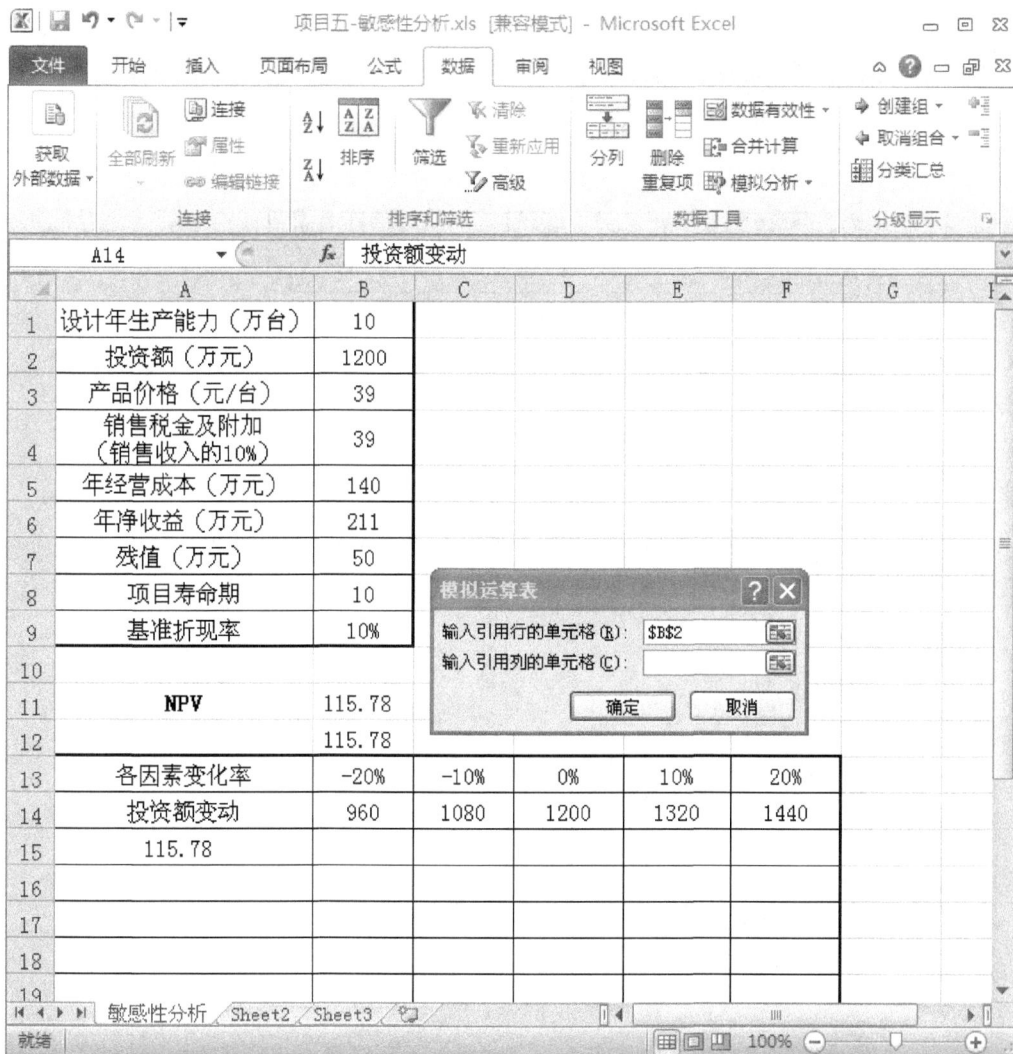

图 11－80　例 11－17 计算步骤(7)

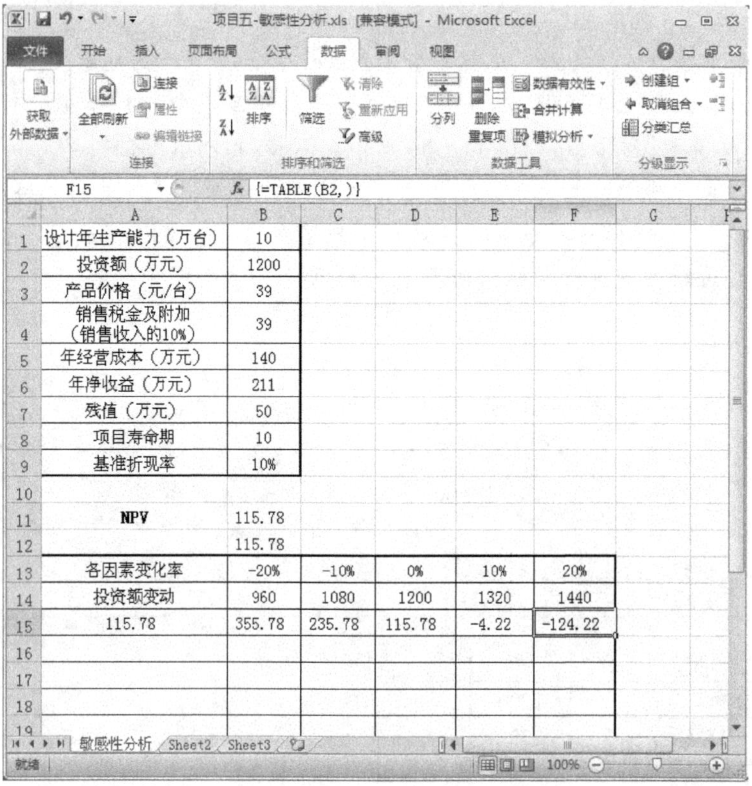

	A	B	C	D	E	F
1	设计年生产能力（万台）	10				
2	投资额（万元）	1200				
3	产品价格（元/台）	39				
4	销售税金及附加（销售收入的10%）	39				
5	年经营成本（万元）	140				
6	年净收益（万元）	211				
7	残值（万元）	50				
8	项目寿命期	10				
9	基准折现率	10%				
10						
11	NPV	115.78				
12		115.78				
13	各因素变化率	-20%	-10%	0%	10%	20%
14	投资额变动	960	1080	1200	1320	1440
15	115.78	355.78	235.78	115.78	-4.22	-124.22

图 11-81　例 11-17 计算步骤(8)

(6)同样的办法可以分析产品价格、年经营成本的敏感性，如图 11-82 所示。

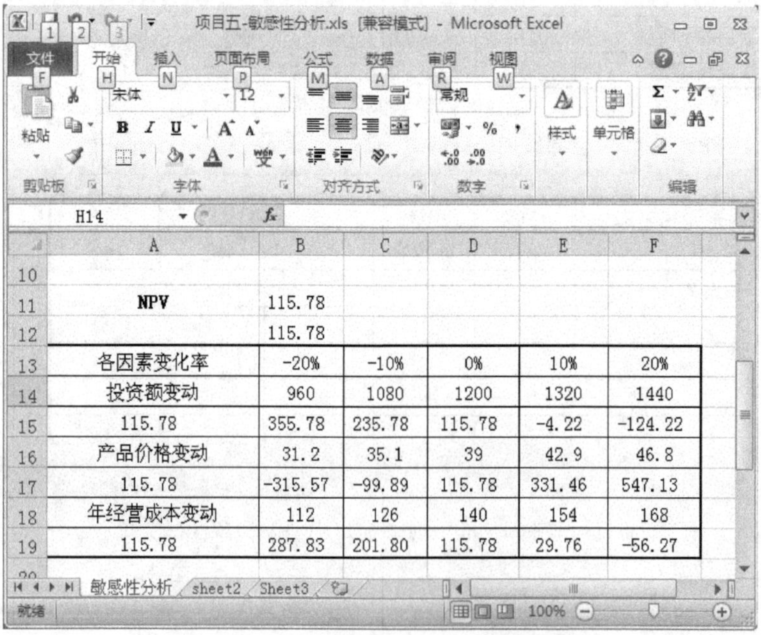

	A	B	C	D	E	F
10						
11	NPV	115.78				
12		115.78				
13	各因素变化率	-20%	-10%	0%	10%	20%
14	投资额变动	960	1080	1200	1320	1440
15	115.78	355.78	235.78	115.78	-4.22	-124.22
16	产品价格变动	31.2	35.1	39	42.9	46.8
17	115.78	-315.57	-99.89	115.78	331.46	547.13
18	年经营成本变动	112	126	140	154	168
19	115.78	287.83	201.80	115.78	29.76	-56.27

图 11-82　例 11-17 计算步骤(9)

(7)绘制单因素敏感性分析图:方法同"盈亏平衡分析图"。

选中 B15 至 F15 区域,按下 ctrl 键,继续选取,B17 至 F17 区域,按下 ctrl 键,继续选取 B19 至 F19 区域,点击主菜单栏上的"插入"命令,选择图表中的"折线图—二维折线图—折线图",在"图表布局"中选择"布局 10",并将其移动至右边空白区域。

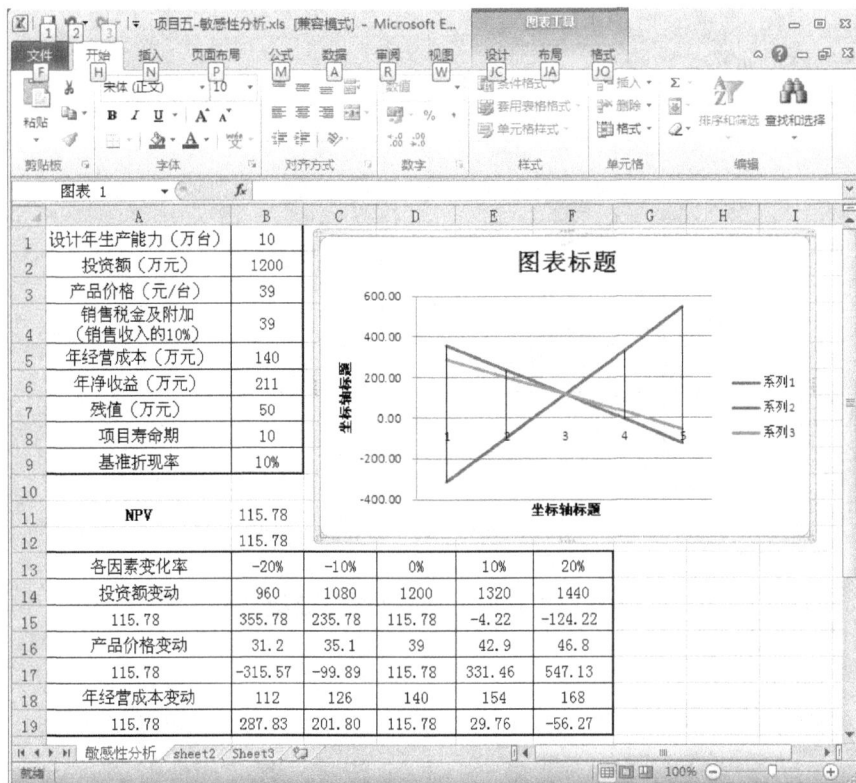

图 11-83 例 11-17 计算步骤(10)

鼠标左键单击"图表标题",将其修改为"单因素敏感性分析",修改水平方向"坐标轴标题"为"变动率",垂直方向为"NPV"。

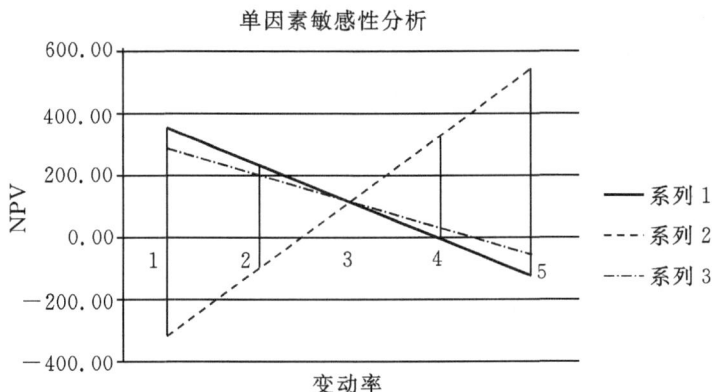

图 11-84 例 11-17 计算步骤(11)

在图表区域点击鼠标右键,选择"选择数据",在弹出的"选择数据源"对话框中,选中"图例项(系列)(S)"中"系列1",单击"编辑"按钮,在弹出的"编辑数据系列"对话框,"系列名称"中输入"投资额",点击"确定"按钮。同样的办法,修改"系列2"、"系列3"分别为"产品价格"、"年经营成本"。点击"水平(分类)轴标签(C)"下方的"编辑"按钮,在弹出的"轴标签"对话框中,点击红色箭头图标,选定表格中B13至F13区域,点击回车键,点"确定"按钮,再次点击"确定",得到敏感性分析图。

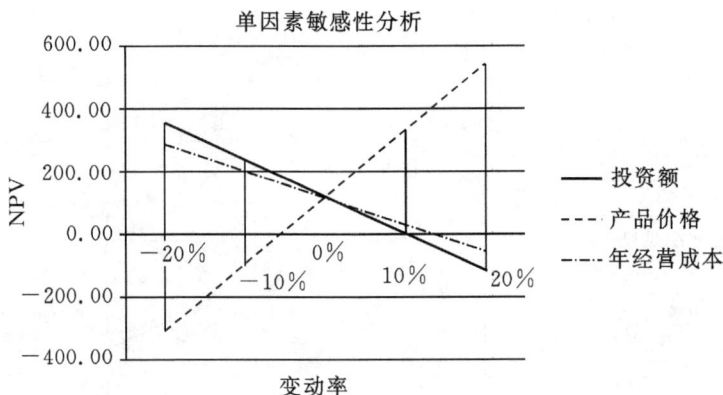

图 11-85 例 11-17 计算步骤(12)

从图中可以看出,在三个不确定因素中,产品价格是最敏感的因素,年经营成本是最不敏感的因素。

11.6 运用 Excel 进行财务评价

下面通过一个实例演示其操作方法。

【例 11-18】 某拟建化工厂生产目前国内外市场较为紧俏的某种化工产品 M,生产规模为 2.2 万吨。厂址位于城市近郊,交通方便原材料及水电供应可靠。项目的主要设施包括主生产车间、辅助生产设施、生活福利设施等该项目占用一般农田 250 亩,拟 3 年建成,第 4 年投产,当年生产负荷达到设计生产能力的 70%,第 5 年达到 90%,第 6 年达到 100%,生产期 15 年,计算期 18 年。项目的其他基础数据如下:

(1)固定资产投资。该项目固定资产投资采用概算指标估算法估算。其中,工程费用 34452 万元,其他费用 3032 万元(含土地费用 600 万元),预备费用为 5040 万元。项目建设期各年的固定资产投资比例分别为 20%,50%,30%。

(2)流动资金。项目自有资金为 16354 万元,其中建设期 3 年投入的自有资金分别为 2704.8 万元、5862 万元、5657.2 万元,第 4 年投入 2130 万元用于流动资金。建设期 3 年分别从银行借入长期借款 5800 万元、15400 万元、7100 万元。第 4 年到第 6 年从银行借入流动资金 2860 万元、1380 万元、710 万元。长期借款年利率为 8%,流动资金借款年利率为 5%。该项目存货、应收账款、应付账款按年周转 12 次考虑,现金按年周转 24 次考虑。流动资金和流动负债的数据如表 11-5 所示。

表 11－5　流动资金估算表

序号	项目	周转天数	周转次数	投产期	投产期	达产期	达产期											
				4	5	6	7	8	9	10	11	12	13	14	15	16	17	18
1	流动资产																	
1.1	应收账款	30	12	1230.00	1550.00	1700.00	1700.00	1700.00	1700.00	1700.00	1700.00	1700.00	1700.00	1700.00	1700.00	1700.00	1700.00	1700.00
1.2	存货	30	12	4760.00	6120.00	6800.00	6800.00	6800.00	6800.00	6800.00	6800.00	6800.00	6800.00	6800.00	6800.00	6800.00	6800.00	6800.00
1.3	现金	15	24	50.00	50.00	50.00	50.00	50.00	50.00	50.00	50.00	50.00	50.00	50.00	50.00	50.00	50.00	50.00
2	流动负债																	
2.1	应付账款	30	12	1050.00	1350.00	1470.00	1470.00	1470.00	1470.00	1470.00	1470.00	1470.00	1470.00	1470.00	1470.00	1470.00	1470.00	1470.00
3	流动资金																	
4	本年增加额																	

(3)根据市场需求等因素,预测该化纤产品每吨 15000 元,年销售税金及附加按国家规定计取,产品缴纳增值税率为 17%,城市维护建设税按增值税额的 7% 计取,教育费附加按增值税的 3% 计取,限于篇幅,这里将增值税给定,第 4 年、第 5 年、第 6 年至 18 年分别为 1790 万元、2300 万元、2560 万元。

(4)本项目固定资产原值包括:工程费用、预备费用、土地费用和建设期借款利息,预计净残值率为 5%,折旧年限为 15 年;无形资产为 1600 万元,按 10 年平均摊销;递延资产为 832 万元,按 5 年平均摊销。

(5)总成本费用中:①原材料费,根据单位产品消耗定额和原料单价估算正常年份原材料费为 14000 万元。②燃料动力费,根据单位产品消耗定额和当地燃料动力单价,估计正常年份燃料及动力费为 2000 万元。③工资及福利费,每年估算为 300 万元。④修理费为折旧费的 50%。⑤利息支出,包括固定资产借款在生产期的利息支出和流动资金借款利息支出。⑥其他费用,每年按工资及福利费用的 200%,再加 60 万元计算。

(6)所得税按利润总额的 33% 缴纳。从还本金有余额的年份起,每年按可供分配利润的 10% 提取盈余公积金,本项目假设不提取公益金,按 30% 向投资者分配利润。

(7)本项目假设建设期不支付借款利息,其利息累积到生产期初转化为借款本金逐年偿还,生产期应计利息,计入财务费用。偿还借款本金的资金,来源于折旧费、摊销费和未分配利润。流动资金借款本金在计算期末用回收的流动资金偿还,其利息计入财务费用。

试针对该项目编制其"长期借款还本付息表"、"固定资产投资估算表"、"流动资金估算表"、"投资计划与资金筹措表"、"销售收入和销售税金及附加估算表"、"固定资产折旧估算及无形资产和递延资产摊销估算表"、"总成本费用表"、"损益表"、"借款还本付息表"、"全部投资现金流量表"、"自有资金投资现金流量表"。并用 IRR 指标判断项目是否可行。

解:(1)编制长期借款还本付息表:启动 Excel 软件,建立长期借款还本付息表,并在相关单元格中输入以下内容得到长期借款还本付息表,如图 11-86 所示。

C1:0.08;　　　　　　　F1:0.05
C9:5800;　　　　　　　D9:15400;　　　　　　E9:7100;
C10:=C9*C1/2;　　　　D10:=(C9+C10+D9/2)*C1
E10:=(C9+C10+D9+D10+E9/2)*C1;
D8:=C10;　　　　　　　E8:=C10+D10;　　　　　F8:=C10+D10+E10;
D7:=C9;　　　　　　　E7:=C9+D9;　　　　　　F7:=C9+D9+E9;
D6:=D7+D8;　　　　　E6:=E7+E8;　　　　　　F6:=F7+F8;

(2)编制固定资产投资估算表:启动 Excel 软件,建立表格,并在相关单元格中输入以下内容得到固定资产投资估算表,如图 11-87 所示。

C15:34452;　　　　　C16:3032;　　　C17:600;　　　C18:5040;
C14:=C15+C16+C18; C19:F8;　　　　C20:=C14+C19;

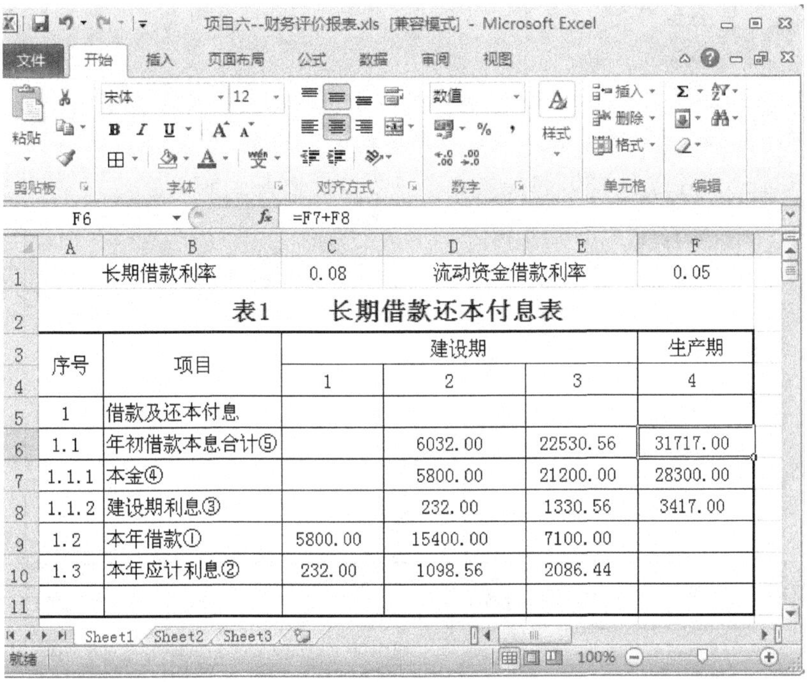

图 11 - 86　例 11 - 18 计算步骤(1)

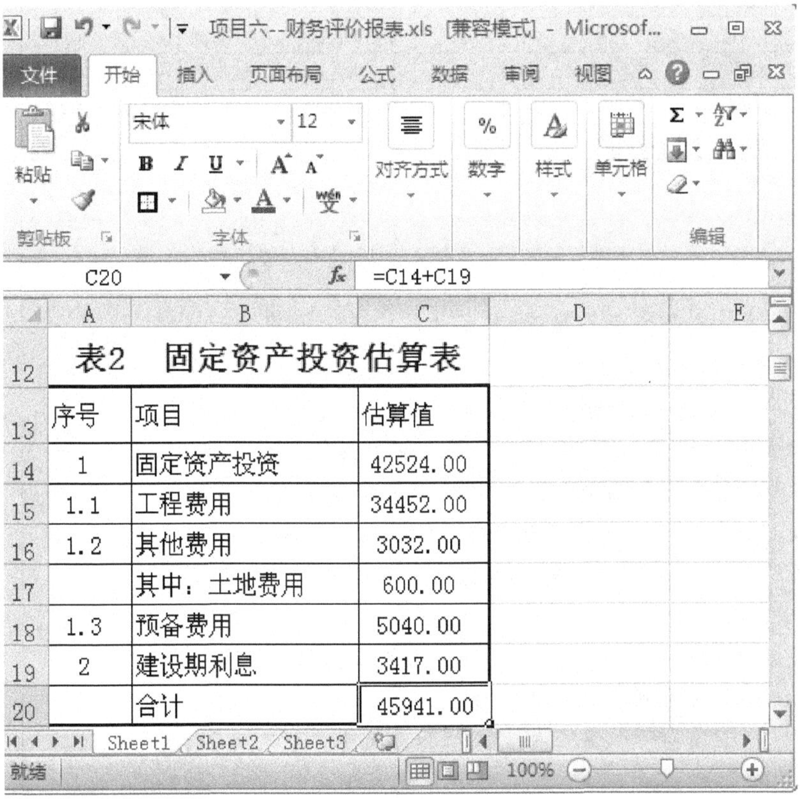

表1　　长期借款还本付息表

序号	项目	建设期			生产期
		1	2	3	4
1	借款及还本付息				
1.1	年初借款本息合计⑤		6032.00	22530.56	31717.00
1.1.1	本金④		5800.00	21200.00	28300.00
1.1.2	建设期利息③		232.00	1330.56	3417.00
1.2	本年借款①	5800.00	15400.00	7100.00	
1.3	本年应计利息②	232.00	1098.56	2086.44	

长期借款利率　0.08　流动资金借款利率　0.05

图 11 - 87　例 11 - 18 计算步骤(2)

表2　　固定资产投资估算表

序号	项目	估算值
1	固定资产投资	42524.00
1.1	工程费用	34452.00
1.2	其他费用	3032.00
	其中：土地费用	600.00
1.3	预备费用	5040.00
2	建设期利息	3417.00
	合计	45941.00

(3)编制流动资金估算表：启动 Excel 软件，建立表格，并在相关单元格中输入以下内容得到流动资金估算表，如图 11-88 所示。

E24：＝E25＋E26＋E27；选中 E24，拖动其右下角的填充柄直至 S24。

E28：＝E29；选中 E28，拖动其右下角的填充柄直至 S28。

E30：＝E24－E28；选中 E30，拖动其右下角的填充柄直至 S30。

E31：＝E30；   F31：＝F30－E30；   G31：＝G30－F30

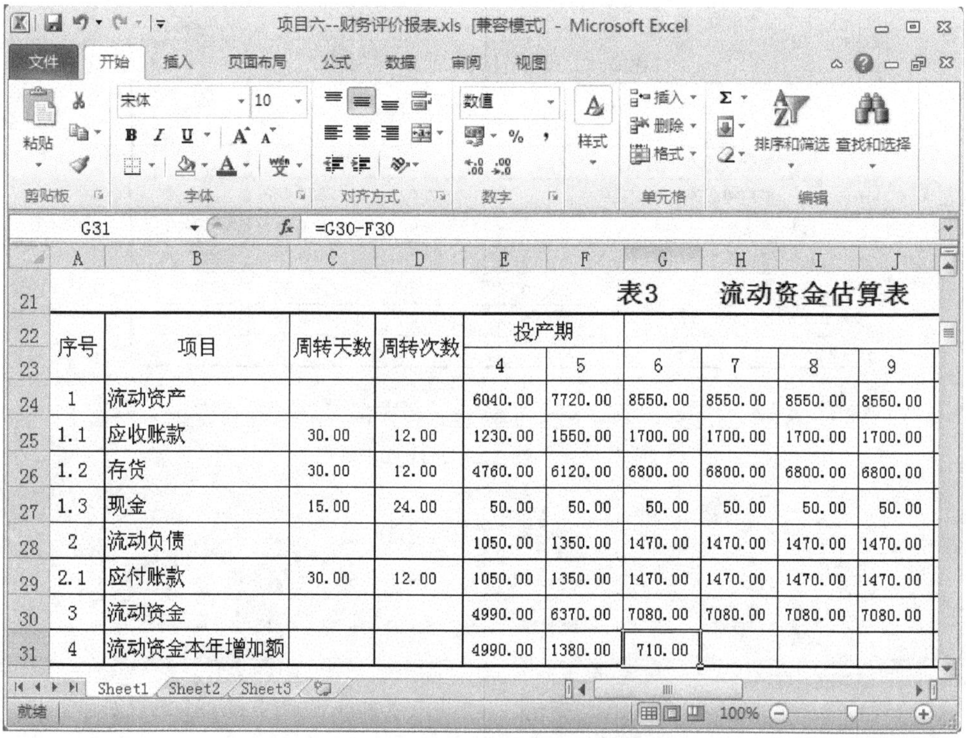

图 11-88 项目六--财务评价报表.xls [兼容模式] - Microsoft Excel

G31   fx =G30-F30

		表3 流动资金估算表								
序号	项目	周转天数	周转次数	投产期						
				4	5	6	7	8	9	
1	流动资产			6040.00	7720.00	8550.00	8550.00	8550.00	8550.00	
1.1	应收账款	30.00	12.00	1230.00	1550.00	1700.00	1700.00	1700.00	1700.00	
1.2	存货	30.00	12.00	4760.00	6120.00	6800.00	6800.00	6800.00	6800.00	
1.3	现金	15.00	24.00	50.00	50.00	50.00	50.00	50.00	50.00	
2	流动负债			1050.00	1350.00	1470.00	1470.00	1470.00	1470.00	
2.1	应付账款	30.00	12.00	1050.00	1350.00	1470.00	1470.00	1470.00	1470.00	
3	流动资金			4990.00	6370.00	7080.00	7080.00	7080.00	7080.00	
4	流动资金本年增加额			4990.00	1380.00	710.00				

图 11-88 例 11-18 计算步骤(3)

(4)编制投资计划与资金筹措表：项目的总投资为固定资产投资、流动资金和建设期借款利息之和。资金筹措的渠道主要有自有资金和借款。启动 Excel 软件，建立表格，并在相关单元格中输入以下内容得到投资计划与资金筹措表，如图 11-89 所示。

C36：＝＄C＄14＊C33；选中 C36，拖动其右下角的填充柄直至 E36。

C37：＝C10；选中 C37，拖动其右下角的填充柄直至 E37。

F38：＝E31；选中 F38，拖动其右下角的填充柄直至 H38。

C35：＝C36＋C37＋C38；选中 C35，拖动其右下角的填充柄直至 H35。

C40、D40、E40、F40、F41，分别输入：2704.80、5862、5657.2、2130、2130。

C43：＝C9＋C10；选中 C43，拖动其右下角的填充柄直至 E43。

F44、G44、H44，分别输入：2860、1380、710。

C42：＝C43＋C44；选中 C42，拖动其右下角的填充柄直至 H42。

C39：＝C40＋C42；选中 C39，拖动其右下角的填充柄直至 H39。

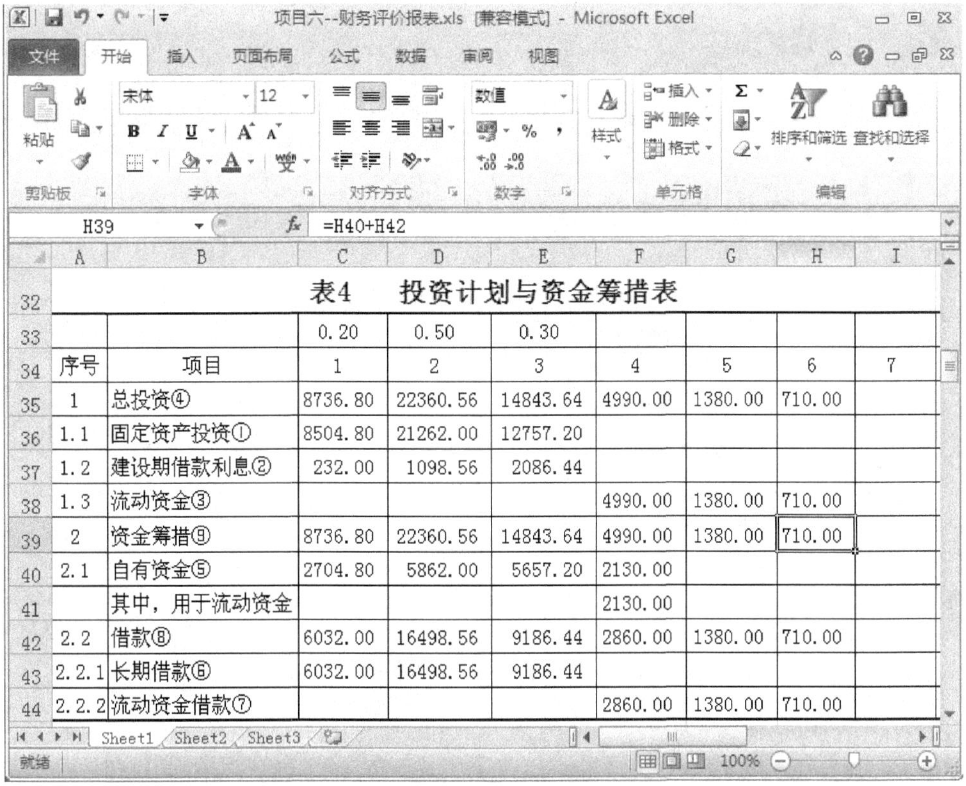

图 11-89　例 11-18 计算步骤(4)

（5）编制销售收入和销售税金及附加估算表：启动 Excel 软件，建立表格，并在相关单元格中输入以下内容得到销售收入和销售税金及附加估算表，如图 11-90 所示。

C50：＝B45＊C48；　　　　D50：＝C50＊C45；　　　　E50：＝B45＊E48；

F50：＝E50＊C45；　　　　G50：＝B45＊G48　　　　　H50：＝G50＊C45；

D52、F52、H52 分别输入：1790、2300、2560；

D53：＝D52＊7％；复制 D53 单元格到 F53、H53；

D54：＝D52＊3％；复制 D54 单元格到 F54、H54；

D51：＝D52＋D53＋D54；复制 D51 单元格到 F51、H51；

（6）编制固定资产折旧估算及无形资产和递延资产摊销估算表：启动 Excel 软件，建立表格，并在相关单元格中输入以下内容得到固定资产折旧估算及无形资产和递延资产摊销估算表，如图 11-91 所示。

C57：＝C15＋C17＋C18＋C19；　　　D57：15；　　E57：＝C57＊(1－5％)/D57；

F57：＝C57＊(1－5％)/D57；　　　　G57：＝C57＊(1－5％)/D57；

C58：1600；　　　D58：10；　　E58：＝C58/D58；　　　　F58：＝C58/D58；

C59：832；　　　　　　D59：5；　　　　　　E59：＝C59/D59；

C60：＝SUM(C58：C59)；　　E60：＝SUM(E58：E59)；　　　F60：＝SUM(F58：F59)

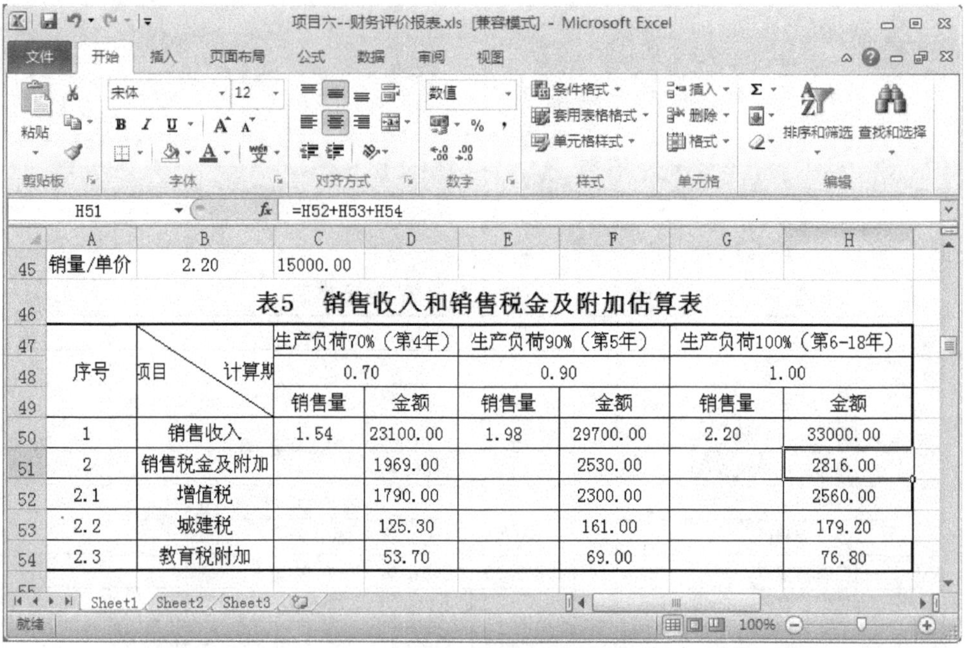

图 11-90 例 11-18 计算步骤(5)

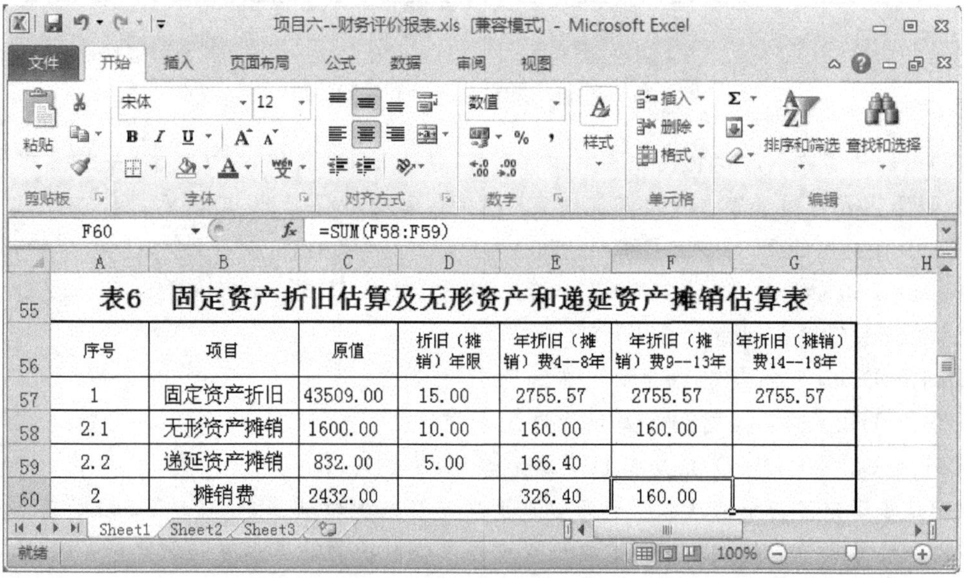

表5 销售收入和销售税金及附加估算表

序号	项目　　　计算期	生产负荷70%（第4年）		生产负荷90%（第5年）		生产负荷100%（第6-18年）	
		0.70		0.90		1.00	
		销售量	金额	销售量	金额	销售量	金额
1	销售收入	1.54	23100.00	1.98	29700.00	2.20	33000.00
2	销售税金及附加		1969.00		2530.00		2816.00
2.1	增值税		1790.00		2300.00		2560.00
2.2	城建税		125.30		161.00		179.20
2.3	教育税附加		53.70		69.00		76.80

图 11-91 例 11-18 计算步骤(6)

表6 固定资产折旧估算及无形资产和递延资产摊销估算表

序号	项目	原值	折旧（摊销）年限	年折旧（摊销）费4--8年	年折旧（摊销）费9--13年	年折旧（摊销）费14--18年
1	固定资产折旧	43509.00	15.00	2755.57	2755.57	2755.57
2.1	无形资产摊销	1600.00	10.00	160.00	160.00	
2.2	递延资产摊销	832.00	5.00	166.40		
2	摊销费	2432.00		326.40	160.00	

(7)编制总成本费用表:启动 Excel 软件,建立表格,并在相关单元格中输入以下内容得到总成本费用表,如图 11-92、图 11-93 所示。其中长期借款利息和流动资金借款利息的计算见"借款还本付息表"的编制。

E65:14000; C65:=C64 * $E$65; D65:=D64 * $E$65;

F65:=F64 * $E$65;选中 F65,拖动其右下角的填充柄直至 Q65。

E66:2000; C66:=C64 * $E$66; D66:=D64 * $E$66;

F66：=F64＊＄E＄66；选中F66，拖动其右下角的填充柄直至Q66。

C67：300； D67：＝＄C＄67；选中D67，拖动其右下角的填充柄直至Q67。

C68：＝＄E＄57；选中C68，拖动其右下角的填充柄直至Q68。

C69：＝＄E＄60；选中C69，拖动其右下角的填充柄直至G69。

H69：＝＄F＄60；选中H69，拖动其右下角的填充柄直至L69。

C70：＝C68＊0.5；选中C70，拖动其右下角的填充柄直至Q70。

C71：＝C72＋C73；选中C71，拖动其右下角的填充柄直至Q71。

C72：＝F101；选中C72，拖动其右下角的填充柄直至还本后有余额的年份(注意表7中数据需与表8、表9是同时填写，从表9的计算结果可知，从第8年末还本后有余额，即填充至G72)。

C73：＝F44＊5％； D73＝(F44＋G44)＊5％； E73：＝(F44＋G44＋H44)＊5％；

F73：＝＄E＄73；选中F73，拖动其右下角的填充柄直至Q73。

C74：＝C67＊2＋60；选中C74，拖动其右下角的填充柄直至Q74。

C75：＝SUM(C65：C74)－C71；选中C75，拖动其右下角的填充柄直至Q75。

C77：＝C65＋C66；选中C77，拖动其右下角的填充柄直至Q77。

C76：＝C75－C77；选中C76，拖动其右下角的填充柄直至Q76。

C78：＝C75－C68－C69－C71；选中C78，拖动其右下角的填充柄直至Q78。

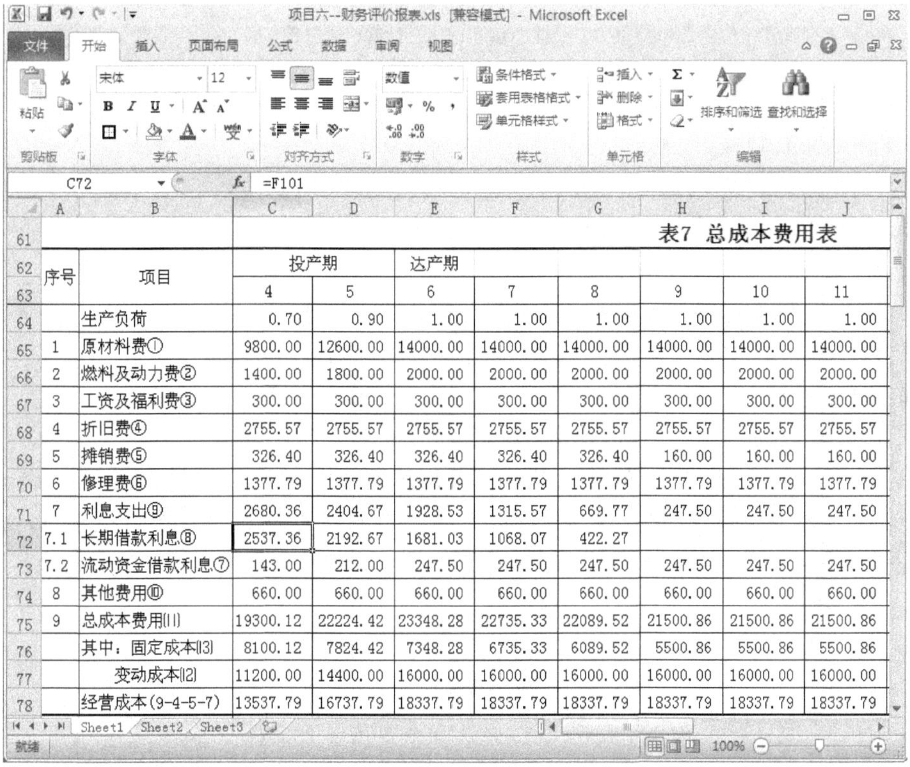

图11-92 例11-18计算步骤(7)

表7 总成本费用表

序号	项目	12	13	14	15	16	17	18
	生产负荷	1.00	1.00	1.00	1.00	1.00	1.00	1.00
1	原材料费①	14000.00	14000.00	14000.00	14000.00	14000.00	14000.00	14000.00
2	燃料及动力费②	2000.00	2000.00	2000.00	2000.00	2000.00	2000.00	2000.00
3	工资及福利费③	300.00	300.00	300.00	300.00	300.00	300.00	300.00
4	折旧费④	2755.57	2755.57	2755.57	2755.57	2755.57	2755.57	2755.57
5	摊销费⑤	160.00	160.00					
6	修理费⑥	1377.79	1377.79	1377.79	1377.79	1377.79	1377.79	1377.79
7	利息支出⑨	247.50	247.50	247.50	247.50	247.50	247.50	247.50
7.1	长期借款利息⑧							
7.2	流动资金借款利息⑦	247.50	247.50	247.50	247.50	247.50	247.50	247.50
8	其他费用⑩	660.00	660.00	660.00	660.00	660.00	660.00	660.00
9	总成本费用⑪	21500.86	21500.86	21340.86	21340.86	21340.86	21340.86	21340.86
	其中：固定成本⑬	5500.86	5500.86	5340.86	5340.86	5340.86	5340.86	5340.86
	变动成本⑫	16000.00	16000.00	16000.00	16000.00	16000.00	16000.00	16000.00
	经营成本(9-4-5-7)	18337.79	18337.79	18337.79	18337.79	18337.79	18337.79	18337.79

图 11-93 例 11-18 计算步骤(8)

(8)编制损益表：启动 Excel 软件，建立表格，并在相关单元格中输入以下内容得到损益表，如图 11-94、图 11-95 所示。

C83：=D50；　　　　　D83：=F50；

E83：=$H$50；选中 E83，拖动其右下角的填充柄直至 Q83。

C84：=D51；　　　　　D84：=F51；

E84：=$H$51；选中 E84，拖动其右下角的填充柄直至 Q84。

C85：=C75；选中 C85，拖动其右下角的填充柄直至 Q85。

C86：=C83-C84-C85；选中 C86，拖动其右下角的填充柄直至 Q86。

C87：=C86*0.33；选中 C87，拖动其右下角的填充柄直至 Q87。

C88：=C86-C87；选中 C88，拖动其右下角的填充柄直至 Q88。

因为，从还本金有余额的年份起，每年按可供分配利润的 10% 提取盈余公积金，按 30% 向投资者分配利润。按"借款还本付息表"的计算结果，本案例在第 8 年还本后才有余额，因此从该年开始计提盈余公积金。

G89：=G88*10%；选中 G89，拖动其右下角的填充柄直至 Q89。

G90：=G88*30%；选中 G90，拖动其右下角的填充柄直至 Q90。

C91：=C88-C89-C90；选中 C91，拖动其右下角的填充柄直至 Q91。

C92：=C91；D92：=C92+D91；选中 D92，拖动其右下角的填充柄直至 Q92。

项目六--财务评价报表.xls [兼容模式] - Microsoft Excel

| 文件 | 开始 | 插入 | 页面布局 | 公式 | 数据 | 审阅 | 视图 |

D92   =C92+D91

表8   损益表

序号	项目	投产期							
		4	5	6	7	8	9	10	11
	生产负荷	0.70	0.90	1.00	1.00	1.00	1.00	1.00	1.00
1	销售收入	23100.00	29700.00	33000.00	33000.00	33000.00	33000.00	33000.00	33000.00
2	销售税金及附加	1969.00	2530.00	2816.00	2816.00	2816.00	2816.00	2816.00	2816.00
3	总成本费用	19300.12	22224.42	23348.28	22735.33	22089.52	21500.86	21500.86	21500.86
4	利润总额	1830.88	4945.58	6835.72	7448.67	8094.48	8683.14	8683.14	8683.14
5	所得税	604.19	1632.04	2255.79	2458.06	2671.18	2865.44	2865.44	2865.44
6	税后利润	1226.69	3313.54	4579.93	4990.61	5423.30	5817.71	5817.71	5817.71
7	盈余公积金					542.33	581.77	581.77	581.77
8	应付利润					1626.99	1745.31	1745.31	1745.31
9	未分配利润	1226.69	3313.54	4579.93	4990.61	3253.98	3490.62	3490.62	3490.62
10	累计未分配利润	1226.69	4540.23	9120.16	14110.77	17364.75	20855.37	24346.00	27836.62

图 11 - 94   例 11 - 18 计算步骤(9)

项目六--财务评价报表.xls [兼容模式] - Microsoft Excel

| 文件 | 开始 | 插入 | 页面布局 | 公式 | 数据 | 审阅 | 视图 |

Q92   =P92+Q91

序号	项目	达产期						
		12	13	14	15	16	17	18
	生产负荷	1.00	1.00	1.00	1.00	1.00	1.00	1.00
1	销售收入	33000.00	33000.00	33000.00	33000.00	33000.00	33000.00	33000.00
2	销售税金及附加	2816.00	2816.00	2816.00	2816.00	2816.00	2816.00	2816.00
3	总成本费用	21500.86	21500.86	21340.86	21340.86	21340.86	21340.86	21340.86
4	利润总额	8683.14	8683.14	8843.14	8843.14	8843.14	8843.14	8843.14
5	所得税	2865.44	2865.44	2918.24	2918.24	2918.24	2918.24	2918.24
6	税后利润	5817.71	5817.71	5924.91	5924.91	5924.91	5924.91	5924.91
7	盈余公积金	581.77	581.77	592.49	592.49	592.49	592.49	592.49
8	应付利润	1745.31	1745.31	1777.47	1777.47	1777.47	1777.47	1777.47
9	未分配利润	3490.62	3490.62	3554.94	3554.94	3554.94	3554.94	3554.94
10	累计未分配利润	31327.24	34817.87	38372.81	41927.76	45482.70	49037.65	52592.59

图 11 - 95   例 11 - 18 计算步骤(10)

(9)编制借款还本付息表:启动 Excel 软件,建立表格,并在相关单元格中输入以下内容。

C100:=C9;D100:=D9;E100:=E9;将长期借款还本付息表(表 1)中其他数据均引用到借款还本付息表(表 9)。

F101:=F97*\$C\$1; F103:=F101; F105:=C91; F106:=C68;

F107:=C69; F108:=F105+F106+F107; F102:=F108;

G97:=F97−F102; G98:=G97;

G101:=G97*\$C\$1; G103:=G101; G105:=D91; G106:=D68;

G107:=D69; G108:=G105+G106+G107; G102:=G108;

用同样的方法,计算得到借款还本付息表。其中,到第 8 年年末,还本资金合计 6335.95,大于本年还本 5278.35,因此还本后余额 J109=J108−J102。如图 11-96 所示。

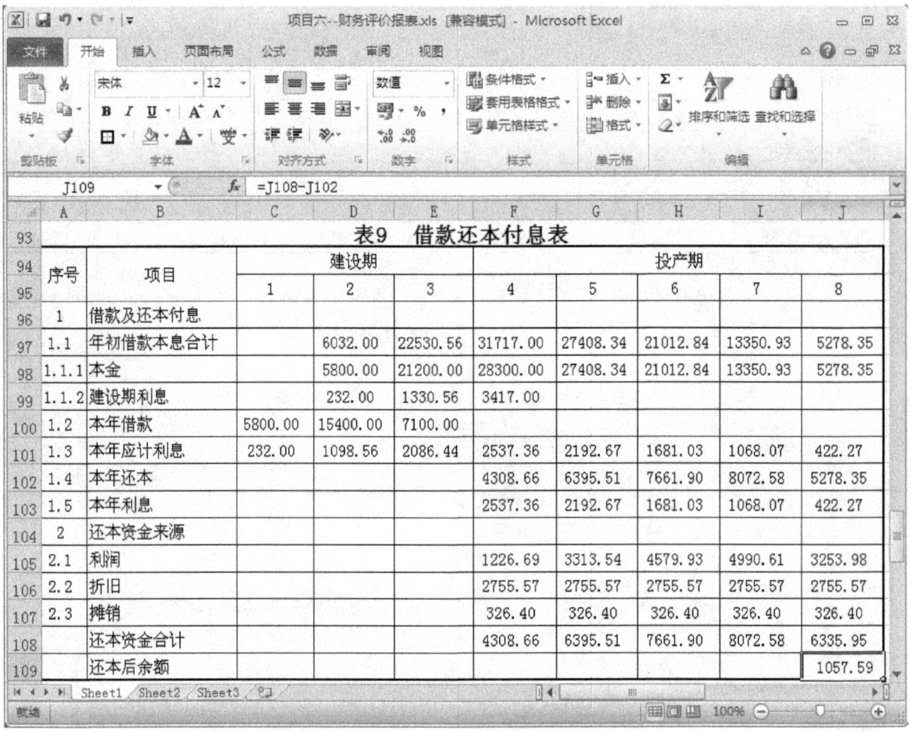

图 11-96 例 11-18 计算步骤(11)

(10)编制全部投资现金流量表:启动 Excel 软件,建立表格,并在相关单元格中输入以下内容得到全部投资现金流量表,如图 11-97、图 11-98 所示。

F114:=C83;选中 F114,拖动其右下角的填充柄直至 T114。

T115:=C57*0.05(净残值率为 5%);

T116:=S30;

F113:=F114+F115+F116;选中 F113,拖动其右下角的填充柄直至 T113。

C118:=C36; D118:=D36; E118:=E36;

F119:=F38; G119:=G38; H119:=H38;

F120:=C78;选中 F120,拖动其右下角的填充柄直至 T120。

F121:=C84;选中 F121,拖动其右下角的填充柄直至 T121。

F122:＝C87;选中 F122,拖动其右下角的填充柄直至 T122。

C117:＝C118＋C119＋C120＋C121＋C122;选中 C117,拖动其右下角的填充柄直至 T117。

C123:＝C113－C117;选中 C123,拖动其右下角的填充柄直至 T123。

C124:＝ C123;D124＝ C124＋D123;选中 D124,拖动其右下角的填充柄直至 T124。

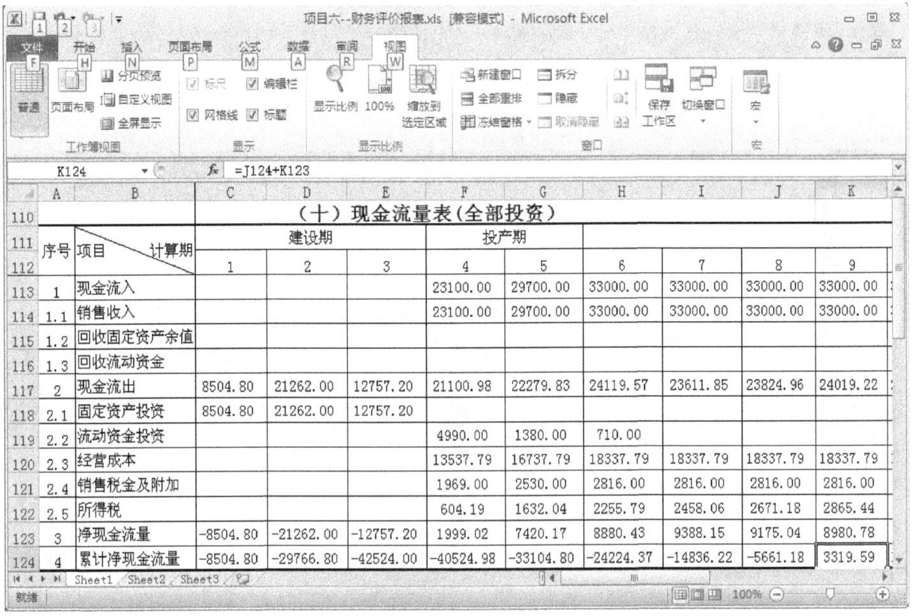

序号	项目 计算期	1	2	3	4	5	6	7	8	9
	（十）现金流量表(全部投资)									
		建设期			投产期					
1	现金流入				23100.00	29700.00	33000.00	33000.00	33000.00	33000.00
1.1	销售收入				23100.00	29700.00	33000.00	33000.00	33000.00	33000.00
1.2	回收固定资产余值									
1.3	回收流动资金									
2	现金流出	8504.80	21262.00	12757.20	21100.98	22279.83	24119.57	23611.85	23824.96	24019.22
2.1	固定资产投资	8504.80	21262.00	12757.20						
2.2	流动资金投资				4990.00	1380.00	710.00			
2.3	经营成本				13537.79	16737.79	18337.79	18337.79	18337.79	18337.79
2.4	销售税金及附加				1969.00	2530.00	2816.00	2816.00	2816.00	2816.00
2.5	所得税				604.19	1632.04	2255.79	2458.06	2671.18	2865.44
3	净现金流量	-8504.80	-21262.00	-12757.20	1999.02	7420.17	8880.43	9388.15	9175.04	8980.78
4	累计净现金流量	-8504.80	-29766.80	-42524.00	-40524.98	-33104.80	-24224.37	-14836.22	-5661.18	3319.59

图 11－97　例 11－18 计算步骤(12)

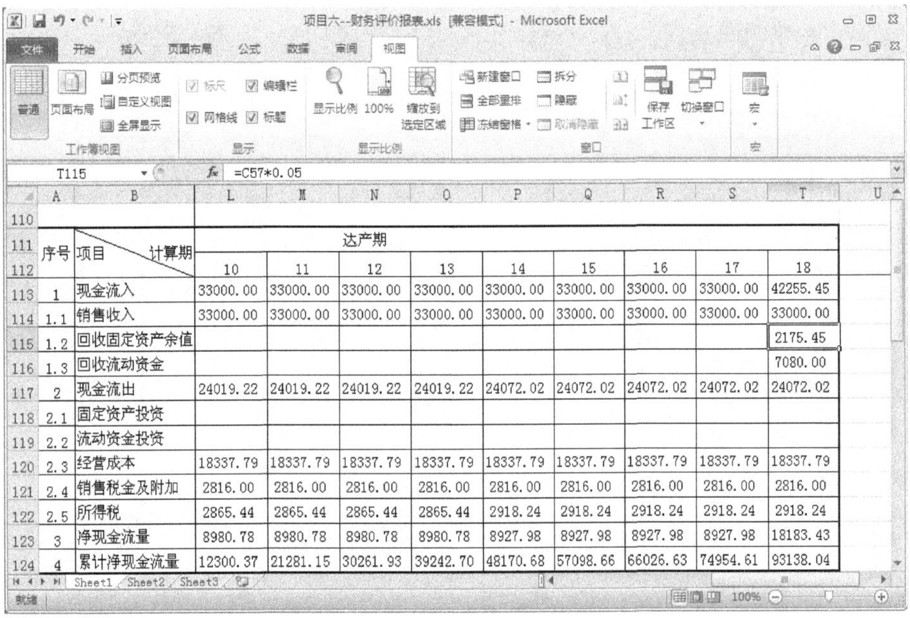

序号	项目 计算期	10	11	12	13	14	15	16	17	18
		达产期								
1	现金流入	33000.00	33000.00	33000.00	33000.00	33000.00	33000.00	33000.00	33000.00	42255.45
1.1	销售收入	33000.00	33000.00	33000.00	33000.00	33000.00	33000.00	33000.00	33000.00	33000.00
1.2	回收固定资产余值									2175.45
1.3	回收流动资金									7080.00
2	现金流出	24019.22	24019.22	24019.22	24019.22	24072.02	24072.02	24072.02	24072.02	24072.02
2.1	固定资产投资									
2.2	流动资金投资									
2.3	经营成本	18337.79	18337.79	18337.79	18337.79	18337.79	18337.79	18337.79	18337.79	18337.79
2.4	销售税金及附加	2816.00	2816.00	2816.00	2816.00	2816.00	2816.00	2816.00	2816.00	2816.00
2.5	所得税	2865.44	2865.44	2865.44	2865.44	2918.24	2918.24	2918.24	2918.24	2918.24
3	净现金流量	8980.78	8980.78	8980.78	8980.78	8927.98	8927.98	8927.98	8927.98	18183.43
4	累计净现金流量	12300.37	21281.15	30261.93	39242.70	48170.68	57098.66	66026.63	74954.61	93138.04

图 11－98　例 11－18 计算步骤(13)

(11)编制自有资金投资现金流量表：启动 Excel 软件，建立表格，现金流入、销售收入、回收固定资产余值、回收流动资金、经营成本、销售税金及附加、所得税均和全部投资的现金流量相同。在其他单元格中输入以下内容得到自有资金投资现金流量表，如图 11－99、图 11－100 所示。

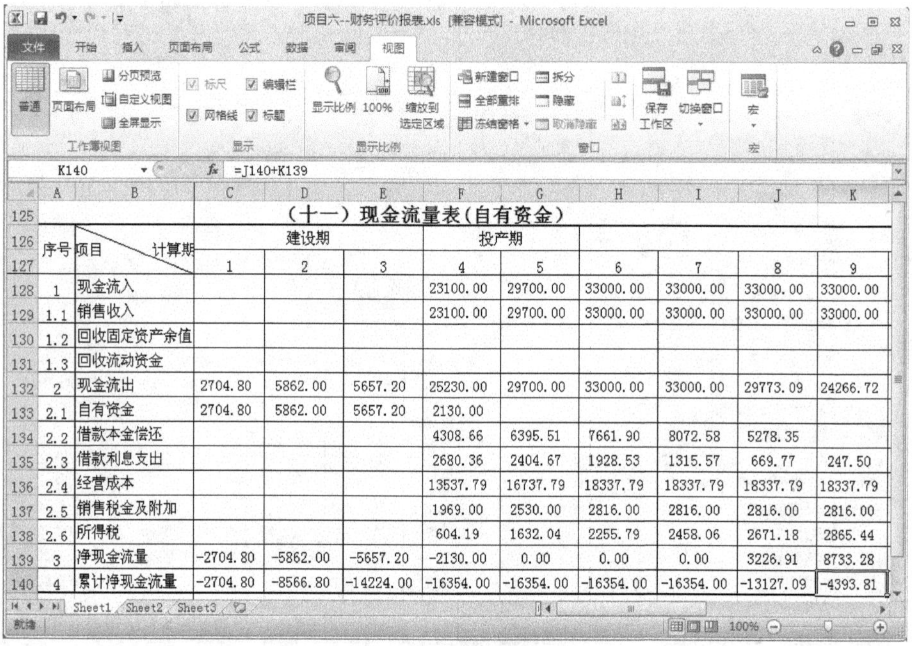

（十一）现金流量表（自有资金）

序号	项目 \ 计算期	建设期			投产期					
		1	2	3	4	5	6	7	8	9
1	现金流入				23100.00	29700.00	33000.00	33000.00	33000.00	33000.00
1.1	销售收入				23100.00	29700.00	33000.00	33000.00	33000.00	33000.00
1.2	回收固定资产余值									
1.3	回收流动资金									
2	现金流出	2704.80	5862.00	5657.20	25230.00	29700.00	33000.00	33000.00	29773.09	24266.72
2.1	自有资金	2704.80	5862.00	5657.20	2130.00					
2.2	借款本金偿还				4308.66	6395.51	7661.90	8072.58	5278.35	
2.3	借款利息支出				2680.36	2404.67	1928.53	1315.57	669.77	247.50
2.4	经营成本				13537.79	16737.79	18337.79	18337.79	18337.79	18337.79
2.5	销售税金及附加				1969.00	2530.00	2816.00	2816.00	2816.00	2816.00
2.6	所得税				604.19	1632.04	2255.79	2458.06	2671.18	2865.44
3	净现金流量	-2704.80	-5862.00	-5657.20	-2130.00	0.00	0.00	0.00	3226.91	8733.28
4	累计净现金流量	-2704.80	-8566.80	-14224.00	-16354.00	-16354.00	-16354.00	-16354.00	-13127.09	-4393.81

图 11－99　例 11－18 计算步骤(14)

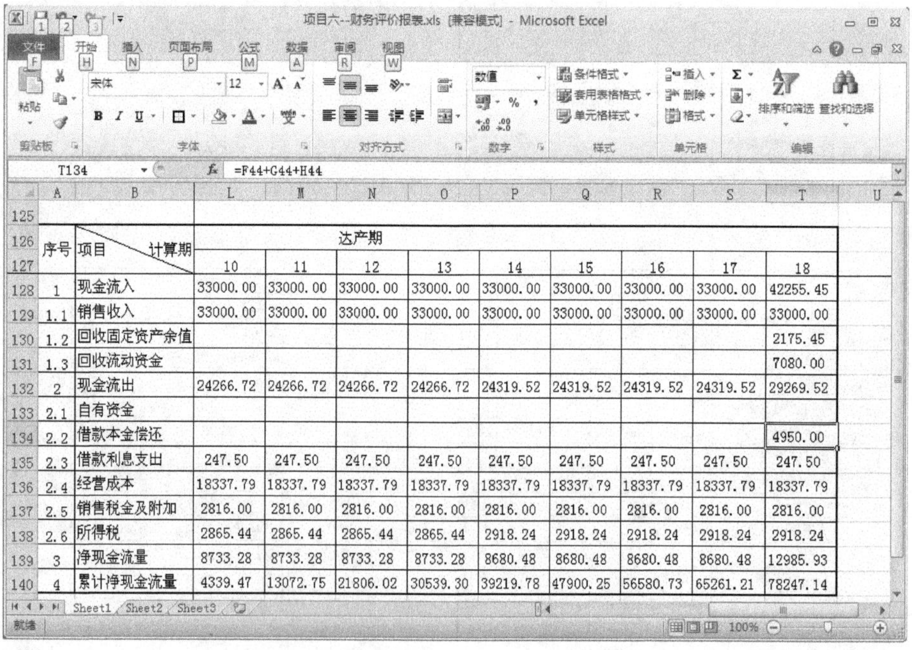

序号	项目 \ 计算期	达产期								
		10	11	12	13	14	15	16	17	18
1	现金流入	33000.00	33000.00	33000.00	33000.00	33000.00	33000.00	33000.00	33000.00	42255.45
1.1	销售收入	33000.00	33000.00	33000.00	33000.00	33000.00	33000.00	33000.00	33000.00	33000.00
1.2	回收固定资产余值									2175.45
1.3	回收流动资金									7080.00
2	现金流出	24266.72	24266.72	24266.72	24266.72	24319.52	24319.52	24319.52	24319.52	29269.52
2.1	自有资金									
2.2	借款本金偿还									4950.00
2.3	借款利息支出	247.50	247.50	247.50	247.50	247.50	247.50	247.50	247.50	247.50
2.4	经营成本	18337.79	18337.79	18337.79	18337.79	18337.79	18337.79	18337.79	18337.79	18337.79
2.5	销售税金及附加	2816.00	2816.00	2816.00	2816.00	2816.00	2816.00	2816.00	2816.00	2816.00
2.6	所得税	2865.44	2865.44	2865.44	2865.44	2918.24	2918.24	2918.24	2918.24	2918.24
3	净现金流量	8733.28	8733.28	8733.28	8733.28	8680.48	8680.48	8680.48	8680.48	12985.93
4	累计净现金流量	4339.47	13072.75	21806.02	30539.30	39219.78	47900.25	56580.73	65261.21	78247.14

图 11－100　例 11－18 计算步骤(15)

C133：＝C40；选中 C133，拖动其右下角的填充柄直至 F133。

F134：＝F102；选中 F134，拖动其右下角的填充柄直至 J134。

T134：＝F44＋G44＋H44；

F135：＝C71；选中 F135，拖动其右下角的填充柄直至 T135。

C132：＝SUM(C133：C138)；选中 C132，拖动其右下角的填充柄直至 T132。

C139：＝C128－C132；选中 C139，拖动其右下角的填充柄直至 T139。

C140：＝C139；D140 ＝C140＋D139；选中 D140，拖动其右下角的填充柄直至 T140。

(12)计算项目内部收益率 IRR。

由项目全部投资现金流量表，计算 IRR：在 C143 中输入"＝IRR(C123：T123)"得项目的内部收益率为 14%(如图 11－101 所示)，大于基准折现率为 10%，因此该项目从全部投资角度来看具有较强的盈利能力。

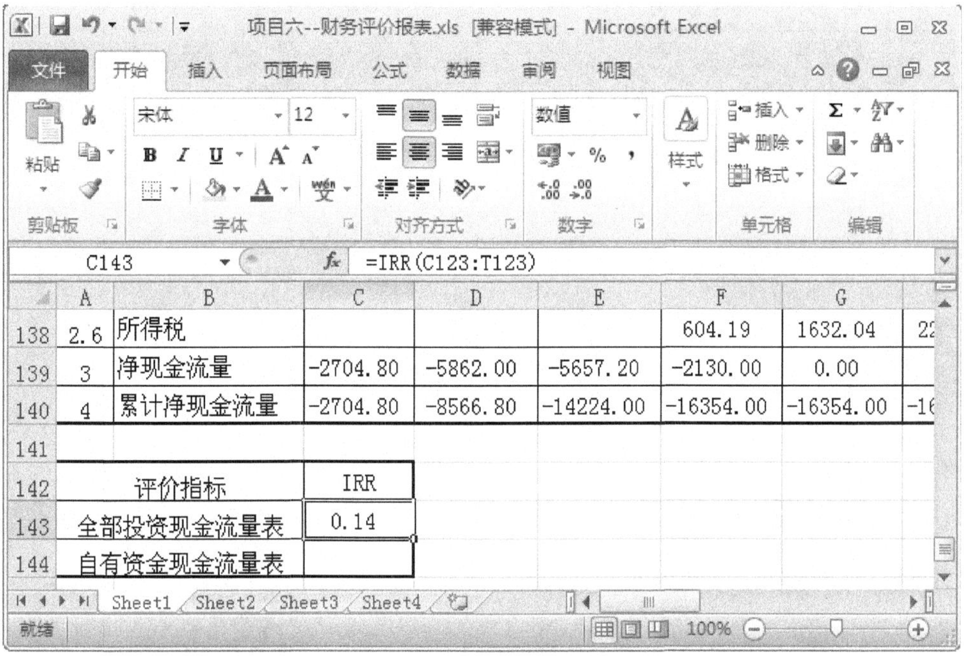

图 11－101　例 11－18 计算步骤(16)

由项目自有资金现金流量表，计算 IRR：在 C144 中输入"＝IRR(C139：T139)"得项目的内部收益率为 18%(如图 11－102 所示)，大于基准折现率为 10%，因此该项目从自有资金角度来看也具有较强的盈利能力。

项目六--财务评价报表.xls [兼容模式] - Microsoft Excel

文件　开始　插入　页面布局　公式　数据　审阅　视图

宋体　12

粘贴　B I U　A A

剪贴板　字体　对齐方式　数字　单元格　编辑

C144　　f_x　=IRR(C139:T139)

	A	B	C	D	E	F	G	
138	2.6	所得税				604.19	1632.04	22
139	3	净现金流量	-2704.80	-5862.00	-5657.20	-2130.00	0.00	
140	4	累计净现金流量	-2704.80	-8566.80	-14224.00	-16354.00	-16354.00	-16
141								
142		评价指标	IRR					
143		全部投资现金流量表	0.14					
144		自有资金现金流量表	0.18					

Sheet1　Sheet2　Sheet3　Sheet4

就绪　　100%

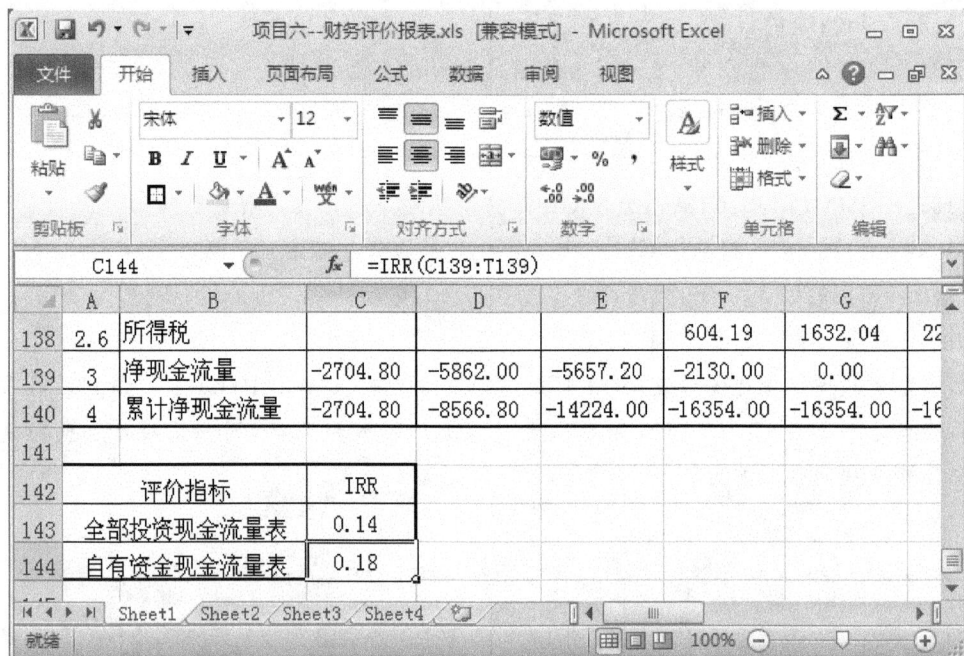

图 11-102　例 11-18 计算步骤(17)

附录：复利系数表

1%的复利系数表

年份	一次支付		等额系列			
	终值系数	现值系数	年金终值系数	年金现值系数	资本回收系数	偿债基金系数
n	$(F/P,i,n)$	$(P/F,i,n)$	$(F/A,i,n)$	$(P/A,i,n)$	$(A/P,i,n)$	$(A/F,i,n)$
1	1.010	0.9901	1.000	0.9901	1.0100	1.0000
2	1.020	0.9803	2.010	1.9704	0.5075	0.4975
3	1.030	0.9706	3.030	2.9401	0.4300	0.3300
4	1.041	0.9610	4.060	3.9020	0.2563	0.2463
5	1.051	0.9515	5.101	4.8534	0.2060	0.1960
6	1.062	0.9412	6.152	5.7955	0.1726	0.1626
7	1.702	0.9327	7.214	6.7282	0.1486	0.1386
8	1.083	0.9235	8.286	7.6517	0.1307	0.1207
9	1.094	0.9143	9.369	8.5660	0.1168	0.1068
10	1.105	0.9053	10.426	9.4713	0.1056	0.0956
11	1.116	0.8963	11.567	10.3676	0.0965	0.0865
12	1.127	0.8875	12.683	11.2551	0.0889	0.0789
13	1.138	0.8787	13.809	12.1338	0.0824	0.0724
14	1.149	0.8700	14.974	13.0037	0.0769	0.0669
15	1.161	0.8614	16.097	13.8651	0.0721	0.0621
16	1.173	0.8528	17.258	14.7191	0.0680	0.0580
17	1.184	0.8444	18.430	15.5623	0.0634	0.0543
18	1.196	0.8360	19.615	16.3983	0.0610	0.0510
19	1.208	0.8277	20.811	17.2260	0.0581	0.0481
20	1.220	0.8196	22.019	18.0456	0.0554	0.0454
21	1.232	0.8114	23.239	18.8570	0.0530	0.0430
22	1.245	0.8034	24.472	19.6604	0.0509	0.0409
23	1.257	0.7955	25.716	20.4558	0.0489	0.0389
24	1.270	0.7876	26.973	21.2434	0.0471	0.0371
25	1.282	0.7798	28.243	22.0232	0.0454	0.0354
26	1.295	0.7721	29.526	22.7952	0.0439	0.0339
27	1.308	0.7644	30.821	23.5596	0.0425	0.0325
28	1.321	0.7568	32.129	24.3165	0.0411	0.0311
29	1.335	0.7494	33.450	25.0658	0.0399	0.0299
30	1.348	0.7419	34.785	25.8077	0.0388	0.0288
31	1.361	0.7346	36.133	26.5423	0.0377	0.0277
32	1.375	0.7273	37.494	27.2696	0.0367	0.0267
33	1.389	0.7201	38.869	27.9897	0.0357	0.0257
34	1.403	0.7130	40.258	28.7027	0.0348	0.0248
35	1.417	0.7050	41.660	29.4086	0.0340	0.0240

3%的复利系数表

年份	一次支付		等额系列			
	终值系数	现值系数	年金终值系数	年金现值系数	资本回收系数	偿债基金系数
n	$(F/P,i,n)$	$(P/F,i,n)$	$(F/A,i,n)$	$(P/A,i,n)$	$(A/P,i,n)$	$(A/F,i,n)$
1	1.030	0.9709	1.0000	0.9709	1.0300	1.0000
2	1.061	0.9426	2.030	1.9135	0.5226	0.4926
3	1.093	0.9152	3.091	2.8286	0.3535	0.3235
4	1.126	0.8885	4.184	3.7171	0.2690	0.2390
5	1.159	0.8626	5.309	4.5797	0.2184	0.1884
6	1.194	0.8375	6.468	5.4172	0.1846	0.1546
7	1.230	0.8131	7.662	6.2303	0.1605	0.1305
8	1.267	0.7894	8.892	7.0197	0.1425	0.1125
9	1.305	0.7664	10.159	7.7861	0.1284	0.0984
10	1.344	0.7441	11.464	8.5302	0.1172	0.0872
11	1.384	0.7224	12.808	9.2526	0.1081	0.0781
12	1.426	0.7014	14.192	9.9540	0.1005	0.0705
13	1.469	0.6810	15.618	10.6450	0.0940	0.0640
14	1.513	0.6611	17.086	11.2961	0.0885	0.0585
15	1.558	0.6419	18.599	11.9370	0.0838	0.0538
16	1.605	0.6232	20.157	12.5611	0.0796	0.0496
17	1.653	0.6050	21.762	13.1661	0.0760	0.0460
18	1.702	0.5874	23.414	13.7535	0.0727	0.0427
19	1.754	0.5703	25.117	14.3238	0.0698	0.0398
20	1.806	0.5537	26.870	14.8775	0.0672	0.0372
21	1.860	0.5376	28.676	15.4150	0.0649	0.0349
22	1.916	0.5219	30.537	15.9369	0.0628	0.0328
23	1.974	0.5067	32.453	16.4436	0.0608	0.0308
24	2.033	0.4919	34.426	16.9356	0.0591	0.0291
25	2.094	0.4776	34.495	17.4132	0.0574	0.0274
26	2.157	0.4637	38.553	17.8769	0.0559	0.0259
27	2.221	0.4502	40.710	18.3270	0.0546	0.0246
28	2.288	0.4371	42.931	18.7641	0.0533	0.0233
29	2.357	0.4244	45.219	19.1885	0.0521	0.0221
30	2.427	0.4120	47.575	19.6005	0.0510	0.0210
31	2.500	0.4000	50.003	20.0004	0.0500	0.0200
32	2.575	0.3883	52.503	20.3888	0.0491	0.0191
33	2.652	0.3773	55.078	20.7358	0.0482	0.0182
34	2.732	0.3661	57.730	21.1318	0.0473	0.0173
35	2.814	0.3554	60.462	21.4875	0.0465	0.0165

4%的复利系数表

年份	一次支付		等额系列			
	终值系数	现值系数	年金终值系数	年金现值系数	资本回收系数	偿债基金系数
n	$(F/P,i,n)$	$(P/F,i,n)$	$(F/A,i,n)$	$(P/A,i,n)$	$(A/P,i,n)$	$(A/F,i,n)$
1	1.040	0.9615	1.000	0.9615	1.0400	1.0000
2	1.082	0.9246	2.040	1.8861	0.5302	0.4902
3	1.125	0.8890	3.122	2.7751	0.3604	0.3204
4	1.170	0.8548	4.246	3.6199	0.2755	0.2355
5	1.217	0.8219	5.416	4.4518	0.2246	0.1846
6	1.265	0.7903	6.633	5.2421	0.1908	0.1508
7	1.316	0.7599	7.898	6.0021	0.1666	0.1266
8	1.396	0.7307	9.214	6.7382	0.1485	0.1085
9	1.423	0.7026	10.583	7.4351	0.1345	0.0945
10	1.480	0.6756	12.006	8.1109	0.1233	0.0833
11	1.539	0.6496	13.486	8.7605	0.1142	0.0742
12	1.601	0.6246	15.036	9.3851	0.1066	0.0666
13	1.665	0.6006	16.627	9.9857	0.1002	0.0602
14	1.732	0.5775	18.292	10.5631	0.0947	0.0547
15	1.801	0.5553	20.024	11.1184	0.0900	0.0500
16	1.873	0.5339	21.825	11.6523	0.0858	0.0458
17	1.948	0.5134	23.698	12.1657	0.0822	0.0422
18	2.026	0.4936	25.645	12.6593	0.0790	0.0390
19	1.107	0.4747	27.671	13.1339	0.0761	0.0361
20	2.191	0.4564	29.778	13.5093	0.0736	0.0336
21	2.279	0.4388	31.969	14.0292	0.0713	0.0313
22	2.370	0.4220	34.248	14.4511	0.0692	0.0292
23	2.465	0.4057	36.618	14.8569	0.0673	0.0273
24	2.563	0.3901	39.083	15.2470	0.0656	0.0256
25	2.666	0.3751	41.646	15.6221	0.0640	0.0240
26	1.772	0.3067	44.312	15.9828	0.0626	0.0226
27	2.883	0.3468	47.084	16.3296	0.0612	0.0212
28	2.999	0.3335	49.968	16.6631	0.0600	0.0200
29	3.119	0.3207	52.966	16.9873	0.0589	0.0189
30	3.243	0.3083	56.085	17.2920	0.0578	0.0178
31	3.373	0.2965	59.328	17.5885	0.0569	0.0169
32	3.508	0.2851	62.701	17.8736	0.0560	0.0160
33	3.648	0.2741	66.210	18.1477	0.0551	0.0151
34	3.794	0.2636	69.858	18.4112	0.0543	0.0143
35	3.946	0.2534	73.652	18.6646	0.0536	0.0136

5%的复利系数表

年份	一次支付		等额系列			
	终值系数	现值系数	年金终值系数	年金现值系数	资本回收系数	偿债基金系数
n	$(F/P,i,n)$	$(P/F,i,n)$	$(F/A,i,n)$	$(P/A,i,n)$	$(A/P,i,n)$	$(A/F,i,n)$
1	1.050	0.9524	1.000	0.9524	1.0500	1.0000
2	1.103	0.9070	2.050	1.8594	0.5378	0.4878
3	1.158	0.8638	3.153	2.7233	0.3672	0.3172
4	1.216	0.8227	4.310	3.5460	0.2820	0.2320
5	1.276	0.7835	5.526	4.3295	0.2310	0.1810
6	1.340	0.7462	6.802	5.0757	0.1970	0.1470
7	1.407	0.7107	8.142	5.7864	0.1728	0.1228
8	1.477	0.6768	9.549	6.4632	0.1547	0.1047
9	1.551	0.6446	11.027	7.1078	0.1407	0.0907
10	1.629	0.6139	12.587	7.7217	0.1295	0.0795
11	1.710	0.5847	14.207	8.3064	0.1204	0.0704
12	1.796	0.5568	15.917	8.8633	0.1128	0.0628
13	1.886	0.5303	17.713	9.3936	0.1065	0.0565
14	1.980	0.5051	19.599	9.8987	0.1010	0.0510
15	2.079	0.4810	21.597	10.3797	0.0964	0.0464
16	2.183	0.4581	23.658	10.8387	0.0932	0.0432
17	2.292	0.4363	25.840	11.2741	0.0887	0.0387
18	2.407	0.4153	28.132	11.6896	0.0856	0.0356
19	2.527	0.3957	30.539	12.0853	0.0828	0.0328
20	2.653	0.3769	33.066	12.4622	0.0803	0.0303
21	2.786	0.3590	35.719	12.8212	0.0780	0.0280
22	2.925	0.3419	38.505	13.1630	0.0760	0.0260
23	3.072	0.3256	41.430	13.4886	0.0741	0.0241
24	3.225	0.3101	44.502	13.7987	0.0725	0.0225
25	3.386	0.2953	47.727	14.0940	0.0710	0.0210
26	3.556	0.2813	51.113	14.3753	0.0696	0.0296
27	3.733	0.2679	54.669	14.6340	0.0686	0.0183
28	3.920	0.2551	58.403	14.8981	0.0671	0.0171
29	4.116	0.2430	62.323	15.1411	0.0661	0.0161
30	4.322	0.2314	66.439	15.3725	0.0651	0.0151
31	4.538	0.2204	70.761	15.5928	0.0641	0.0141
32	4.765	0.2099	75.299	15.8027	0.0633	0.0133
33	5.003	0.1999	80.064	16.0026	0.0625	0.0125
34	5.253	0.1904	85.067	16.1929	0.0618	0.0118
35	5.516	0.1813	90.320	16.3742	0.0611	0.0111

6%的复利系数表

年份	一次支付		等额系列			
	终值系数	现值系数	年金终值系数	年金现值系数	资本回收系数	偿债基金系数
n	$(F/P,i,n)$	$(P/F,i,n)$	$(F/A,i,n)$	$(P/A,i,n)$	$(A/P,i,n)$	$(A/F,i,n)$
1	1.060	0.9434	1.000	0.9434	1.0600	1.0000
2	1.124	0.8900	2.060	1.8334	0.5454	0.4854
3	1.191	0.8396	3.184	2.6704	0.3741	0.3141
4	1.262	0.7291	4.375	3.4561	0.2886	0.2286
5	1.338	0.7473	5.637	4.2124	0.2374	0.1774
6	1.419	0.7050	6.975	4.9173	0.2034	0.1434
7	1.504	0.6651	8.394	5.5824	0.1791	0.1191
8	1.594	0.6274	9.897	6.2098	0.1610	0.1010
9	1.698	0.5919	11.491	6.8071	0.1470	0.0870
10	1.791	0.5584	13.181	7.3601	0.1359	0.0759
11	1.898	0.5268	14.972	7.8869	0.1268	0.0668
12	2.012	0.4970	16.870	8.3839	0.1193	0.0593
13	2.133	0.4688	18.882	8.8527	0.1130	0.0530
14	2.261	0.4423	21.015	9.2956	0.1076	0.0476
15	2.397	0.4173	23.276	9.7123	0.1030	0.0430
16	2.540	0.3937	25.673	10.1059	0.0990	0.0390
17	2.693	0.3714	28.213	10.4773	0.0955	0.0355
18	2.854	0.3504	30.906	10.8276	0.0924	0.0324
19	3.026	0.3305	33.760	11.1581	0.0896	0.0296
20	3.207	0.3118	36.786	11.4699	0.0872	0.0272
21	3.400	0.2942	39.993	11.7641	0.0850	0.0250
22	3.604	0.2775	43.329	12.0461	0.0831	0.0231
23	3.820	0.2618	46.996	12.3034	0.0813	0.0213
24	4.409	0.2470	50.816	12.5504	0.0797	0.0197
25	4.292	0.2330	54.865	12.7834	0.0782	0.0182
26	4.549	0.2198	59.156	13.0032	0.0769	0.0169
27	4.822	0.2074	63.706	13.2105	0.0757	0.0157
28	5.112	0.1956	68.528	13.4062	0.0746	0.0146
29	5.418	0.1846	73.640	13.5907	0.0736	0.0136
30	5.744	0.1741	79.058	13.7648	0.0727	0.0127
31	6.088	0.1643	84.802	13.9291	0.0718	0.0118
32	6.453	0.1550	90.890	14.0841	0.0710	0.0110
33	6.841	0.1462	97.343	14.2302	0.0703	0.0103
34	7.251	0.1379	104.184	14.3682	0.0696	0.0096
35	7.686	0.1301	111.435	14.4983	0.0690	0.0090

7%的复利系数表

年份	一次支付		等额系列			
	终值系数	现值系数	年金终值系数	年金现值系数	资本回收系数	偿债基金系数
n	$(F/P,i,n)$	$(P/F,i,n)$	$(F/A,i,n)$	$(P/A,i,n)$	$(A/P,i,n)$	$(A/F,i,n)$
1	1.070	0.9346	1.000	0.9346	1.0700	1.0000
2	1.145	0.8734	2.070	1.8080	0.5531	0.4831
3	1.225	0.8163	3.215	2.6234	0.3811	0.3111
4	1.311	0.7629	4.440	3.3872	0.2952	0.2252
5	1.403	0.7130	5.751	4.1002	0.2493	0.1739
6	1.501	0.6664	7.153	4.7665	0.2098	0.1398
7	1.606	0.6228	8.645	5.3893	0.1856	0.1156
8	1.718	0.5280	10.260	5.9713	0.1675	0.0975
9	1.838	0.5439	11.978	6.5152	0.1535	0.0835
10	1.967	0.5084	13.816	7.0236	0.1424	0.0724
11	2.105	0.4751	15.784	7.4987	0.1334	0.0634
12	2.252	0.4440	17.888	7.9427	0.1259	0.0559
13	2.410	0.4150	20.141	8.3577	0.1197	0.0497
14	2.597	0.3878	22.550	8.7455	0.1144	0.0444
15	2.759	0.3625	25.129	9.1079	0.1098	0.0398
16	2.952	0.3387	27.888	9.4467	0.1059	0.0359
17	3.159	0.3166	30.840	9.7632	0.1024	0.0324
18	3.380	0.2959	33.999	10.0591	0.0994	0.0294
19	3.617	0.2765	37.379	10.3356	0.0968	0.0268
20	3.870	0.2584	40.996	10.5940	0.0944	0.0244
21	4.141	0.2415	44.865	10.8355	0.0923	0.0223
22	4.430	0.2257	49.006	11.0613	0.0904	0.0204
23	4.741	0.2110	53.436	11.2722	0.0887	0.0187
24	5.072	0.1972	58.177	11.4693	0.0872	0.0172
25	5.427	0.1843	63.249	11.6536	0.0858	0.0158
26	5.807	0.1722	68.676	11.8258	0.0846	0.0146
27	6.214	0.1609	74.484	11.9867	0.0834	0.0134
28	6.649	0.1504	80.698	12.1371	0.0824	0.0124
29	7.114	0.1406	87.347	12.2777	0.0815	0.0115
30	7.612	0.1314	94.461	12.4091	0.0806	0.0106
31	8.145	0.1228	102.073	12.5318	0.0798	0.0098
32	8.715	0.1148	110.218	12.6466	0.0791	0.0091
33	9.325	0.1072	118.933	12.7538	0.0784	0.0084
34	9.978	0.1002	128.259	12.8540	0.0778	0.0078
35	10.667	0.0937	138.237	12.9477	0.0772	0.0072

8%的复利系数表

年份	一次支付		等额系列			
	终值系数	现值系数	年金终值系数	年金现值系数	资本回收系数	偿债基金系数
n	$(F/P,i,n)$	$(P/F,i,n)$	$(F/A,i,n)$	$(P/A,i,n)$	$(A/P,i,n)$	$(A/F,i,n)$
1	1.080	0.9259	1.000	0.9259	1.0800	1.0000
2	1.166	0.8573	2.080	1.7833	0.5608	0.4080
3	1.260	0.7938	3.246	2.5771	0.3880	0.3080
4	1.360	0.7350	4.506	3.3121	0.3019	0.2219
5	1.496	0.6806	5.867	3.9927	0.2505	0.1705
6	1.587	0.6302	7.336	4.6229	0.2163	0.1363
7	1.714	0.5835	8.923	5.2064	0.1921	0.1121
8	1.851	0.5403	10.637	5.7466	0.1740	0.0940
9	1.999	0.5003	12.488	6.2469	0.1601	0.0801
10	2.159	0.4632	12.487	6.7101	0.1490	0.0690
11	2.332	0.4289	16.645	7.1390	0.1401	0.0601
12	2.518	0.3971	18.977	7.5361	0.1327	0.0527
13	2.720	0.3677	21.459	7.8038	0.1265	0.0465
14	2.937	0.3405	24.215	8.2442	0.1213	0.0413
15	3.172	0.3153	27.152	8.5595	0.1168	0.0368
16	3.426	0.2919	30.324	8.8514	0.1130	0.0330
17	3.700	0.2703	33.750	9.1216	0.1096	0.0296
18	3.996	0.2503	37.450	9.3719	0.1067	0.0267
19	4.316	0.2317	41.446	9.6036	0.1041	0.0214
20	4.661	0.2146	45.762	9.8182	0.1019	0.0219
21	5.034	0.1987	50.423	10.0168	0.0998	0.0198
22	5.427	0.1840	55.457	10.2008	0.0980	0.0180
23	5.871	0.1703	60.893	10.3711	0.0964	0.0164
24	6.341	0.1577	66.765	10.5288	0.0950	0.0150
25	6.848	0.1460	73.106	10.6748	0.0937	0.0137
26	7.396	0.1352	79.954	10.8100	0.0925	0.0125
27	7.988	0.1252	87.351	10.9352	0.0915	0.0115
28	8.627	0.1159	95.339	11.0511	0.0905	0.0105
29	9.317	0.1073	103.966	11.1584	0.0896	0.0096
30	10.063	0.0994	113.283	11.2578	0.0888	0.0088
31	10.868	0.0920	123.346	11.3498	0.0881	0.0081
32	11.737	0.0852	134.214	11.4350	0.0875	0.0075
33	12.676	0.0789	145.951	11.5139	0.0869	0.0069
34	13.690	0.0731	158.627	11.5869	0.0863	0.0063
35	14.785	0.0676	172.317	11.6546	0.0858	0.0058

9%的复利系数表

年份	一次支付		等额系列			
	终值系数	现值系数	年金终值系数	年金现值系数	资本回收系数	偿债基金系数
n	$(F/P,i,n)$	$(P/F,i,n)$	$(F/A,i,n)$	$(P/A,i,n)$	$(A/P,i,n)$	$(A/F,i,n)$
1	1.090	0.9174	1.000	0.9174	1.0900	1.0000
2	1.188	0.8417	2.090	1.7591	0.5685	0.4785
3	1.295	0.7722	3.278	2.5313	0.3951	0.3051
4	1.412	0.7084	4.573	3.2397	0.3087	0.2187
5	1.539	0.6499	5.985	3.8897	0.2571	0.1671
6	1.677	0.5963	7.523	4.4859	0.2229	0.1329
7	1.828	0.5470	9.200	5.0330	0.1987	0.1087
8	1.993	0.5019	11.028	5.5348	0.1807	0.0907
9	2.172	0.4604	13.021	5.9953	0.1668	0.0768
10	2.367	0.4224	15.193	6.4177	0.1558	0.0658
11	2.580	0.3875	17.560	6.8052	0.1470	0.0570
12	2.813	0.3555	20.141	7.1607	0.1397	0.0497
13	3.066	0.3262	22.953	7.4869	0.1336	0.0436
14	3.342	0.2993	26.019	7.7862	0.1284	0.0384
15	3.642	0.2745	29.361	8.0607	0.1241	0.0341
16	3.970	0.2519	33.003	8.3126	0.1203	0.0303
17	4.328	0.2311	36.974	8.5436	0.1171	0.0271
18	4.717	0.2120	41.301	8.7556	0.1142	0.0242
19	5.142	0.1945	46.018	8.9501	0.1117	0.0217
20	5.604	0.1784	51.160	9.1286	0.1096	0.0196
21	6.109	0.1637	56.765	9.2023	0.1076	0.0176
22	6.659	0.1502	62.873	9.4424	0.1059	0.0159
23	7.258	0.1378	69.532	9.5802	0.1044	0.0144
24	7.911	0.1264	76.790	9.7066	0.1030	0.0130
25	8.623	0.1160	84.701	9.8226	0.1018	0.0118
26	9.399	0.1064	93.324	9.9290	0.1007	0.0107
27	10.245	0.0976	102.723	10.0266	0.0997	0.0097
28	11.167	0.0896	112.968	10.1161	0.0989	0.0089
29	12.172	0.0822	124.135	10.1983	0.0981	0.0081
30	13.268	0.0754	136.308	10.2737	0.0973	0.0073
31	14.462	0.0692	149.575	10.3428	0.0967	0.0067
32	15.763	0.0634	164.037	10.4063	0.0961	0.0061
33	17.182	0.0582	179.800	10.4645	0.0956	0.0056
34	18.728	0.0534	196.982	10.5178	0.0951	0.0051
35	20.414	0.0490	215.711	10.5668	0.0946	0.0046

10%的复利系数表

年份	一次支付		等额系列			
	终值系数	现值系数	年金终值系数	年金现值系数	资本回收系数	偿债基金系数
n	$(F/P,i,n)$	$(P/F,i,n)$	$(F/A,i,n)$	$(P/A,i,n)$	$(A/P,i,n)$	$(A/F,i,n)$
1	1.100	0.9091	1.000	0.9091	1.1000	1.0000
2	1.210	0.8265	2.100	1.7355	0.5762	0.4762
3	1.331	0.7513	3.310	2.4869	0.4021	0.3021
4	1.464	0.6880	4.641	3.1699	0.3155	0.2155
5	1.611	0.6299	6.105	3.7908	0.2638	0.1638
6	1.772	0.5645	7.716	4.3553	0.2296	0.1296
7	1.949	0.5132	9.487	4.8684	0.2054	0.1054
8	2.144	0.4665	11.436	5.3349	0.1875	0.0875
9	2.358	0.4241	13.579	5.7590	0.1737	0.0737
10	2.594	0.3856	15.937	6.1446	0.1628	0.0628
11	2.853	0.3505	18.531	6.4951	0.1540	0.0540
12	3.138	0.3186	21.384	6.8137	0.1468	0.0498
13	3.452	0.2897	24.523	7.1034	0.1408	0.0408
14	3.798	0.2633	27.975	7.3667	0.1358	0.0358
15	4.177	0.2394	31.772	7.6061	0.1315	0.0315
16	4.595	0.2176	35.950	7.8237	0.1278	0.0278
17	5.054	0.1979	40.545	8.0216	0.1247	0.0247
18	5.556	0.1799	45.599	8.2014	0.1219	0.0219
19	6.116	0.1635	51.159	8.3649	0.1196	0.0196
20	6.728	0.1487	57.275	8.5136	0.1175	0.0175
21	7.400	0.1351	64.003	8.6487	0.1156	0.0156
22	8.140	0.1229	71.403	8.7716	0.1140	0.0140
23	8.954	0.1117	79.543	8.8832	0.1126	0.0126
24	9.850	0.1015	88.497	8.9848	0.1113	0.0113
25	10.835	0.0923	98.347	9.0771	0.1102	0.0102
26	11.918	0.0839	109.182	9.1610	0.1092	0.0092
27	13.110	0.0763	121.100	9.2372	0.1083	0.0083
28	14.421	0.0694	134.210	9.3066	0.1075	0.0075
29	15.863	0.0630	148.631	9.3696	0.1067	0.0067
30	17.449	0.0573	164.494	9.4269	0.1061	0.0061
31	19.194	0.0521	181.943	9.4790	0.1055	0.0055
32	21.114	0.0474	201.138	9.5264	0.1050	0.0050
33	23.225	0.0431	222.252	9.5694	0.1045	0.0045
34	25.548	0.0392	245.477	9.6086	0.1041	0.0041
35	28.102	0.0356	271.024	9.6442	0.1037	0.0037

<h2 style="text-align:center">12%的复利系数表</h2>

年份	一次支付		等额系列			
	终值系数	现值系数	年金终值系数	年金现值系数	资本回收系数	偿债基金系数
n	$(F/P,i,n)$	$(P/F,i,n)$	$(F/A,i,n)$	$(P/A,i,n)$	$(A/P,i,n)$	$(A/F,i,n)$
1	1.120	0.8920	1.000	0.8929	1.1200	1.0000
2	1.254	0.7972	2.120	1.6901	0.5917	0.4717
3	1.405	0.7118	3.374	2.4018	0.4164	0.2964
4	1.574	0.6355	4.779	3.0374	0.3292	0.2092
5	1.762	0.5674	6.353	3.6048	0.2774	0.1574
6	1.974	0.5066	8.115	4.1114	0.2432	0.1232
7	2.211	0.4524	10.089	4.5638	0.2191	0.0991
8	2.476	0.4039	12.300	4.9676	0.2013	0.0813
9	2.773	0.3606	14.776	5.3283	0.1877	0.0677
10	3.106	0.3220	17.549	5.6502	0.1770	0.0570
11	3.479	0.2875	20.655	5.9377	0.1684	0.0484
12	3.896	0.2567	24.133	6.1944	0.1614	0.0414
13	4.364	0.2292	28.029	6.4236	0.1557	0.0357
14	4.887	0.2046	32.393	6.6282	0.1509	0.0309
15	5.474	0.1827	37.280	6.8109	0.1468	0.0268
16	6.130	0.1631	42.752	6.9740	0.1434	0.0234
17	6.866	0.1457	48.884	7.1196	0.1405	0.0205
18	7.690	0.1300	55.750	7.2497	0.1379	0.0179
19	8.613	0.1161	63.440	7.3658	0.1358	0.0158
20	9.646	0.1037	72.052	7.4695	0.1339	0.0139
21	10.804	0.0926	81.699	7.5620	0.1323	0.0123
22	12.100	0.0827	92.503	7.6447	0.1308	0.0108
23	13.552	0.0738	104.603	7.7184	0.1296	0.0096
24	15.179	0.0659	118.155	7.7843	0.1285	0.0085
25	17.000	0.0588	133.334	7.8431	0.1275	0.0075
26	19.040	0.0525	150.334	7.8957	0.1267	0.0067
27	21.325	0.0469	169.374	7.9426	0.1259	0.0059
28	23.884	0.0419	190.699	7.9844	0.1253	0.0053
29	26.750	0.0374	214.583	8.0218	0.1247	0.0047
30	29.960	0.0334	241.333	8.0552	0.1242	0.0042
31	33.555	0.0298	271.293	8.0850	0.1237	0.0037
32	37.582	0.0266	304.848	8.1116	0.1233	0.0033
33	42.092	0.0238	342.429	8.1354	0.1229	0.0029
34	47.143	0.0212	384.521	8.1566	0.1226	0.0026
35	52.800	0.0189	431.664	8.1755	0.1223	0.0023

15%的复利系数表

年份	一次支付		等额系列			
	终值系数	现值系数	年金终值系数	年金现值系数	资本回收系数	偿债基金系数
n	$(F/P,i,n)$	$(P/F,i,n)$	$(F/A,i,n)$	$(P/A,i,n)$	$(A/P,i,n)$	$(A/F,i,n)$
1	1.150	0.8696	1.000	0.8696	1.1500	1.0000
2	1.323	0.7562	2.150	1.6257	0.6151	0.4651
3	1.521	0.6575	3.473	2.2832	0.4380	0.2880
4	1.749	0.5718	4.933	2.8550	0.3503	0.2003
5	2.011	0.4972	6.742	3.3522	0.2983	0.1483
6	2.313	0.4323	8.754	3.7845	0.2642	0.1142
7	2.660	0.3759	11.067	4.1604	0.2404	0.0904
8	3.059	0.3269	13.727	4.4873	0.2229	0.0729
9	3.518	0.2843	16.786	4.7716	0.2096	0.0596
10	4.046	0.2472	20.304	5.0188	0.1993	0.0493
11	4.652	0.2150	24.349	5.2337	0.1911	0.0411
12	5.350	0.1869	29.002	5.4206	0.1845	0.0345
13	6.153	0.1652	34.352	5.5832	0.1791	0.0291
14	7.076	0.1413	40.505	5.7245	0.1747	0.0247
15	8.137	0.1229	47.580	5.8474	0.1710	0.0210
16	9.358	0.1069	55.717	5.9542	0.1680	0.0180
17	10.761	0.0939	65.075	6.0472	0.1654	0.0154
18	12.375	0.0808	75.836	6.1280	0.1632	0.0123
19	14.232	0.0703	88.212	6.1982	0.1613	0.0113
20	16.367	0.0611	102.444	6.2593	0.1598	0.0098
21	18.822	0.0531	118.810	6.3125	0.1584	0.0084
22	21.645	0.0462	137.632	6.3587	0.1573	0.0073
23	24.891	0.0402	159.276	6.3988	0.1563	0.0063
24	28.625	0.0349	184.168	6.4338	0.1554	0.0054
25	32.919	0.0304	212.793	6.4642	0.1547	0.0047
26	37.857	0.0264	245.712	6.4906	0.1541	0.0041
27	43.535	0.0230	283.569	6.5135	0.1535	0.0035
28	50.066	0.0200	327.104	6.5335	0.1531	0.0027
29	57.575	0.0174	377.170	6.5509	0.1527	0.0020
30	66.212	0.0151	434.745	6.5660	0.1523	0.0023
31	76.144	0.0131	500.957	6.5791	0.1520	0.0020
32	87.565	0.0114	577.100	6.5905	0.1517	0.0017
33	100.700	0.0099	664.666	6.6005	0.1515	0.0015
34	115.805	0.0086	765.365	6.6091	0.1513	0.0013
35	133.176	0.0075	881.170	6.6166	0.1511	0.0011

20%的复利系数表

年份	一次支付		等额系列			
	终值系数	现值系数	年金终值系数	年金现值系数	资本回收系数	偿债基金系数
n	$(F/P,i,n)$	$(P/F,i,n)$	$(F/A,i,n)$	$(P/A,i,n)$	$(A/P,i,n)$	$(A/F,i,n)$
1	1.200	0.8333	1.000	0.8333	1.2000	1.0000
2	1.440	0.6845	2.200	1.5278	0.6546	0.4546
3	1.728	0.5787	3.640	2.1065	0.4747	0.2747
4	2.074	0.4823	5.368	2.5887	0.3863	0.1963
5	2.488	0.4019	7.442	2.9906	0.3344	0.1344
6	2.986	0.3349	9.930	3.3255	0.3007	0.1007
7	3.583	0.2791	12.916	3.6046	0.2774	0.0774
8	4.300	0.2326	16.499	3.8372	0.2606	0.0606
9	5.160	0.1938	20.799	4.0310	0.2481	0.0481
10	6.192	0.1615	25.959	4.1925	0.2385	0.0385
11	7.430	0.1346	32.150	4.3271	0.2311	0.0314
12	8.916	0.1122	39.581	4.4392	0.2253	0.0253
13	10.699	0.0935	48.497	4.5327	0.2206	0.0206
14	12.839	0.0779	59.196	4.6106	0.2169	0.0169
15	15.407	0.0649	72.035	4.7655	0.2139	0.0139
16	18.488	0.0541	87.442	4.7296	0.2114	0.0114
17	22.186	0.0451	105.931	4.7746	0.2095	0.0095
18	26.623	0.0376	128.117	4.8122	0.2078	0.0078
19	31.948	0.0313	154.740	4.8435	0.2065	0.0065
20	38.338	0.0261	186.688	4.8696	0.2054	0.0054
21	46.005	0.0217	225.026	4.8913	0.2045	0.0045
22	55.206	0.0181	271.031	4.9094	0.2037	0.0037
23	66.247	0.0151	326.237	4.9245	0.2031	0.0031
24	79.497	0.0126	392.484	4.9371	0.2026	0.0026
25	95.396	0.0105	471.981	4.9475	0.2021	0.0021
26	114.475	0.0087	567.377	4.9563	0.2018	0.0018
27	137.371	0.0073	681.853	4.9636	0.2015	0.0015
28	164.845	0.0061	819.223	4.9697	0.2012	0.0012
29	197.814	0.0051	984.068	4.9747	0.2010	0.0010
30	237.376	0.0042	1181.882	4.9789	0.2009	0.0009
31	284.852	0.0035	1419.258	4.9825	0.2007	0.0007
32	341.822	0.0029	1704.109	4.9854	0.2006	0.0006
33	410.186	0.0024	2045.931	4.9878	0.2005	0.0005
34	492.224	0.0020	2456.118	4.9899	0.2004	0.0004
35	590.668	0.0017	2948.341	4.9915	0.2003	0.0003

25%的复利系数表

年份	一次支付		等额系列			
	终值系数	现值系数	年金终值系数	年金现值系数	资本回收系数	偿债基金系数
n	$(F/P,i,n)$	$(P/F,i,n)$	$(F/A,i,n)$	$(P/A,i,n)$	$(A/P,i,n)$	$(A/F,i,n)$
1	1.250	0.8000	1.000	0.0800	1.2500	1.0000
2	1.563	0.6400	2.250	1.4400	0.6945	0.4445
3	1.953	0.5120	3.813	1.9520	0.5123	0.2623
4	2.441	0.4096	5.766	2.3616	0.4235	0.1735
5	3.052	0.3277	8.207	2.6893	0.3719	0.1219
6	3.815	0.2622	11.259	2.9514	0.3388	0.0888
7	4.678	0.2097	15.073	3.1611	0.3164	0.0664
8	5.960	0.1678	19.842	3.3289	0.3004	0.0504
9	7.451	0.1342	25.802	3.4631	0.2888	0.0388
10	9.313	0.1074	33.253	3.5705	0.2801	0.0301
11	11.642	0.0859	42.566	3.6564	0.2735	0.0235
12	14.552	0.0687	54.208	3.7251	0.2685	0.0185
13	18.190	0.0550	68.760	3.7801	0.2646	0.0146
14	22.737	0.0440	86.949	3.8241	0.2615	0.0115
15	28.422	0.0352	109.687	3.8593	0.2591	0.0091
16	35.527	0.0282	138.109	3.8874	0.2573	0.0073
17	44.409	0.0225	173.636	3.9099	0.2558	0.0058
18	55.511	0.0180	218.045	3.9280	0.2546	0.0046
19	69.389	0.0144	273.556	3.9424	0.2537	0.0037
20	86.736	0.0115	342.945	3.9539	0.2529	0.0029
21	108.420	0.0092	429.681	3.9631	0.2523	0.0023
22	135.525	0.0074	538.101	3.9705	0.2519	0.0019
23	169.407	0.0059	673.626	3.9764	0.2515	0.0015
24	211.758	0.0047	843.033	3.9811	0.2511	0.0012
25	264.698	0.0038	1054.791	3.9849	0.2510	0.0010
26	330.872	0.0030	1319.489	3.9879	0.1508	0.0008
27	413.590	0.0024	1650.361	3.9903	0.2506	0.0006
28	516.988	0.0019	2063.952	3.9923	0.2505	0.0005
29	646.235	0.0016	2580.939	3.9938	0.2504	0.0004
30	807.794	0.0012	3227.174	3.9951	0.2503	0.0003
31	1009.742	0.0010	4034.968	3.9960	0.2503	0.0003
32	1262.177	0.0008	5044.710	3.9968	0.2502	0.0002
33	1577.722	0.0006	6306.887	3.9975	0.2502	0.0002
34	1972.152	0.0005	7788.609	3.9980	0.2501	0.0001
35	2465.190	0.0004	9856.761	3.9984	0.2501	0.0001

30%的复利系数表

年份	一次支付		等额系列			
	终值系数	现值系数	年金终值系数	年金现值系数	资本回收系数	偿债基金系数
n	$(F/P,i,n)$	$(P/F,i,n)$	$(F/A,i,n)$	$(P/A,i,n)$	$(A/P,i,n)$	$(A/F,i,n)$
1	1.300	0.7692	1.000	0.7692	1.3000	1.0000
2	1.690	0.5917	2.300	1.3610	0.7348	0.4348
3	2.197	0.4552	3.990	1.8161	0.5506	0.2506
4	2.856	0.3501	6.187	2.1663	0.4616	0.1616
5	3.713	0.2693	9.043	2.4356	0.4106	0.1106
6	4.827	0.2072	12.756	2.6428	0.3784	0.0784
7	6.275	0.1594	17.583	2.8021	0.3569	0.0569
8	8.157	0.1226	23.858	2.9247	0.3419	0.0419
9	10.605	0.0943	32.015	3.0190	0.3321	0.0312
10	13.786	0.0725	42.620	3.0915	0.3235	0.0235
11	17.922	0.0558	65.405	3.1473	0.3177	0.0177
12	23.298	0.0429	74.327	3.1903	0.3135	0.0135
13	30.288	0.0330	97.625	3.2233	0.3103	0.0103
14	39.374	0.0254	127.913	3.2487	0.3078	0.0078
15	51.186	0.0195	167.286	3.2682	0.3060	0.0060
16	66.542	0.0150	218.472	3.2832	0.3046	0.0046
17	86.504	0.0116	285.014	3.2948	0.3035	0.0035
18	112.455	0.0089	371.518	3.3037	0.3027	0.0027
19	146.192	0.0069	483.973	3.3105	0.3021	0.0021
20	190.050	0.0053	630.165	3.3158	0.3016	0.0016
21	247.065	0.0041	820.215	3.3199	0.3012	0.0012
22	321.184	0.0031	1067.280	3.3230	0.3009	0.0009
23	417.539	0.0024	1388.464	3.3254	0.3007	0.0007
24	542.801	0.0019	1806.003	3.3272	0.3006	0.0006
25	705.641	0.0014	2348.803	3.3286	0.3004	0.0004
26	917.333	0.0011	3054.444	3.3297	0.3003	0.0003
27	1192.533	0.0008	3971.778	3.3305	0.3003	0.0003
28	1550.293	0.0007	5164.311	3.3312	0.3002	0.0002
29	2015.381	0.0005	6714.604	3.3317	0.3002	0.0002
30	2619.996	0.0004	8729.985	3.3321	0.3001	0.0001
31	3405.994	0.0003	11349.981	3.3324	0.3001	0.0001
32	4427.279	0.0002	14755.975	3.3326	0.3001	0.0001
33	5756.130	0.0002	19183.768	3.3328	0.3001	0.0001
34	7482.970	0.0001	24939.899	3.3329	0.3001	0.0001
35	9727.860	0.0001	32422.868	3.3330	0.3000	0.0000

35%的复利系数表

年份	一次支付		等额系列			
	终值系数	现值系数	年金终值系数	年金现值系数	资本回收系数	偿债基金系数
n	$(F/P,i,n)$	$(P/F,i,n)$	$(F/A,i,n)$	$(P/A,i,n)$	$(A/P,i,n)$	$(A/F,i,n)$
1	1.3500	0.7407	1.0000	0.7404	1.3500	1.0000
2	1.8225	0.5487	2.3500	1.2894	0.7755	0.4255
3	2.4604	0.4064	4.1725	1.6959	0.5897	0.2397
4	3.3215	0.3011	6.6329	1.9969	0.5008	0.1508
5	4.4840	0.2230	9.9544	2.2200	0.4505	0.1005
6	6.0534	0.1652	14.4384	2.3852	0.4193	0.0693
7	8.1722	0.1224	20.4919	2.5075	0.3988	0.0488
8	11.0324	0.0906	28.6640	2.5982	0.3849	0.0349
9	14.8937	0.0671	39.6964	2.6653	0.3752	0.0252
10	20.1066	0.0497	54.5902	2.7150	0.3683	0.0183
11	27.1493	0.0368	74.6976	2.7519	0.3634	0.0134
12	36.6442	0.0273	101.8406	2.7792	0.3598	0.0098
13	49.4697	0.0202	138.4848	2.7994	0.3572	0.0072
14	66.7841	0.0150	187.9544	2.8144	0.3553	0.0053
15	90.1585	0.0111	254.7385	2.8255	0.3539	0.0039
16	121.7139	0.0082	344.8970	2.8337	0.3529	0.0029
17	164.3138	0.0061	466.6109	2.8398	0.3521	0.0021
18	221.8236	0.0045	630.9247	2.8443	0.3516	0.0016
19	299.4619	0.0033	852.7483	2.8476	0.3512	0.0012
20	404.2736	0.0025	1152.2103	2.8501	0.3509	0.0009
21	545.7693	0.0018	1556.4838	2.8519	0.3506	0.0006
22	736.7886	0.0014	2102.2532	2.8533	0.3505	0.0005
23	994.6646	0.0010	2839.0418	2.8543	0.3504	0.0004
24	1342.797	0.0007	3833.7064	2.8550	0.3503	0.0003
25	1812.776	0.0006	5176.5037	2.8556	0.3502	0.0002
26	2447.248	0.0004	6989.2800	2.8560	0.3501	0.0001
27	3303.785	0.0003	9436.5280	2.8563	0.3501	0.0001
28	4460.110	0.0002	12740.313	2.8565	0.3501	0.0001
29	6021.148	0.0002	17200.422	2.8567	0.3501	0.0001
30	8128.550	0.0001	23221.570	2.8568	0.3500	0.0000
31	10973.54	0.0001	31350.120	2.8569	0.3500	0.0000
32	14814.28	0.0001	42323.661	2.8569	0.3500	0.0000
33	19999.28	0.0001	57137.943	2.8570	0.3500	0.0000
34	26999.03	0.0000	77137.223	2.8570	0.3500	0.0000
35	36448.69	0.0000	104136.25	2.8571	0.3500	0.0000

40%的复利系数表

年份	一次支付		等额系列			
	终值系数	现值系数	年金终值系数	年金现值系数	资本回收系数	偿债基金系数
n	$(F/P,i,n)$	$(P/F,i,n)$	$(F/A,i,n)$	$(P/A,i,n)$	$(A/P,i,n)$	$(A/F,i,n)$
1	1.400	0.7143	1.000	0.7143	1.4001	1.0001
2	1.960	0.5103	2.100	1.2245	0.8167	0.4167
3	2.744	0.3654	4.360	1.5890	0.6294	0.2294
4	3.842	0.2604	7.104	1.8493	0.5408	0.1408
5	5.378	0.1860	10.946	2.0352	0.4914	0.0914
6	7.530	0.1329	16.324	2.1680	0.4613	0.0613
7	10.541	0.0949	23.853	2.2629	0.4420	0.0420
8	14.758	0.0678	34.395	2.3306	0.4291	0.0291
9	20.661	0.0485	49.153	2.3790	0.4204	0.0204
10	28.925	0.0346	69.814	2.4136	0.4144	0.0144
11	40.496	0.0247	98.739	2.4383	0.4102	0.0102
12	56.694	0.0177	139.234	2.4560	0.4072	0.0072
13	79.371	0.0126	195.928	2.4686	0.4052	0.0052
14	111.120	0.0090	275.299	2.4775	0.4037	0.0037
15	155.568	0.0065	386.419	2.4840	0.4026	0.0026
16	217.794	0.0045	541.986	2.4886	0.4019	0.0019
17	304.912	0.0033	759.780	2.4918	0.4014	0.0014
18	426.877	0.0024	1064.697	2.4942	0.4010	0.0010
19	597.627	0.0017	1491.567	2.4959	0.4007	0.0007
20	836.678	0.0012	2089.195	2.4971	0.4005	0.0005
21	1171.348	0.0009	2925.871	2.4979	0.4004	0.0004
22	1639.887	0.0007	4097.218	2.4985	0.4003	0.0003
23	2295.842	0.0005	5373.105	2.4990	0.4002	0.0002
24	3214.178	0.0004	8032.945	2.4993	0.4002	0.0002
25	4499.847	0.0003	11247.110	2.4995	0.4001	0.0001
26	6299.785	0.0002	15746.960	2.4997	0.4001	0.0001
27	8819.695	0.0002	22046.730	2.4998	0.4001	0.0001
28	12347.570	0.0001	30866.430	2.4998	0.4001	0.0001
29	17286.590	0.0001	43213.990	2.4999	0.4001	0.0001
30	24201.230	0.0001	60500.580	2.4999	0.4001	0.0001

45％的复利系数表

年份	一次支付		等额系列			
	终值系数	现值系数	年金终值系数	年金现值系数	资本回收系数	偿债基金系数
n	$(F/P,i,n)$	$(P/F,i,n)$	$(F/A,i,n)$	$(P/A,i,n)$	$(A/P,i,n)$	$(A/F,i,n)$
1	1.4500	0.6897	1.000	0.690	1.45000	1.00000
2	2.1025	0.4756	2.450	1.165	0.85816	0.40816
3	3.0486	0.3280	4.552	1.493	0.66966	0.21966
4	4.4205	0.2262	7.601	1.720	0.58156	0.13156
5	6.4097	0.1560	12.022	1.867	0.53318	0.08318
6	9.2941	0.1076	18.431	1.983	0.50426	0.05426
7	13.4765	0.0742	29.705	2.057	0.48607	0.03607
8	19.5409	0.0512	41.202	2.109	0.47427	0.02427
9	28.3343	0.0353	60.743	2.144	0.46646	0.01646
10	41.0847	0.0243	89.077	2.168	0.46123	0.01123
11	59.5728	0.0168	130.162	2.158	0.15768	0.00768
12	86.3806	0.0116	189.735	2.196	0.45527	0.00527
13	125.2518	0.0080	267.115	2.024	0.45326	0.00362
14	181.6151	0.0055	401.367	2.210	0.45249	0.00249
15	263.3419	0.0038	582.982	2.214	0.45172	0.00172
16	381.8458	0.0026	846.324	2.216	0.45118	0.00118
17	553.6764	0.0018	1228.170	2.218	0.45081	0.00081
18	802.8308	0.0012	1781.846	2.219	0.45056	0.00056
19	1164.1047	0.0009	2584.677	2.220	0.45039	0.00039
20	1687.9518	0.0006	3748.782	2.221	0.45027	0.00027
21	2447.5301	0.0004	5436.743	2.221	0.45018	0.00018
22	3548.9187	0.0003	7884.246	2.222	0.45013	0.00013
23	5145.9321	0.0002	11433.182	2.222	0.45009	0.00009
24	7461.6015	0.0001	16579.115	2.222	0.45006	0.00006
25	10819.322	0.0001	24040.716	2.222	0.45004	0.00004
26	15688.017	0.0001	34860.038	2.222	0.45003	0.00003
27	22747.625	0.0000	50548.056	2.222	0.45002	0.00002
28	32984.056		73295.681	2.222	0.45001	0.00001
29	47826.882		106279.74	2.222	0.45001	0.00001
30	69348.978		154106.62	2.222	0.45001	0.00001

50％的复利系数表

年份	一次支付		等额系列			
	终值系数	现值系数	年金终值系数	年金现值系数	资本回收系数	偿债基金系数
n	$(F/P,i,n)$	$(P/F,i,n)$	$(F/A,i,n)$	$(P/A,i,n)$	$(A/P,i,n)$	$(A/F,i,n)$
1	1.5000	0.6667	1.000	0.667	1.50000	1.00000
2	2.2500	0.4444	2.500	1.111	0.90000	0.40000
3	3.3750	0.2963	4.750	1.407	0.71053	0.21053
4	5.0625	0.1975	8.125	1.605	0.62303	0.12308
5	7.5938	0.1317	13.188	1.737	0.57583	0.07583
6	11.3906	0.0878	20.781	1.824	0.54812	0.04812
7	17.0859	0.0585	32.172	1.883	0.53108	0.03108
8	25.6289	0.0390	49.258	1.922	0.52030	0.02030
9	38.4434	0.0260	74.887	1.948	0.51335	0.01335
10	57.6650	0.0173	113.330	1.965	0.50882	0.00882
11	86.4976	0.0116	170.995	1.977	0.50585	0.00585
12	129.7463	0.0077	257.493	1.985	0.50388	0.00388
13	194.6195	0.0051	387.239	1.990	0.50258	0.00258
14	291.9293	0.0034	581.859	1.993	0.50172	0.00172
15	437.8939	0.0023	873.788	1.995	0.50114	0.00114
16	656.8408	0.0015	1311.682	1.997	0.50076	0.00076
17	985.2613	0.0010	1968.523	1.998	0.50051	0.00051
18	1477.8919	0.0007	2953.784	1.999	0.50034	0.00034
19	2216.8378	0.0005	4431.676	1.999	0.50023	0.00023
20	3325.2567	0.0003	6648.513	1.999	0.50015	0.00015
21	4987.8851	0.0002	9973.770	2.000	0.50010	0.00010
22	7481.8276	0.0001	14961.655	2.000	0.50007	0.00007
23	11222.742	0.0001	22443.483	2.000	0.50004	0.00004
24	16834.112	0.0001	33666.224	2.000	0.50003	0.00003
25	25251.168	0.0000	50500.337	2.000	0.50002	0.00002

参考文献

[1]　建设工程经济(全国一级建造师执业资格考试用书)[M].2 版.北京:中国建设工业出版社,2010.

[2]　刘晓君.技术经济学[M].3 版.西安:西北大学出版,2003.

[3]　刘晓君.工程经济学[M].北京:中国建筑工业出版社,2003.

[4]　冯为民,付晓灵.工程经济学[M].北京:北京大学出版社,2005.

[5]　武献华,宋维佳,屈哲.工程经济学[M].大连:东北财经大学出版社,2007.

[6]　赵阳,齐小林,孙秀伟.工程经济学[M].北京:北京理工大学出版社,2009.

[7]　时思.工程经济学[M].北京:科学出版社,2008.

[8]　陈永新,曾磊.价值工程在道路设计方案中的应用[J].公路与汽运,2004.

[9]　赵彬.工程技术经济[M].北京:高等教育出版社,2002.

[10]　赵国杰.工程经济学[M].天津:天津大学出版社,2003.

[11]　建设工程经济(一级建造师考试用书)[M].北京:中国建筑工业出版社,2009.

[12]　田恒久.工程经济[M].武汉:武汉理工大学出版社,2006.

[13]　吴全利.建筑工程经济[M].重庆:重庆大学出版社,2004.

[14]　黄有亮,徐向阳,谈飞,李希胜.工程经济学[M].南京:东南大学出版社,2002.

高职高专"十三五"建筑及工程管理类专业系列规划教材

(9)建筑弱电技术

(10)建筑电气控制技术

(11)建筑电气施工技术

(12)建筑供电与照明系统

(13)建筑给排水工程

(14)楼宇智能基础

(15)楼宇智能化技术

(16)中央空调设计与施工

> **工程管理类**

(1)建设工程概论

(2)建筑工程项目管理

(3)建设法规

(4)建设工程招投标与合同管理

(5)建设工程监理概论

(6)建设工程合同管理

(7)建筑工程经济与管理

(8)建筑企业管理

(9)建筑企业会计

(10)建筑工程资料管理

(11)建筑工程资料管理实训

(12)建筑工程质量与安全管理

(13)工程管理专业英语

> **房地产类**

(1)房地产开发与经营

(2)房地产估价

(3)房地产经济学

(4)房地产市场调查

(5)房地产市场营销策划

(6)房地产经纪

(7)房地产测绘

(8)房地产基本制度与政策

(9)房地产金融

(10)房地产开发企业会计

(11)房地产投资分析

(12)房地产项目管理

(13)房地产项目策划

(14)物业管理

> **工程造价类**

(1)工程造价管理

(2)建筑工程概预算

(3)建筑工程计量与计价

(4)平法识图与钢筋算量

(5)工程计量与计价实训

(6)工程造价控制

(7)建筑设备安装计量与计价

(8)建筑装饰计量与计价

(9)建筑水电安装计量与计价

(10)工程造价案例分析与实务

(11)工程造价实用软件

(12)工程造价综合实训

(13)工程造价专业英语

欢迎各位老师联系投稿！

联系人：袁 娟

手机：13193376677 办公电话：(029)82665379

电子邮件：296728019@qq.com jyuan_2@163.com

QQ：296728019(加为好友时请注明"教材编写"等字样)

土建类教学出版交流 QQ 群：290477505(加入时请注明"学校＋姓名＋专业方向"等)

图书在版编目(CIP)数据

工程经济 / 王成平,戈伟主编.— 2版.— 西安:
西安交通大学出版社,2015.6(2021.7重印)
高职高专"十三五"建筑及工程管理类专业系列规
划教材
ISBN 978 - 7 - 5605 - 7433 - 2

Ⅰ.①工… Ⅱ.①王… ②戈… Ⅲ.①工程经济学-
高等职业教育-教材 Ⅳ.①F062.4

中国版本图书馆 CIP 数据核字(2015)第 127010 号

书　　名	工程经济(第二版)
主　　编	王成平　戈　伟
责任编辑	袁　娟

出版发行　西安交通大学出版社
　　　　　(西安市兴庆南路 1 号　邮政编码 710048)
网　　址　http://www.xjtupress.com
电　　话　(029)82668357　82667874(发行中心)
　　　　　(029)82668315(总编办)
传　　真　(029)82668280
印　　刷　西安日报社印务中心

开　　本　787mm×1092mm　1/16　印张 15.375　字数 373 千字
版次印次　2012 年 2 月第 1 版　2015 年 7 月第 2 版　2021 年 7 月第 5 次印刷
书　　号　ISBN 978 - 7 - 5605 - 7433 - 2
定　　价　32.00 元